岩　波　現　代　文　庫

ケアの倫理と平和の構想

戦争に抗する　増補版

岡野八代
Yayo Okano

社会 352

岩波書店

目　次

第I部

第II部

本文イラスト(一二二頁)＝矢崎芳則

＊本書における外国語文献の引用文は原則として岡野訳によるが、日本語訳がある場合には、それらを参考にさせていただいた。また、日本語訳がある外国語文献の出典注には、原書のページ数の直後にスラッシュに続けて翻訳書のページ数を示した。

第 I 部

第Ⅰ部では、二〇〇一年九月一一日、合衆国に対して行われた同時多発テロ以後のフェミニストたちの議論から論じ始めたい。しかしなぜ、二〇〇一年から論じ始めなければならないのか。

二〇世紀は、戦争と革命の世紀と呼ばれたように、前代未聞の規模の暴力が世界を覆いつくした世紀であった。世界戦争がわたしたち人間の在り方、生き方をいかに変えてしまったかについては、西谷修の次の言葉ほど、現在のわたしたちにリアルに迫ってくるものはない。かれは、世界大戦 world war が「世界大」の戦争であることの意義を深く受け止め、その意味について思索するべきだと唱える。

人間の世界が潜在的に〈戦争〉の同義語となったということである。それは、世界が万人の万人による闘争の場であるということとは違う。それは近代の人間の世界について言われたことだが、世界戦争が実現した〈世界〉と〈戦争〉との同義性は、その〈人間〉を凌駕し呑み込む状況であり、その意味ではむしろ、戦争と平和とがまだ分節化される以前に、日々生きることが不断の闘争であった〈野蛮〉の時代の回帰になぞらえることができるかもしれない[西谷 1998: 56]。

しかしまた他方で、第二章から論じられる日本軍「慰安婦」問題の解決に向けた国際的な連帯のなかで二〇〇〇年一二月に「日本軍性奴隷制を裁く女性国際戦犯法廷」が東京で開催された際に、参加者、そして支援者が〈暴力の不処罰の歴史を終わらせ、暴力の連鎖を断ち切る〉というスローガンの下で願ったのは、暴力の世紀から平和の世紀への転換であった[cf. VAWW-NET ジャパン(編) 2001]。ところが、二一世紀への希望は、世界を震撼させた軍事超大国への未曽有の攻撃によって一瞬のうちに打ち砕かれてしまったかのようにみえる。

確かに、二〇〇一年以降暴力の連鎖はとどまるところを知らず、とりわけ、テロ直後のアメリカ合衆国ジョージ・W・ブッシュ政権がとった「敵」と「味方」へと世界を分断する集団的自衛権の行使や数々の国際法違反は、西谷のいう「〈野蛮〉の時代の回帰」に他ならないかのようだ。しかしまた、西谷も『戦争論』で論じるように、その暴力の時代にこそ、わたしたちは、「反」暴力のための思想を鍛えなければならない。そして、暴力以後にわたしたちがどう振る舞うべきか、どのような応答の在り方があるのか、といった責任論と、新しい正義論への模索が、二一世紀になってより一層喫緊の課題となっている。

さらに二〇一五年、日本の政治構造を根本から転覆する第三次安倍晋三内閣の憲法破壊政治が、世界大に展開する合衆国の軍事行動と軌を一にした動きであることも、二〇〇一年から本書を始めるひとつの大きな理由である。すなわち、第Ⅱ部における、自由民主党の憲法破壊への動きを批判的に検討するためにも、かれらが憲法破壊の口実とする国際社会の変化とは、いかなる変化をわたしたちに迫っているのかを明らかにしておきたいのだ。

第Ⅲ部でもまた、二〇〇一年当時の合衆国の軍事行動を批判的に検証するが、第Ⅰ部では、大規模な暴力の後、わたしたちに課せられる責任とは何か、そこで要請される正義とはいかなる正義なのか、そして民主主義と正義とはどのような関係にあるのかを詳らかにする。そのために、二一世紀の始まりに刻印された暴力である同時多発テロ事件の「後」と、二〇世紀の終わりに立ち上がった女性たちが中心となった民衆法廷の「後」、いかなる思想の試みがあったのかを論じることにする。

第一章　「テロとの戦争」との闘い

はじめに　主体の論理に内在する暴力性

第一章では、二〇〇一年九月一一日に起こった合衆国に対する同時多発テロ(以下、9・11事件と表記)直後の、合衆国におけるフェミニスト研究者たちの反応を振り返りながら、軍事国家である近代国民国家と近代的主体との密接なかかわりを指摘したい[1]。

9・11事件以後の合衆国であからさまになった事実は、国家を武力によって防衛することは当然であるし、むしろ主権国家としての責任でさえあるという考えを[ex. Walzer 2002; Elshtain 2003]、合衆国の多くのフェミニストが当然視していることであった。さらには、八〇年代以降の国際的なフェミニズム運動のなかで西洋のフェミニストたちの文化帝国主義が強い批判を浴び、その反省にたって多文化主義とフェミニズムの関係について多くの議論が積み重ねられていたにもかかわらず[ex. Cohen, Howard and Nussbaum eds. 1999; 岡野 2007]、アフガニスタン攻撃時になお、多くのフェミニストはアフガン女性の救済者として振る舞った。なぜ、9・11事件の後、合衆国の市民や知識人の多くは、突然の攻撃を受けた自国とそこに住まう市民たち、そして自らが受けた傷や屈辱、そして悲しみをいかに癒すのか、といった営みや思考に向かわずに、むしろ他者を攻撃することを選んだのだろうか。

こうした問いに答えるために、哀悼や悲嘆にくれる行為が暴力を受けた後の市民の対応として相応しくないとされ、なぜそうした攻撃を受けたのかという問いも許されず、とにかく何者かを敵として認識し攻撃せよという力への意志を露呈させた9・11事件以後の現象を、近代的な主体の呪縛から逃れられない、あるいは主体であることへの固執の結果として、批判的に考察してみたい。なお、ここで批判的に使用される「主体」とは、自己の傷つけられやすさ／攻撃を受ける可能性 vulnerability を受け止められず[2]、他者への依存を否認し、かつ過剰に他者(性)から自己防衛しようとするために、他者への暴力をよしとする主体である。

9・11事件以後の合衆国が、先制攻撃をよしとする軍事戦略へと舵を切り、国際法を無視してまでも武力行使を行ったことが[3]、以上のような「主体」観と内的に連動していると考えてみるならば、9・11事件以後の合衆国の武力行使にいち早く抗議の声を上げた数少ない米国のフェミニストが、ジュディス・バトラー[Butler 2004a, 2004b]やドゥルシラ・コーネル[Cornell 2004]だったことは必然的だったといえる。両者はともに、「近代的主体」をラディカルに批判してきた理論家だからである。

近代国民国家という文脈を背景とした暴力の行使や、暴力の被害者たちに対する沈黙の強制を批判し、暴力をつねに内包する社会不正義を暴露し検証し正していくことは、まさにフェミニストたちが長きにわたって行ってきた貢献であった。また、フェミニズムという思想は、グローバリゼーションの波のなかで、今後さらにいっそう、新しい社会構想に向けてその責任を果たすことが要請されている。とりわけ、やはり近代的な主体を男性中心主義と関連させながら批判し続けてきたウェンディ・ブラウンが9・11事件以後のブッシュ政権を「悪夢」と表現したように[Brown 2006b]、国家の果たすべき責任を安全保障(＝先制攻撃も辞さない軍事的国家防衛)へと縮減しようとする新保守主義(ネオコン)と、生活のあらゆる領域において経済的な合理的行為者として市民を鍛えあげようとする新自由主義(ネオリベ)の結託によって、他者に依存しつつ、他者とともに生を営んでいるわたしたちの現実の生が根底から覆されようとしている。ひとは生命をどのように育み生きながらえさせてきたのか、そしていかによりよい生を他者と築くかをめぐりフェミニズムが紡いできた知が、現在かつてないほど試されている。

しかし、同時にここで気をつけておかなければならないのだが、知(＝権力)を手にする者が陥る他者の構築――正確には、主体の位置を安定化させる構成的外部として他者を名指し、他者として構築してしまうこと――といった問題から、フェミニストたちもけっして自由ではない。フェミニストたちの主体批判とは、批判する自分自身に対する反省をつねに伴っていなければならないのだ。そこで、本章においても、合衆国フェミニストの議論を批判的に検討し、彼女たちに学びつつ、傷つけられやすく依存し合いながら生きるひと、そしてそうした人びとが住まう世界を注視し、ケアしながら新しい社会を構想する可能性の、小さな在り処を見極めてみたい。

第一章は、主体の論理のなかに他者に対する「暴力」がすでに内包されていることの論証を目的とするが、バトラーの9・11事件直後の著作から、他者への「責任」と「倫理」が要請されるエイジェンシー像、あるいはフェミニストの知見から導き出される新しい「「反」暴力」「平和」の担い手像を、本書の導入として粗削りであるが描いてみたい。

第1節　9・11事件直後の合衆国フェミニストたちの反応

9・11事件以後のアフガニスタンへの武力攻撃、そしてイラクに対する戦争は、その後いまだ解決の道が見えないどころか、イスラム諸国を混乱に陥れ、合衆国をはじめとした西欧諸国に対する憎悪を掻き立て、結果として数知れないテロ組織を生み出す契機となった[ex. 内藤 2015]。二〇〇三年の合衆国政府による対イラク宣戦布告、武力攻撃に対しては、当時の合衆国の「メジャー」なフェミニストたちは、[4]おおむね批判的であった。しかしながら、9・11事件の余波が日常生活の光景のなかに未だ残っていた時期のアフガニスタン攻撃については、国連安全保障理事会の決議があったことも手伝って、多くのフェミニストたちは、アフガニスタンに対する武力行使こそが合衆国政府の正当な反応であるとして支援した。また、アフガニスタン攻撃を批判することは、テロという許されない行為を擁護するものだとして、異論を許さない状況であった。[5]

そうしたなかで、いち早くアフガニスタン攻撃に対する批判の声を上げたひとりが、バトラーであった。彼女の以下の批判のなかに、わたしたちは、日本社会の影をもみずにはいられないだろう。「イスラム国」を名乗る集団によって二〇一五年一月、日本人二人が殺害されるに至る人質事件への安倍政権の対応を厳しく質す声を封殺しようとする力が、首相本人から、そしてさまざまなメディアから日本社会においても発動されていたのだから。

「九月一一日にはどんな口実もありえない」という叫びが、こうしたテロ行為を可能にした世界を作るのにアメリカ合衆国の外交政策がどう手助けしてきたかについての真摯な公的議論をすべて押し殺してしまった。このことを最も如実に示す例が、よりバランスの取れた国際紛争の報道の試みが放棄され、アメリカ合衆国の軍事政策に対するアルンダティ・ロイやノーム・チョムスキーのような重要な批判が、アメリカの主要新聞から軒並み追放されてしまったことだ。〔…〕平和運動に対する野卑な人びとの嘲笑、反戦デモを時代遅れで懐古的だとするような風潮、それらが世論の合意となって反戦感情や分析の試みをきわめて周縁化する方向へと導く。きわめて深刻なことに、異議申し立てを現代アメリカ合衆国の民主主義的文化の重要な価値とみなす考え方そのものが疑われるようになったのである[Butler 2004a: 3-4/22-23]。

「異議申し立て」を民主主義の重要な価値とみなす合衆国において、今振り返ってみても驚くべきことだが、こうしたバトラーの批判は、研究者のあいだでけっして主流であったとはいえない。たとえばそのことは、9・11事件後、「われわれは何のために闘っているのか」に署名し、ブッシュ政権によるアフガニスタン爆撃を支持した故ジーン・ベスキー・エルシュテインが二〇〇三年に出版した『テロに対する戦争』を読めば一目瞭然である。(6) エルシュテインは、当時シカゴ大学政治学科において政治思想史を担当し、合衆国政治学界において影響力あるフェミニスト理論家のひとりであり、日本でも『裁かれる民主主義』や『女性と戦争』が出版されている。ここではまず、バトラーとの対比のために、彼女の議論を概観しておく。

エルシュテインは、合衆国の当時の軍事行動について、次のように論じることでそれを正当化した。「〔新たなテロリストといった――引用者補〕この特殊な脅威に対抗するためには、グローバルに展開できる力が必要なのである。国際組織や国際社会は、この挑戦を受けて立つ準備がないだけでなく、準備をしようとさえしてこなかった。それらは、準備を怠ってきたし、政治的意志にも欠ける。過去を振り返ってみても、国際社会は、痛ましいほどに政治的効力を持たなかった。〔…〕もし、人間の尊厳が「新たな保証人」を必要としているのならば、いったい誰がその保証人となるのか。それは、その役割を果たす力と意志のある（とわたしたちは願っている）合衆国以外にはない」[Elshtain 2003: 167]。さらに彼女は、同書の第二版（二〇〇四年）に付された「あとがき」で、イラクに対する攻撃もまた「正戦」にあたると主張し続けている点において、合衆国のフェミニストのなかでも最強硬派として位置づけることができる。

ここで、わたしが提起してみたい問題とは、エルシュテインほどではないにせよ、多くのフェミニストたちはなぜ、合衆国によるアフガニスタン攻撃に反対し得なかったのか、という問いである。それは、日本においては、アフガニスタン攻撃が始まった直後に、千田有紀によって提起された問いでもある。

世論はにわかにアフガンの女性の身の上に「関心」を持ちだし、アメリカは狂信的なタリバン《ママ》政権から女性たちを解放するという言い訳とともに、爆弾を彼女たちの頭上に打ち込んだ。戦争の正当化のために、突然「女性の人権」に敏感になったひとびとが演出する「女性解放」――これこそ、フェミニズムから一番遠いところにある[千田 2002: 128]。

第2節　合衆国におけるアフガン女性の抹消と「主体」の論理

千田だけでなく、おそらく多くの日本のフェミニストたちが驚いたように、フェミニスト・マジョリティをはじめ、合衆国における少なからぬフェミニストたちは、アフガン女性たちの頭上に爆弾を落とすことで、彼女たちが解放されるといった「神話」を信じていた。そのさい、アフガニスタンにおけるそれ以前の複雑な歴史や民族対立の在り方などについて、合衆国のフェミニストたちが多くを知っていたとは言い難い。それ以上にわたしたちを驚かせたのは、9・11事件以後即座にアフガン女性たち自身の声が合衆国をはじめ世界に届いていたにもかかわらず、合衆国の軍事行動はアフガン女性たちのためである、となお合衆国の多くのフェミニストたちが信じることができたということである。タリバーン政権下の女性に対する弾圧を批判し、民主主義獲得闘争を行ってきた「アフガニスタン女性革命協会」(以下、ＲＡＷＡと表記)の当時の声明をみてみよう(7)。

合衆国政府は、この恐ろしい出来事が生じた根本的な原因を熟慮するべきである。こうした出来事はけっして最初のものでもないし、また最後のものでもないだろう。合衆国は、アフガニスタンのテロリストとかれらの支持者を支援することを金輪際やめるべきだ。

現在、この犯罪的な攻撃の後、合衆国高官たちはタリバーンとオサマを有力な容疑者とみなしているが、合衆国は、アフガン人たちを一九九八年と同じような軍事的攻撃にさらし、タリバーンとオサマによって行われた犯罪のために何千人という無実のアフガン人たちを殺そうとしているのだろうか。合衆国は、被害者に他ならないアフガニスタンの、何も持たず、貧しい無辜の民を巻き添えにする攻撃によって、テロリズムの根本的な原因を一掃できる、攻撃しなければ、もっと大規模にテロリズムが拡散すると考えているのだろうか(8)[RAWA 2003: 37-38]。

アフガニスタンにおける女性に対する抑圧や暴力は、アムネスティ・インターナショナルの報告や、国連の場におけるアフガン女性たちからの告発によって、9・11事件以前から合衆国だけでなく、世界のフェミニストたちの間では周知の事実であった。だが、バーミアンの石仏の破壊には国際的注目が集まったのと対照的に、タリバーン政権による処刑をも含む残酷なまでの女性に対する抑圧は、一般的には、アフガニスタンの平和維持のための小さな代償としか受け止められていなかった。たとえば合衆国のリベラル・フェミニストであるスーザン・オゥキンは、合衆国のメディアがアフガニスタンにおける女性の抑圧を深刻に受け止めることができないことを厳しく批判していた(9)。

ところが、9・11事件の主犯がオサマ・ビン・ラディンであるとされ、かれをかくまうタリバーン政権に対する攻撃が決定されるや、フェミニズムについて、これまでいっさい発言したことのなかった当時のファースト・レディ、ローラ・ブッシュまでもがアフガン女性を助けるという名目の下で、アフガニスタン攻撃の正当性を唱え、それを歓迎し始めた。他方で、先の声明にみたように、一九七九年に始まるソ連のアフガニスタン占領下で、他のイスラム原理主義者たちの運動とは一線を画したレジスタンス活動を続け、タリバーン政権下でも女性の権利と民主化のために闘ってきたRAWAは、9・11事件直後、攻撃計画に対する反対声明を出した。その後もRAWAは、9・11事件以前からアフガン女性解放のキャンペーンを行ってきたフェミニスト・マジョリティを始め、その他のメディアに対して、アフガン女性自身による「反」原理主義運動や、女性の権利と民主主義のための闘争にはいっさい言及しない記事や、彼女たちの活動を歪曲する記事を掲載したことを、幾度か厳しく批判している(10)。

9・11事件後しばらくすると、いくつかの雑誌や本の中でRAWAに応えようとするフェミニストたちの声を聞くことができるようになった[cf. Social Text 2002; Signs 2002; Hawthorne and Winter eds. 2003]。だが、フェミニスト理論家で9・11事件直後の合衆国の反応とそれに続くアフガニスタン攻撃をいち早く批判したのが、リベラル・フェミニストのオゥキンであれば「ポストモダニスト」と呼んだであろう、ドゥルシラ・コーネルとジュディス・バトラーであった点は注目に値する[Cornell 2004; Butler 2004a, 2004b]。そこでここでは、一九九〇年のイラクによるクウェート侵攻を端緒とする第一次湾岸戦争時にも、軍事戦略にみられる主体の肥大化と無反省な行為主体への信仰を批判したバトラーに着目し[Butler 1995]、「主体」に対する批判的考察を背景にしているからこそ、RAWAをはじめとするアフガン女性の声を打ち消すことなく、「反」暴力という新たな「倫理」、トランス・ナショナルな連帯をバトラーが構想し得ている、ということを明らかにしてみたい(11)。

第3節　「主体」批判から他者への責任へ
――バトラーによる「主体」批判

9・11事件直後にジョンズ・ホプキンス大学のオンライン・ジャーナルに論文「解釈と免責」を発表したバトラーは(12)、他者に対して攻撃的な合衆国の一国主義を批判している。彼女によれば、その攻撃性とは、合衆国の人びとが受けた傷を癒そうとする反動で、むしろ、自らの物理的傷つけられやすさ vulnerability を否認し、傷を埋め合わせようと自己防衛的になった結果である。

バトラーは同論文において、合衆国が今必要としているのは、自らの傷を一人称で語ることではなく、二人称で述べられる語りを受け入れる能力を養うことではないか、と問うた。〈あなたたち〉が語る〈わたしたち〉について耳を傾けることで、合衆国政府が自国民のみを「人間扱い」することを許す責任体系とは異なる責任体系へと入っていけるのではないかと問題提起したのだ。そのうえで、9・11事件以降の合衆国の知識人が陥っている問題点を次のように指摘した。

アメリカ合衆国が今抱えている問題のひとつは、リベラル派がだまって戦争を支持していることで、かれらの存在がアメリカ合衆国の国家暴力にテロリストというレッテルを貼られるのを防ぐ理由となっていることだ。「原因」についてなど聞きたくもないと思っているのは保守派の共和党員だけではない[Butler 2004a: 9/30]。

ここでバトラーが批判するリベラルたちの思想の背後にあるのは、自分たちのみが「主体」であり、他の主体が存在していたとしても、それは合衆国という絶対的な「主体」に従属するからこそ自由な主体である、という信念である。ここでバトラーが批判する「主体」とは、自らがある行為の起点であり、その行為の帰結については、予想・制御可能であると信じる者たちである。9・11事件当時、合衆国が見舞われた事態を、特定可能な主体の行為に起因するのだと信じる者たちがリベラルな左派にもみられ、かれら・彼女たちは、「合衆国の優越性と万能を主張する点では」保守派と変わらないのだ[ibid.]。

たとえば「正戦論」を唱える者たちは、開戦理由についても、攻撃対象や攻撃がもたらす被害も、勝利の結果もたらされる利益についても、自分たちが予め行う合理的計算の枠から外れることがないと信じることができる。敵の生死さえをも計算にかける戦争こそが、かれらにとっては、最も「合理的な主体」の意志が貫徹されようとする場なのである[cf. Butler 1995]。さらにこの同じ「主体」の論理が、歪められた形ではあるが──なぜなら、〈かれら〉は自由ではないので、厳密な意味における主体ではない──、合衆国を攻撃している「テロリスト」たちにも向けられる。

まず、合理的な主体である合衆国市民にとって、9・11事件のような「前代未聞」の攻撃は、〈わたしたち〉の行為が引き起こしたはずがない、ということが前提である──なぜなら、合理的な主体の行為が不合理な帰結にいたるはずがないのだから──。したがって、「かれらがアメリカ人を憎む」のは、〈わたしたち〉とは違って自由を享受していない――あくまでも、主体である〈わたしたち〉が「他者」として規定する対象としての――〈かれら〉に問題があるのだと。かれらの憎しみは、自由でないことによって〈わたしたち〉とは別個に存在している、そのかれらから発しているのである[13]。なぜ〈かれら〉は〈わたしたち〉を憎むのか、という理由については、〈かれら〉は〈わたしたち〉ではないからという理由、つまり自由でないことにのみ求められ、〈わたしたち〉の内部に9・11事件のような野蛮な行為の原因を求めることは、〈かれら〉の行為を免責することになるとして非難されることになる[cf. Elshtain 2003]。

9・11事件が起こってしまった「原因」を検討しようとすることは、犯人たちの免責につながるとして、それを封じようとする以上のような「主体」の論理に対して、バトラーはこれまでの著作を通じて、既存の社会規範や文化によってつねにすでに構築された存在の在り方に着目し、「自由な主体」という、一見するとフェミニズムとも親和性がある政治上・認識上の前提を批判してきた。そうした彼女の「主体」批判については、もしわたしたちが政治的行為の前提として「自由な主体」を想定できないのであれば、自己を構築している社会を変革する力、自らの物語を紡いでいく力が女性には存在しないことになる、という批判が繰り返されてきた[cf. Benhabib 1992, 1995a, 1995b; 岡野 2012: esp. 第一部第三章]。

しかし、9・11事件を論じるバトラーは、まさに「自由な主体」が存在しなければ社会を変革し得ない、というその論理そのものに挑戦する。バトラーを批判する者たちにとっては、歴史的・社会的文脈によってつねにすでに構築されているのだとすれば、そうした自己には自由な意志が存在する余地がなく、社会に対して自発的に応答していく可能性、すなわち責任も存在しない。だが、バトラーは、ある行為の起点に主体を据えないと、自由や責任ある行為が生まれない、という考え方そのものに対して、異議を申し立てるのだ。だからこそ、主体という概念に代えて、新たにエイジェンシーという概念に訴えようとした。

　エイジェンシーとは、社会規範や文化によってつねにすでに構築された主体が、その規範に応えながら行為を反復するたびに、規範の呼びかけとそれを聞き取る主体のあいだを媒介するものである。ひとはつねにすでに自らに先立つ文脈のなかで、「主体」として構築されてしまっている。そのことは、彼女／かれが「主体」としてある行為を選択する以前の段階で、彼女／かれが今そうある状態とは異なって存在する可能性が予め否定されてしまっていることを意味する。すなわち、「主体」であることの残余――あるいは「過剰」――は、「主体」には選び取れない。だが、その「主体」は、固定された状態で存在しているのではなく、幾度も自らを構築するなにものかを含んだ外界からの呼びかけに応えて、行為している。バトラーは、その応答の力をエイジェンシーと考えるのだ。

こうした考え方は、リベラリストたちが自律的主体を想定するのとは逆に、主体がある行為を選択するさいに働いている政治的な力を批判的にみる視点を提供する。なぜならば、主体であれ、エイジェンシーであれ、つねになんらかの力関係のなかでの反応なのであって、そうであるならば、なぜそうした反応が生まれたのか、という問いからけっして免れ得ないからである。

もし、主体とそのエイジェンシーが分節化され、存在可能となるその場で、すでに政治と権力は存在するのだ、ということにわたしたちが同意するのであれば、〔そうした政治とは無関係な――引用者補〕エイジェンシーをあらかじめ措定することは、いかにしてそのエイジェンシーが構築されたのかについて探求することを拒むことに他ならない[Butler 1995: 46/259]。

わたしたちは、いかなる文脈においても同じように予測可能な行為をとる、文脈から自由な主体を予め想定することができないし、すべきではない。そうした主体を想定したい欲望とは、その構築性から目を背けようとする欲望に他ならないからだ。むしろ、わたしたちが直視すべきは、いかなる状況のなかで主体、いやエイジェンシーが応答したかであり、外界からの呼びかけは、そうしたエイジェンシーの構築の在り様を反省させるひとつの契機なのだ。

9・11事件以後の合衆国の政治的文脈においてバトラーは、そうした主体批判を、新たな「責任」体系を模索するための契機として考えようとする。では、その責任はどのように構想されるのだろうか。

第4節　倫理的責任

バトラーが、因果連関の出発点としての個人——すなわち「主体」——を想定することに批判的なのは、彼女が文化的・歴史的決定論を受け入れているからではない。ある暴力行為を行った者たちには、たしかにその加害行為については法的な責任がある。だが、リベラルな個人主義が見落としがちなのは、彼女たち／かれらはつねにすでにある社会において構築されているという当たり前の事実である。9・11事件を目の当たりにしたバトラーは、テロリストにのみ責任を問おうとする言論状況に抗して、個人主義的な責任体系とは異なる体系を構想しようと試みる。(14) ここからは、その新たな責任体系と彼女の「主体」批判の関係を、「倫理的責任」「集合的責任」の二点から考察していきたい。

「解釈と免責」において、バトラーは「責任」について次のように述べている。「わたしたちの行為は、自己から生まれたものではなくて、状況に左右される。わたしたちは、行為すると同時に、周囲からの影響によって行為させられる。そして、わたしたちの「応答可能性＝責任《リスポンシビリティ》」は、この能動と受動の間の繋ぎ目にある」[Butler 2004a: 16/42]。主体をめぐるここまでの議論にとって興味深いのは、さらにつづけてバトラーが次のように論じている点である。

> ある特殊な仕方で、そして矛盾を孕みつつ、わたしたちの責任／応答可能性は、いったん他者の暴力に服従させられてしまったときにこそ、高められる。わたしたちは行為させられてしまう、しかも暴力的に。そして、そのようなとき、自分で自らの進む道を決めるわたしたちの能力は、徹底的に弱められるようにみえる。しかし、いったんわたしたちがそのような暴力を被ったならば、そのとき初めてわたしたちは、暴力的な傷にどのように応答するかを問うよう、倫理的に迫られる。暴力の歴史的連鎖のなかで、わたしたちはどのような役割を担うのか。応答するさい、わたしたちは何者になるのか。そして、わたしたちは、自らがなす応答によって、暴力を増幅しているのか、あるいは防ごうとしているのか。暴力に暴力をもって応えることが「正当化される」ように思えるかもしれないとしても、それは究極のところ、責任ある解決なのだろうか[ibid.: 16/42–43. 強調は引用者]。

バトラーは、レヴィナスを引用しながら、「倫理(的な力)」とは、自らの意志や自律性からその拘束性を引き出しているのではなく、むしろ、どこか他の場所から、名もなく、招かれざる、予期せざるところから〈わたし〉のもとにやってくるものであるという[ibid.: chap. 5]。すなわち、「倫理的なるもの」とは、〈わたし〉に対して外界からもたらされる力や呼びかけが一方的で強制的であることであり、それは、他者との面と向かった関係性のなかでも生じることがあるし、次章で日本軍「慰安婦」問題についてみるように、思いもよらない形で、見ず知らずの他者から届けられるかもしれない。

ただ、そもそもわたしたちの対話というのは、他者からの呼びかけに応えることから成立している点で、わたしたちが取り結ぶ他者との関係は「倫理的」である。もっといえば、主体はつねにすでにある文脈のなかで構築されているのだ、というバトラーの「主体」批判からも分かるように、わたしたちが意志を形成する以前——言語を習得する以前——から、〈わたし〉への呼びかけは始まっているがゆえに、他者との対話は、強制的に他者から一方的に呼びかけられる状態にあることを否定することができない。バトラーは、わたしたちの意志を「台無し」にしてしまうような、このような一方的な関係性のなかでこそ、わたしたちの応答可能性／責任は試される、と考える。自己に先立つ他者、自己のコントロールが及ばない他者との関係として定義される「倫理」を、異なる政治の在り方、異なる責任体系へ向けて活用できないだろうか、しかも合衆国を中心にして展開される軍事行動が世界に広がる今日において、レヴィナスの倫理をめぐる思索はより重要性を増している、とバトラーは考える[15]。

だがそれにしても、「わたしたちの責任／応答可能性は、いったん他者の暴力に服従させられてしまったときにこそ、高められる」とは、あまりにも奇妙な言い方ではないだろうか。

バトラーのこの言葉の意味をもう少し考えてみるために、スーザン・オゥキンによって文化・伝統の「被害者」としてのみ描写された女性たちのことを考えてみたい。バトラーのこれまでの議論に従うならば、文化の暴力に晒された女性たちこそ、その責任／応答可能性が高められるのだ。しかし、彼女たちに、責任などとれるのか。そのように迫ることは、むしろさらなる暴力に彼女たちを晒すことに他ならないのではないか。そうした疑問を抱く前に、責任とはあくまで応答可能性《リスポンシビリティ》であることに注意を向けるべきであろう。その責任が、個人が担えるたぐいのものか否かがここで問題にされているのではない。そうではなく、応答せよと一方的に呼びかけられ、そこに応答する可能性が拓かれるという点において、責任もまた倫理的なものである、という点に注意を向けさせようとすることが、バトラーの意図なのだ。

女性であるがゆえに抑圧的な暴力を被っている女性たちは、まさにその暴力の連鎖のなかに生きざるを得ない。たとえば、FGM(female genital mutilation. 女性性器切除手術)をめぐる論争では、少女たちにFGMを施すのが自らもその痛みを生きている女性であったことが、問題を複雑にした。そして、FGMを批判するフェミニストたちは、FGMを実施せざるを得ない女性たちを、主体性を奪われた被害者として表象することによって、彼女たちをそうした文化から解放し、彼女たちにも主体性を回復する道を拓こうとした。だが、岡真理は次のように鋭く指摘している。「性器手術を受けていない女性は「あばずれ」であるというような社会的価値観がいまだ根強く、さらに、独りでも生きていけるようなキャリアを娘が身につけられれば話は別だが、もしそうでなければ、女性が結婚しなければ生活していくことが困難な社会で、手術を受けていないという理由で娘と結婚する相手がいなかったとしたら、その責任は誰がとるのか」[岡 1998：228. 強調は引用者]。

暴力的にある行為のみが強制されているかのようにみえたとしても、それは、自らの文化的・伝統的、そして政治的・経済的・地理的位置づけのなかでは、さまざまな苦渋の下でさまざまな呼びかけに応えようとする「責任ある」行為である可能性があるのだし、さらには、逆説的に聞こえようともそうした制約が多いほどに、ひとは「責任ある」行為をとる可能性に開かれている。責任を応答可能性だと考えれば、そのことはより明確になるだろう。多くの制約に縛られた状況でこそ、そのつど、どの規範に、いかにして従うのか、あるいは従わないのかといった問いに答えなければならない立場におかれる可能性が高まるからである。だがもちろん、あくまで責任は可能性としてのみ存在しているのだから、岡がここで論じるような「責任」など、本来誰もとり得ない。なぜなら、個人の力を超えた社会的・文化的に規定された条件のほうにこそ、問題を生じさせる「原因」があるからだ。しかし、まさにだからこそ、バトラーがいうように、責任は非常に高められる。どのように自分がおかれた文脈に「応答するかを問うよう、倫理的に迫られる」。誰もその責任をとり得ないほどに、高まるのだ。

　あるいは、こうもいえるだろう。ＦＧＭを受けることを強制されない文化に生きるわたしたちには、そもそも、岡が論じるような責任は問われない。他方で、わたしたちはすでに、八〇年代のＦＧＭをめぐる議論のなかで、個人の力を超えるからという理由で、国際女性会議で南北格差・貧富の問題等については議論の対象にしないという、西側諸国のフェミニストたちの姿をみてきた[cf. 江原(編) 1998]。責任という観点からは、岡が述べている状況のなかでＦＧＭを遂行する女性と、個人の力を超えるものは〈わたしたち〉の議論の対象外だとする西側諸国のフェミニストたちのいったいどちらが、強制的に位置づけられた状況のなかで、呼びかけられる責任に応えようとして、自らの行為の可能性を拓こうとしているのか[16]。

第5節　集合的責任

さらに「主体」批判の延長線上でバトラーは、9・11事件以降の一連の論考で、一方では現在の法体系内での「自律」を主張するリベラルな個人主義の必要性を認めながらも、他者の暴力に晒される危険からけっして完全には免れ得ないわたしたちの存在の在り方を政治的な領域においても認めていく方向性のその先に、暴力の連鎖を断ち切る可能性を探ろうとしている[Butler 2004a: esp. chap. 2]。それは、「自律的な自己決定という うぬぼれでしかない主体とは異なる」自己概念を出発点にした[Butler 2004b: 149]、集合的責任を基調にするような新しい政治の可能性の模索である。

主体がどのように構築されるかについての考察は、権利侵害を受けたさいの非‐暴力的な応答の基礎とは何かを理解するのに、そしておそらく、最も重要なことには、集合的責任の理論にとって不可欠である[Butler 2004a: 44/88]。

そのさいバトラーは、これまでのフェミニズム理論とその運動からわたしたちは学ぶべきところがあると述べる[ibid.: 41-42/82-83]。というのも、フェミニズム理論こそが、身体レヴェルから始まる自己の形成について多くを論じてきたし、また、その知識からリベラリズムの前提とする個人の帰責論とは異なる、「集合的責任」を論じる可能性が拓かれてくるとバトラーは考えるからだ。

9・11事件の衝撃は、合衆国の傷つけられやすさ、つまり攻撃を受ける可能性を露呈させ、多くの合衆国国民は深い悲しみに見舞われた。ひとが自らの心身のコントロールを最も失うのは、暴力に晒される時であり、その意味では、痛みや悼み、憤りや悲しみにうちひしがれた合衆国国民——もちろん、同じ状況にあったのは合衆国国民だけではないことはいうまでもないが——は、その主体性を奪われたに等しい。そうであるならば、これまでの運動において「主体性の確立」をめざしてきたフェミニストたちが、合衆国国民としての主体性を取り戻そうとし、なんらかのアクションを起こすことを政府に求めたことは、当然の行為だったのかもしれない。アフガン女性の救済(の名の下で行われた攻撃)は、失われた合衆国の主体性を取り戻すための行為であったといっても言い過ぎではないだろう[17]。それは、自らが否定したはずの——否認したいと願っている——抑圧・従属の痕跡を非‐西洋の女性たちに見出し、抑圧され、従属させられていると思われる彼女たちを救済することで自らの主体性を保っている、ということに無自覚であった、かつての西側諸国の白人フェミニストたちが陥っていたのと同じ、「主体性」への憧憬に待ち構えている陥穽である。

他方でバトラーは、傷つけられやすさを露にされ、悼み、悲しみや憤りのなかにある合衆国国民は、好機にあったのだと考えようとする。なぜなら、その状況は、〈自己と他者の関係性〉をめぐって、次の三つのこと――バトラーによれば、それらは特殊な状況によって生まれるのではなく、むしろわたしたちの常態である――を教えてくれたからである。すなわち、①傷つけられやすさは、わたしたちのすべてが他者に依存していることを気づかせ、②悲しみや憤りは、自分で自己の気持ちをコントロールできない状態であるがゆえに、わたしたちを、我を忘れた状態／自らの傍らにある状態 being beside oneself にし、[18] ③悼みは、悼まれる他者と悼む自分とがはっきりとした境界で分かたれていない状況であることを、あからさまにする[19][cf. ibid.: 22ff./52ff.; Butler 2004b: 20ff.]。これまでの政治においては、むしろ問題視されてきた他者への依存や主体の揺らぎから、どのようにしたらわたしたちは、他者との「反」暴力的関係と集合的責任に基づいた新たな政治の可能性へと導かれるのだろうか。

わたしたちは必ず、自己より先に存在する他者や社会規範のなかに生まれ、身体をもつために、わたしという個は「他者」「外部」に晒されているかぎり、上述した三つの特徴は、その様相や程度は異なるにせよ、人類に共通する特徴なのである。それは、拒絶できるものではないし、拒絶するべきでもない。それを拒絶・否認しようとすることは、「自律した主体」を強く意志するがゆえに、合衆国で現在みられるように他者への暴力を誘発するからである。

深く悲しむこと、悲しみそのものをそこから政治が生まれてくるものへと変換することは、たんなる受動性、あるいは無力に身を任せることではない。むしろ悲しみによって、わたしたちは、この傷つけられやすさ／攻撃の可能性の経験から、軍事的侵入、占領、突然宣言された戦争、残虐な治安を通じて他者が被っている傷つけられやすさ／攻撃の可能性へと思いを至らせることが可能になるのである。わたしたちの存続がまさに、わたしたちが知らない者たち、決定的なコントロールが利かない者たちによって決定されるかもしれないことは、次のことを意味している。生は不確かであり、したがって政治は、いかなる形態の社会的組織・政治的組織であれば、地球上に拡がるこの不確かな生を不確かなままで、なんとか最もよく維持しうるかを熟慮すべきなのだ、と[Butler 2004b: 23]。

その人生の始まりからわたしたちは、個体化のプロセスで第一の他者 primary other (=無力な存在者が、選択を介することなくもっぱら依存する他者)からの世話を受けながら、身体レヴェルにおける自己同一性を確立していく。他者と外部の交流のなかで身につけていく embodied 身体性、自己に先立つ他者との依存関係は、たしかに一方では、傷つけられやすさ／攻撃を受ける可能性を生み出している。この原初的な他者との関係性は、〈わたし〉の自己形成に先立つものであるがゆえに、〈わたし〉にコントロールできないため、いっそうその可能性は高まるだろう。〈わたし〉の傷つけられやすさは、〈わたし〉の個人的責任を超えたところにある――がゆえに、この問題にどう応えるかは「倫理的に」強制されている――。

　しかし、そのことは、視点を変えれば、つまり〈わたし〉にとっての他者からの視点からすると、つねに物理的に支えなければ「個」としては存続し得ない脆い存在に対する「集合的責任」にわたしたち一人ひとりが呼びかけられていることを伝えている。その呼びかけが「集合的な」責任への呼びかけであるのは、自らが生まれたその社会において、いかにそうした無力な個人を扱うのか、といった問いかけであるからだけではない。呼びかけられる者たちもまた、自らを超える、自らのコントロールの外にある「他者」のなかに生まれ、それによって自己を構築されているのであり、その自己を超えた何者かに付き添われながら being beside oneself 自分自身を生きているのだから、その呼びかけを聞いた者は、自らのなかに避けがたく含まれている社会規範や他者とともに、責任を果たすように求められているからである。そして、だからこそ、いっけん個人的にみえる応答の仕方であったとしても、そこに社会変革への道が拓かれるのだ。

第6節　認識主体の倫理性

9・11事件以後の合衆国に生きるフェミニストとして、「倫理的責任」、「集合的責任」、自己と他者との「反」暴力的な関係の模索を新たな政治の課題として引き受けようとするバトラーは、[20]八〇年代以降の「人権」をめぐる論争を引き継いでいるからこそ、「主体」の批判的考察を最重要視している。本章の最後に、本書のとるフェミニズムの立場を明らかにしておくためにも、オゥキンらリベラルなフェミニスト理論家たちとバトラーの違いを、理論を構築する者の倫理という点から明らかにしておきたい。

バトラーが、自己が形成されるなかでつねに、自己よりも先に存在する他者が巻き込まれていること、つまり自己に対する他者の先在性を強調するのは、〈わたし〉のなかに自己にとって「異質なもの／見知らぬもの foreignness」が存在していることを指摘するためであった。それは、自己が多元的なアイデンティティから構成されているという主張より、さらに根本的な主張を含んでいる。というのも、〈わたし〉のなかの「見知らぬもの」をつねに意識することは、〈わたし〉が知っていると思っていることはつねに覆されるかも知れない、と自覚していることであり、そのため、〈わたしたち〉が知っていることの限界で立ち止まり続けること〉という認識上の謙虚さを要求するからだ。それは、限界内でとどまることで満足してよいということではない。その逆に、自分が知っていると確信していることを「知らないこと」に晒し続けるよう要請しているのだ。そして、わたしたちの知の確実性を疑うことは、究極的には「「人間的なるもの」を想像するわたしたちの能力を拡げる」ことにつながっている[ibid.: 228]。「人間的なるもの」の不可知性の瀬戸際にとどまりながら、いまだ〈わたし〉が知り得ない「人間的なるもの」を想像することは、「人権とは何か」を考えるうえでも不可欠な作業である。じっさいに、合衆国がしかけたアフガニスタンへの攻撃、その後のイラク戦争などを通じて明らかになったのは、誰が弔いに値し、誰が値しないのか、という形での人間の選別であった。

他方で、自らのなかの異質性を認められない者、単一の主体である者は、自らの確実性を疑い得ない者であるがゆえに、既存の政治枠組みを超え出ることができずにいる。それは、傷つけられやすさの配置が地域によって大きくバラつき、力ある者は自らの傷つけられやすさを否認するために、つねにある者を攻撃に晒し続ける現代の暴力的な世界を変革するどころか、維持しさえしている。次のバトラーの描写は、オゥキンに向けられていたとしても決しておかしくない。

単一の主体は、すでに主体とは何であるかを知っている者であり、すでに存在するやり方で対話に入ってゆき、自らの認識の確かさを他者との出会いのなかで揺るがすことに失敗し、したがって、決まった場所にとどまり続け、その場所を守り、所有と領土を象徴するようになる。それは、皮肉なことに、主体という名の下で、自己の変容を拒んでいる[21][ibid. 強調は原文]。

小括――フェミニストの倫理

バトラーが9・11事件以降の国際的な連帯にとって不可欠だと考えている「主体」批判は、すでにフェミニズム理論の文脈では、主体の位置を占めようとする欲望を批判するなかで、ガヤトリ・スピヴァクやシャンドラ・モハンティらによってなされてきた批判である。じっさいにバトラーは、9・11事件以降に公刊した著作のなかで両者に言及しながら、新たなフェミニズム理論を模索しようとした。

だが、本章でみてきたように、幾度も「普遍主義vs.文化相対主義」といった対立枠組みが持ち出されることで、フェミニスト自身も自らの歴史的・政治的な立場を見失ってしまうのは、近代的政治の前提ともいえる、「主体」が保ち続けているその威力によってである。そして、冒頭に参照したブラウンが「悪夢」と呼んだように、二一世紀に入り、八〇年代以降多くのフェミニストたちが批判してきた対象は、衰えるどころか、ますますその威力を発揮している。「主体」がその意志を最も貫徹しようとする状況を現代の戦争状態であるとバトラーが指摘したように、わたしたちは、今この時においても、「主体」の揺るぎなさ(への固執)とそこからもたらされる「他者」の抹殺を目の当たりにしている。

第一章では、バトラーの９・11事件以後の取り組みを、主体批判を通じた「倫理的責任」、「集合的責任」、「自己と他者との「反」暴力的関係性」を基調とする新しい政治を探求しようとする試みとして捉えた。それは、バトラーにとっては、まさに彼女の意志を超えたどこかからやってきた、予期し得ない呼びかけに応える、倫理的責任の取り方、集合的責任の取り方のひとつである。

９・11事件以降の合衆国の言論状況、メディアの自己規制、アカデミズム内の自己検閲には、合衆国に追随するだけの日本政府の下で生きるわたしたちの多くが驚かされた。とくに、第二次世界大戦後は、戦前の反省の下にナショナリズムとは距離を取ってきた日本のフェミニズムの状況に慣れ親しんできたわたしは、ナショナリズムとフェミニズムはけっして相対立しているわけではないことを、イラク戦争当時ニューヨークに滞在して思い知らされた。平和・「反」暴力を考えることはフェミニズムの重要な課題のひとつだと考えていたわたしは、アフガニスタン攻撃、つまりアフガン女性を死に至らしめることもやむなし、とするフェミニストたちの発言に、自らのフェミニズム理解のどこかに誤りがあったのかとさえ考えた。

しかしながら、今こそ過去のフェミニストたちの知見をわたしたちは援用しうるし、フェミニズム理論は、自己防衛・自己保存、そして安全保障の名の下に多くの無名の者――死の事実さえ残されようとしない、つまり社会的にはすでに抹殺されている者――を殺害することを許している現在の政治とは異なる政治を構想する可能性に開かれている。もちろん、こうしたポスト構造主義的なフェミニストたちの議論からどのような新しい政治を構想するのかは、今から本書全体を通じて考えようとする、困難な問いであることは言うまでもないだろう。

第二章　「慰安婦」問題と日本の民主化

はじめに　「反」暴力の実践

第一章でわたしたちは、世界を震撼させ、その後合衆国が主導する世界の軍事化に拍車をかけた、二〇〇一年九月一一日の合衆国に対する同時多発テロに、フェミニストたちがどう反応したかを概観した。そして、ポスト構造主義フェミニストであるジュディス・バトラーの近代的主体批判が、「異議申し立て」という民主主義的な価値と連動しながら、「反」暴力的な他者との共生の在り方を模索していることを確認した。

本章の導入として、本書がなぜ「非」暴力でなく、「反」暴力という立場を今後主張するのかについて、説明しておきたい。

前章では、ポスト構造主義的な主体理解を次のように説明した。すなわち、わたしたち一人ひとりは、ある社会制度や規範、さまざまな歴史文化的な文脈のなかにまずは生まれ落ち、対面的な他者との関係だけでなく、想像を超えた広がりのある他者関係のなかで、さまざまな呼びかけに応えながら行為する。したがって、バトラーの言葉を再度参照してみるならば、「わたしたちの「応答可能性＝責任《リスポンシビリティ》」は、〔行為させられ、行為するという――引用者補〕この能動と受動の間の繋ぎ目にある」のだ[Butler 2004a: 16/42]。そして、わたしたちの行為が受動的であると同時に、能動的であらざるを得ない事実が、あたかも強制的に行為させられてしまっているようにしかみえない被害者像を生んだり、逆に、行為の受動性を認められずに、他者との連関や社会構造を無視しようとする主体幻想を生んだりする。ここに、わたしたちの意志を挫き、時に弱者、声を上げる力がもてない者たちを物理的に排除、抹殺しかねない暴力の可能性が胚胎している。

本書では、この暴力の可能性、そしてわたしたちが人間として存在するための社会を必要とする限り否定し得ない事実としての被傷性・傷つけられやすさを、まずはしっかりと認めることを出発点とする。わたしたちは、暴力の可能性からつねに免れ得ないし、他者との依存関係、文脈依存的な存在の在り方をしているかぎり、誰もが傷つけられやすい。

しかし、それは第一章でみたように、すべての者が同じように傷つけられやすいということを意味しない。むしろ、傷つけられやすさ＝暴力を被る可能性は、一人ひとり身体性や能力、そして彼女が置かれた立場や歴史、そして社会文化によって千差万別である。そして、だからこそ、わたしたちは、その暴力が誘発される要因の遍在性と偏在性の双方に敏感になりつつ、暴力が実際に発動されないために、暴力に対抗しうる知の在り方、実践を紡いでいかなければならない。

本書においてそうした実践は、あたかも自分だけが暴力から距離を置き、暴力を誘発しがちな複雑な権力構造とは無関係であるかのような態度にもつながりかねない「非」暴力ではなく、暴力が実際に発動するかもしれない危険な状況、つまり社会構造の布置を積極的に変革していこうとする、「反」暴力的な実践だと提唱したい。そして、そうした変革の運動こそが、バトラーが「異議申し立て」として価値づけた民主主義的な運動に他ならない。

さらにこの民主主義的な変革運動には、前章第6節でみたように、わたしたちのアイデンティティ、つまり、自己をどのように認識するか、そして自己をみている見知らぬ他者との関係と出会った時に、どのように振る舞うか、どのように自己認識を変革していくかといった運動も含まれている。前章では、9・11事件以後の合衆国について論じたが、本章では、〈わたしたち〉の自己認識、歴史的に、そして国際社会のなかで構成されてきた〈わたしたち〉日本国民のアイデンティティと民主主義との関係について考えてみよう。

以下本章では、日本軍「慰安婦」問題＝日本軍性奴隷制度問題について(1)、性奴隷制度の被害者一人ひとりに、〈わたしたち〉はいかに応答すべきなのかをめぐって交わされた九〇年代の論争に立ち戻りつつ、民主主義的実践とはいかなるものかを具体的に論じてみたい。

そのために、七〇年代の韓国民主化運動の象徴的存在であった金芝河《キムジハ》にまつわるエピソードを引きつつ、元日本軍「慰安婦」制度の被害者が求めているのは、「日本の民主化」である、とする宋連玉《ソンヨノク》の主張を引き取りながら、(2)「女性のためのアジア平和国民基金」(以下、国民基金と表記)をめぐる議論を検証していく。そして、東京で開催された女性国際戦犯法廷から一五年がたち、金学順《キムハクスン》さんのカムアウトから四半世紀を迎えようとするなかで、いまだ解決をみない日本軍「慰安婦」問題によって問われているのは、日本における民主主義それ自体であると主張したい。

その目的を果たすために、本章ではまず、政府主導で進められた国民基金と、東京にある民間のミュージアムである「アクティブ・ミュージアム　女たちの戦争と平和資料館」(以下、ｗａｍと表記)の、ネット上での展示を比較する。その比較のなかで、政府が主導した国民基金がどのように日本軍性奴隷制度と向き合ってきたのか、日本における多くのフェミニストや活動家たちが求める法的責任と、政府のいう道義的責任とは何が異なるのか、政府のいう道義的責任を国民基金が果たしている／果たしたとすれば、その帰結として何が〈今・現在の〉日本に生じているのかが明らかにされるだろう。ここで問われるのは、サイト上で多くの日本軍「慰安婦」問題に関する資料を提供し、英語、そして二〇一四年より外務省の働きかけによって新設された朝鮮語で［和田 2015: 173］、政府の主張を内外に発信する国民基金の、その政治的帰結である。

こうしたネット上の展示の比較を通じて見出される結論を引き受け、結論部分においては、短くではあるが、国民基金の活動を理論的に支えた国際法学者の大沼保昭著『「慰安婦」問題とは何だったのか』においてなされた、NGO活動とフェミニズムへの批判に反駁し、法的責任を取ることこそが、日本の民主化を推し進めることに他ならないと主張する。この主張は、多くの日本国民が信じているのとは異なり、日本軍「慰安婦」問題に法的責任を取り得ていない日本は〈いまだ民主化されていない〉ことを証明することにもなるだろう(3)。

第1節　国民基金とｗａｍの比較検討

まず、政府主導で行われた国民基金の政治的帰結を明らかにするために、第1節では議論をさらに三つに分けて分析していく。第一に、国民基金とｗａｍのふたつの展示が創設された背景を概観する。第二に、ふたつの展示を具体的に比較検討しながら、それぞれの展示にみられる特徴を明らかにする。そして最後に、国民基金の政治的帰結とは、アイロニックであるだけでなく、時代錯誤的でさえあることを指摘し、隠蔽の政治が、

現在もなお遂行されていることを明らかにする。(4)

背景

周知のように、日本軍「慰安婦」問題が広く日本社会に知られるようになったのは、一九九一年に金学順さんが日本政府に責任をとるよう公に訴えたことに始まる。(5)この点は、戦後七〇年を迎える日本社会が次のような状況にあったため、幾度も強調しておく必要がある。

二〇一四年八月、吉田清治証言に基づく記事を検証し、取り消した『朝日新聞』に対して、常軌を逸したバッシングが始まると、あたかも日本軍「慰安婦」制度がなかったかのような議論さえ噴出した。さらには、吉田証言に依拠していないことが明らかな河野談話(一九九三年)を否認しようとする政治勢力は、いっそう勢いを増し国民世論に大きな影響を与えた。だが、国民基金の創設と活動の中心を担った和田春樹が、その経験を振り返るなかで論じているように、「慰安婦」にされた女性たちが実際に声を上げ、「その証言が知られるようになると、慰安所における悲惨な被害・受難が焦点となるというように展開し」た議論は、「慰安婦認識の自然な発展、深化であると理解するのが正しい」のだ[ibid.: 48]。

金学順さんの歴史的な告発以後、彼女の声に反応した多くの活動家、歴史家、そしてフェミニストは、過去の戦争犯罪に対して、いかにして現在のわたしたち日本国民が責任を果たすべきであるのか議論を重ねてきた。

日本軍「慰安婦」とされた女性たちの訴えに呼応する形で、日本におけるフェミニストと活動家たちは、とくに韓国の活動家・フェミニストたちと連携しながら、一人ひとりの被害者に対して法的・政治的責任を果たすよう日本政府に要求してきた。彼女たちにとって、個々の被害者に法的な補償を与えることは、被害者の尊厳と正義を回復するための第一歩、しかもそれなしには、その他の解決に向けた福祉事業や諸政策の意味が奪われるであろう、不可欠の一歩だと考えたからである[6]。

他方で、日本軍「慰安婦」問題に法的な責任をとるべきであるという被害者自身の主張にもかかわらず、日本政府は一貫して、いかなる法的・政治的責任をも認めてこなかった。国民基金設立の契機となる一九九四年の「与党戦後五〇年プロジェクト従軍慰安婦問題等小委員会　第一次報告」(以下、第一次報告と表記)から、この立場に変化はない。

> いわゆる従軍慰安婦問題を含め、先の大戦にかかわる賠償、財産・請求権の問題については、日本政府としては、サン・フランシスコ平和条約、二国間の平和条約及びその他の関連する条約等に従って、国際法上も外交上も誠実に対応してきている[7][強調は引用者。本章以下同]。

この立場にたてば、すでに法的・政治的責任を日本政府は果たしているのであり、したがって、個別の被害者に補償することは法的に不可能である。

しかしながら、戦後五〇年を迎える準備をしていた当時の政府与党内の日本社会党議員のなかには、日本は被害者個人に補償をすべきであると主張する者も存在していた。一九九五年当時、第二次世界大戦期の日本の帝国主義を肯定し、現在もなお東アジアに対する蔑視を隠そうともしない愛国主義者を抱える自由民主党と、政権に与するまでは自衛隊の存在を違憲とする党是を譲らなかった日本社会党との連立政権内における深刻な対立は、戦後五〇周年記念の準備に向けて問題を早急に解決しなければならないという政治的な要請によって、妥協策を見出す方向で急速に鎮静化がはかられた。

こうして一九九五年、日本社会党委員長の村山富市内閣の下で、「道義的責任」を果たすために国民基金が設立される。しかし、国民基金は、たとえば英語名、あるいは基金側が使用する略称と正式な日本名にみられる微妙な意味の違いにも象徴されているように、創立当時より、ある種の分かりにくさが存在し、そこにはすでに何かを隠蔽しようとする意志さえ感じさせられる。英語名、また基金自身が使用する通称ともなっている、「アジア女性基金 The Asian Women's Fund」は、日本における正式名称の意味を正確には伝えていない。すでに示してきたように、その正式名称は、「女性のためのアジア平和国民基金」であるが、基金側の呼称は、政府によって設立されたことではなく、むしろ民間による設立であることを強調しているといってよいだろう。[8] じっさいに、一九九五年八月一五日に全国紙に掲載された「アジア女性基金設立にあたっての国民への呼びかけ」を読む限り、基金は一財団法人であり、その母体は、国民のヴォランタリーな意志／好意である。[9] しかしながら、のちに詳細にみていくサイト上の展示では、基金は政府と国民との協力の下に設立されたことが強調されている。

ともあれ、国民基金(アジア女性基金)は、第二次世界大戦時における戦争犯罪に対しては、もはやいかなる法的責任も存在しない、と主張し続ける保守的な政党である自民党と、[10] 性奴隷制度については、個々の被害者に対する法的補償が必要であると主張する日本社会党との間の、政治的な妥協の産物であった。

この妥協については、先ほど引用した「第一次報告」の一節のあと、以下のように道義的責任への言及がなされることにも、その一端が表れている。そこには、法的な問題としては解決済み、という態度を崩さず、なおなんらかの事業をしなければならない、と考える政府の妥協案として、「道義的責任」という考えが浮上してくる経緯がよく表れているといえる。

しかし、本問題は、戦後五〇年を機会に、今日までの経緯と現実にかんがみ、我が国としては、道義的立場から、その責任を果たさなければならない。そのため、こうした気持ちを国民ひとりひとりにも、ご理解いただき、分かち合っていただくために幅広い国民参加の道を求めていこうということなのである。

こうして、政府側からすると、困難な妥協案を取り付け、当時としては最善の努力をした、と理解される一方で、[11]一九九五年以降、政権与党に返り咲いた自民党によって選出された歴代首相たちは、日本軍「慰安婦」問題に対しては、無関心であるか、あからさまな敵意を表すようになりさえした。「慰安婦」問題に対するその典型的な反応は、故安倍晋三が第一次安倍内閣当時にとった態度である(在任期：二〇〇六年九月〜〇七年九月)[12]。かれはその在任中、合衆国議会で議決された日本軍「慰安婦問題の対日謝罪要求決議」に対して、「決議案は客観的事実に基づいていない」、「決議があっても謝罪することはない」との見解を述べた。また、安倍内閣当時の外務大臣だった麻生太郎は、やはり合衆国の決議に対しては、「非常に残念である」と公式に強い不快感を表している。

すでに指摘したように、多くの活動家や少なくないフェミニストにとって、政府が法的責任を果たすことは、性奴隷制度問題解決にむけて不可欠であった。というのも、法的な責任を果たすことによってのみ、日本社会におけるこうした反動的な政治状況を変革し、また国際社会において国家としての政治的意志を表明できるからである。この点については、後ほど本章の第2節でさらに詳しく論じることにしたい。

ここまでの議論をまとめると、国民基金がいかに「心からお詫びと反省の気持ちを表す」ために設立されたとしても（「第一次報告」）、他方で、補償問題についてはすでに解決済み、という日本政府の不変の立場を認めている限り、さらにまた、基金はあくまでも法的なカテゴリーからすれば、一民間財団である限り、〈いっさいの責任はもはやとる必要がない〉との態度を示す、国民の代表である政治家たちの出現や発言を食い止め、批判する力はそもそもなかったのである。

国民基金デジタル記念館とｗａｍとの比較検討

さて、ここからは、ふたつのサイト上の展示を比較検討してみよう。というのも、〈日本政府は性奴隷制度の個々の被害者たちにいかなる責任を果たすべきなのか〉、という問題をめぐってここまでみてきたふたつの相対立する見解は、このふたつのサイトの展示の違いがよく示しているからである。

ｗａｍは、故松井やより[13]の遺志を受け継ぎ、二〇〇五年に東京都新宿区西早稲田に設立された、世界でも珍しい私設の、女性のための平和資料館である。ｗａｍは、「何よりもまず、被害女性たちに出会ってほしい」という思いの下に、「慰安婦」問題の解決

Ⓒ「アクティブ・ミュージアム　女たちの戦争と平和資料館」(wam)

を願って設立された。ｗａｍのこの設立意図は、たとえば、じっさいのｗａｍの入り口に、被害者一人ひとりの顔写真が展示されていることにもよく表れている(写真)。

　ｗａｍ設立には五つの目的が掲げられている。それぞれ「戦時性暴力に焦点をあてる」、「被害だけでなく加害責任を明確にする」、「過去・現在の資料の保存・公開だけでなく、未来へ向けての活動の拠点にする」、「国家権力とは無縁の民衆運動として建設・運営する」、そして「国境を越えた連帯活動を推進する」である。

　この五つの目的は、常設展示ほか毎年開催される特別展示にもよく反映されている。たとえば、二〇一五年五月には、「中学生のための「慰安婦」展＋《プラス》」というアンコール企画を行い、第一次安倍内閣時の安倍首相自身による「「慰安婦」の強制はなかった」という発言に象徴されるバックラッシュや歴史教科書への攻撃に対して、若い世代に「慰安婦」問題の理解を促す丁寧な展示を行っている。また、これまでも「台湾・「慰安婦」の証言　日本人にされた阿媽《アマー》たち」(二〇一三〜一四年)、「軍隊は女性を守らない――沖縄の日本軍慰安所と米軍の性暴力」(二〇一二〜一三年)など、戦時性暴力の被害者たちの証言がいかに国際社会にこだまし、被害者たちの尊厳と正義を回復するための国際的な法的・政治的な変革運動が、どのように市民の手によって担われているのかを伝えようとしている。

その展示を通じて、wamは、被害女性たちの「勇気ある証言」に耳を傾けるよう訴える。wamの特徴を挙げるとすれば、それは、わたしたちに、〈なぜこうしたことが起こり、また起こり続けているのか〉を自問し、そして〈いかにわたしたちは、不正義をただし、「反」暴力的な世界を作ることができるのか〉を考えるよう促す、その展示方法である。元「慰安婦」とされた百五十余名の女性たちの顔写真が壁一面に飾られたwamの入り口にも象徴されるように、wamの展示は、〈わたしたち〉を見つめているのであり――けっしてその逆ではない――、そして、〈わたしたち〉が彼女たちの声――けっして発せられなかった声(＝沈黙)も含めて――に応えるのを待っている。

wamの展示の特徴は、以下、三つ挙げることができよう。①その展示は、個々の犠牲者たちの過去から現在にいたるまでの生そのものを伝えようとしている。サヴァイヴァーたちは、「慰安婦」とされてしまって以来、現在にいたるまでどのような苦難を被ってきたのか――残念なことに、多くの方々は「現在」亡くなられているのだが――、過去だけでなく、彼女たちの現在にも焦点があてられる。

②ｗａｍは、政府の立場からは批判的距離をとる。なぜならば、政府は、個人賠償をはじめ歴史教科書における事実の記述や、さらなる公的な真相解明など、被害女性たちの要請に応えていないからだ。(14)

③それゆえ、わたしたちがｗａｍから聞き取るメッセージとは、日本社会だけでなく国際社会の一員として、「慰安婦」にされた人びとの尊厳を回復するためには、日本社会の現状をこそ変革しなければならない、ということである。こうしたｗａｍのスタンスはしたがって、しばしば右翼からの攻撃を惹起するのである。

では、国民基金のサイト「デジタル記念館　慰安婦問題とアジア女性基金」から、わたしたちは何をみてとることができるだろうか。まず、強調しておかねばならないのは、基金のデジタル記念館が開設されたのは、基金がその活動を終了させた二〇〇七年の三月だった、という事実である。この事実が何を意味しているのかについては、以下で検討を加えてみたい。その前にまずここでは、デジタル記念館の展示は、ｗａｍの展示とは対照的であることに焦点をあてる。

第一にわたしたちが気づかされるのは、トップページから入り、次に移動すると、一九九五年の終戦記念日に公式に謝罪した、元日本社会党委員長・当時の首相であった村山富市が基金の初代理事長として挨拶していることである。かれは、記念館を訪れる者に向かって、基金は「政府と国民の協力によ」るものだと説明する。先述したように、本記念館では、あくまで基金は政府と国民の共同事業であることが、さまざまな形で強調される。また、ｗａｍは、被害者の個々の人生に光を当てるのに対して、基金の記念館では、現代の女性一般の問題をも対象にしていると、その設立意図が述べられている。

さて、デジタル記念館には、一九九一年に政府主導で調査され、九二年と九三年に発表された公式文書などが多く展示されている。つまり、日本軍「慰安婦」問題が韓国との外交問題にまで発展した当初に発見された公式文書が、展示の中心といっても過言ではないだろう。(15)たとえば、「慰安婦とは」という展示コーナーでは、まずは、当時の陸軍省や警察当局、あるいは、大将の写真が並べられており、こうした多くの公式文書が展示される。これらの文書によって歴史的背景を説明することが、非常に重要であるのはいうまでもない。とりわけ、河野談話の以前と以後に発見された当時の政府関係文書は、その後に生じた激しいバックラッシュに対して、強力な反駁材料を提供した。しかしながら、そこには別の意図を感じざるを得ないのも確かなのである。

そうした意図は、「慰安婦とは」というコーナーでは中心的に扱われていない被害者自身の声が、「アジア女性基金の償い事業」のなかで主に紹介されていることからも窺える。「被害者の声」には、韓国、フィリピン、そして台湾における被害者の証言が紹介されてはいる。だが、このコーナーの主題があくまで「償い事業」であることは、「被害者の声――償い事業を受け取って」という記事で被害者に関する言及が終わることから明らかだ。その記事は、被害者自身の声ではなく、当時の理事のひとりであった下村満子による描写で始まる。下村は、償い金と首相からの手紙を手渡すために一九九七年に被害女性と会うのだが、被害女性の反応を、彼女自身の視線から描いている。そのうえで下村は、彼女自身が被害女性に何をいったのか、そして何を感じたのかを以下のように述べる。

こちらもすごい衝撃で、畳の部屋で和食のテーブルに向かい合ってすわっていたんですけど、途中で私は向こう側に行って、彼女を抱いて、「ごめんなさいね、ごめんなさいね。」って、一緒に泣いてしまいました。私もなぜそう言ったのかわかんないんですけど、彼女を抱きしめて、ただ、ひたすら「ごめんなさい」と泣いて言い続けました。そしたら、彼女がわんわん泣きながら、「あなたには何の罪もないのよ。」って。「遠いところをわざわざ来てくれて、ありがとう。」というような趣旨のことを言って、でもずっと興奮して泣いていて、しばらくお互い抱き合いながらお互いそういう状態でいて……。[16]

この下村の言葉が示唆するように、基金の展示は、政府と基金がこれまで何をしてきたのか、であって、被害者の苦悩がかつてどれ程のものだったのか、また当時はどのようなものだったのか、といったことを中心とはしていない。

じっさい、展示が何を意図しているのかについては、先ほどの村山の挨拶のなかでも明示されている。二〇〇七年三月の記念館設立の挨拶を、村山は次のように結んでいるのだ。

> 私たちは、慰安婦問題にかんする私たちの認識と基金の償い事業の歩みを記録して、歴史の教訓とするために、デジタル記念館「慰安婦問題とアジア女性基金」を立ち上げることにしました。ここを訪れる方々がこの歴史を忘れることなく、アジアと世界において、和解と協力のために努力する気持ちをかためてくださるようにお願いいたします。

あえて村山の言葉を換言するならば、この記念館が記憶に残されることを望んでいるのは、かれら自身の活動なのである。

さて、簡単にではあるがこれまでみてきた記念館と、ｗａｍとの違いはすでに明らかであろう。先ほど三つに分類したｗａｍの特徴と比較対照しながら、やはり記念館の三つの特徴を指摘してみたい。

①基金の展示が焦点をあてるのは、個々の被害者ではなく、いかに基金と政府がこの問題に応えてきたか、である。そこでは、政府の償い金を受け取った被害者の声だけが取り上げられているために、あたかも、そこに描かれていない被害者たちもまた、基金の活動に対して感謝しているかのような印象を残す。

②基金はそもそも、政府の立場、すなわち、〈法的に問題は解決済み〉という立場を支持するために、記念館を含めた基金の活動は、あたかも日本政府が国際的な義務（＝国際法上の義務）を超えた努力を積み重ねてきたかのようなイメージを与える。つまり、日本政府はもはやいかなる責任も負う必要がないにもかかわらず、なお「道義的に」必要だと考える政府は、一層の解決にむけた努力を続けている、という印象を与えてしまうのだ。先ほど触れた、公式文書を開示する別の意図がここに表れていると考えるのは、穿ちすぎであろうか。つまり、法的にすでに解決した問題について、政府はなお公的文書を調査する努力をし、真実究明に努めていると、記念館は展示し続けているのである。しかし、実際に記念館に展示されている政府によって発見された「慰安婦」関連の歴史的資料は、一九九七年から九八年にかけて公刊された資料集『政府調査「従軍慰安婦」

関係資料集成』であり、それ以後、日本政府が率先して公式文書を調査し公表しようとはしていない[17]。

とくに、国民基金が解散した後、デジタル記念館の内容が更新されたとは確認されず、歴史的事実の発掘よりも、むしろどのように対外的に発信するかということにその重点が置かれているのは、開設以降朝鮮語の表示が増えたことからも窺える。

③それゆえ、日本政府と国民は、被害者の声に真摯に耳を傾けている、とのメッセージが、デジタル記念館の展示全体から発せられることになる。じっさい、すでに両者は、「償い金」五億六五〇〇万円、その他の福祉事業のため七億五〇〇〇万円という金額を支出し[18]、さらに償い事業が始まった一九九六年当時の橋本首相以下、小渕、森、小泉といった歴代首相は、「お詫びの手紙」を被害者に対して送っているのである。

国民基金の時代錯誤的な政治的効果

さてここでは、〈日本軍「慰安婦」問題をめぐる政府対応を通じて日本の民主主義を問う〉、という本章の目的のために、基金が残した記念館が、わたしたちの目から覆い隠してしまっているものは何か、そして、基金が解散したさいに、記念館が設立されたことによって何が起こっていたのか、についてまとめておきたい。

すでに指摘したように、ｗａｍの展示は、日本政府がいまだ、インドネシア、中国と北朝鮮や東ティモールやマレーシアの被害者たちにはいかなる措置も行わず、基金の事業が実施された国においても多くの被害者の要求に応えていないために、わたしたちが平和に向けて現在何をするべきなのか、どのような未来を構想するのかを、わたしたち自身に問うていた。ところが逆に、国民基金のデジタル記念館は、村山の言葉に見たように、わたしたち（＝国民基金の賛同者と政府）の当時の認識と国民基金の過去の事業を記録するために設立された。それゆえ、記念館は、個々の元「慰安婦」にされたひとたちの歴史ではなく、一二年間の国民基金の記録を残すことを目的にしているかのようである。

第一に、記念館の展示は、政府によって収集された公式文書を展示することによって、記念館を訪れる者たちの眼を政府の努力に向けさせる一方で、個々の被害者たちの過去や現在については、目を逸らせてしまう。第二に、償い事業に自発的に参加した個々の国民の「道義的責任」に焦点が当てられるために、政府の法的責任については、そこではまったく問われることがない。そして、最終的に、基金の展示は、今なお主張されている現在の被害者たちや支援者たちのさまざまな主張そのものから、本サイトを訪れる者たちの意識を逸らしてしまうのだ。

以上のことから明らかになるのは、国民基金が日本軍「慰安婦」問題に今後与える政治的な影響は、皮肉なものであるだけでなく、文字通り、極めて時代錯誤的なものとならざるを得ない、ということである。

記念館は、いかなる法的責任も認めようとしない政府の頑強な立場は受け継ぎながら、その展示においては、たとえば麻生太郎といった、本問題に対してあからさまに嫌悪感を示す政治家さえ、基金の事業に協力したかのような展示をしている。つまり、逆接的なことに、戦時性奴隷制度の被害者たちの声に一切耳を傾けなかった政治家たちが、記念館の展示では、彼女たちに敬意を表したかのように登場するのである。記念館では、二〇〇七年の基金解散後、基金側が「慰安婦」問題に関して政府に申し入れをしたさいの、当時の外務大臣麻生を以下のように紹介している。

麻生大臣は、一二年間のさまざまな困難な中での基金関係者の努力に対し、敬意と謝意を表明しました。また、基金解散後も、基金事業に体現された日本国民と政府の慰安婦問題に対する真摯な気持ちが、今後も引き継がれていくよう、努力していきたいと述べられました。(19)

記念館が、その多大な資金を背景にほぼすべての展示を英訳・朝鮮語訳し、全世界的にそのメッセージを発しているとすると、これほど皮肉なことはないといわざるを得ない。さらに問題を深刻にするのは、記念館は国民基金が解散したと同時に設立されたという事実にも関わり、あたかも、犠牲者が「償い金」と首相の手紙を受け取ったことで、問題が解決されたとの印象を与えてしまうことにある。繰り返しになるが、多くの被害者の声、さらには国連人権委員会からの度重なる勧告にもかかわらず、日本政府は一貫して、その法的責任を認めないでいる。しかしながら、記念館に展示された公式文書を含んださまざまな記事が、まさに日本政府が真摯にその政治的責任を果たしたかのように発信され続けている。たとえば、二〇一四年七月に日本政府に出された自由権規約委員会からの次の最終所見をみれば、上述の麻生の言葉がいかに空虚なものかがはっきりするだろう。

委員会は、締約国が、慰安所のこれらの女性たちの「募集、移送及び管理」は、軍又は軍のために行動した者たちにより、脅迫や強圧によって総じて本人たちの意に反して行われた事例が数多くあったとしているにもかかわらず、「慰安婦」は戦時中日本軍によって「強制的に連行」されたのではなかったとする締約国の矛盾する立場を懸念する。委員会は、被害者の意思に反して行われたそうした行為はいかなるものであれ、締約国の直接的な法的責任をともなう人権侵害とみなすに十分であると考える。委員会は、公人によるものおよび締約国の曖昧な態度によって助長されたものを含め、元「慰安婦」の社会的評価に対する攻撃によって、彼女たちが再度被害を受けることについても懸念する。[20]

続いて、委員会の所見は、日本政府や裁判所が法的な責任がないと主張し続けることにより、現在も被害者の人権が引き続き侵害されているとまで断言しているのである。ところが、デジタル記念館で誇らしげに展示されるのは、いかに日本政府がこの問題に関心を示し、国民と共に解決を心がけたか、である。じっさい、事業には政府から七億五〇〇〇万円が拠出されたとあり、国会には一〇回以上、「慰安婦」問題早期解決に向けた議員立法が提出されており(もちろん、すべて廃案)、二〇〇七年の基金解散の「感謝の会」には、多くの議員が顔を見せている。[21]

当時多くの被害者は、政府にその立場を変えるよう要求していたのに対して、記念館は、いまだサイト上で、世界に向けて日本政府の対応が真摯であったと発信し続けている。ｗａｍの展示がわたしたちに、未来に向けて何ができ何をすべきか自問するよう問いかけるのに対して、国民基金の展示は、その活動を停止した時点で、わたしたち国民の現在と未来にとるべき道を閉ざしてしまった。それは、〈国民基金の解散は、日本における「慰安婦」問題の解決だった〉、と主張していることとなんら変わらない。未来に向かう変革を求める元「慰安婦」とされた被害者の声を聞きとらず、問題を過去のものとして展示し続ける記念館は、こうした時代錯誤的な効果を生み続けているのである。

第2節　問われているのは、日本の民主化である

さて、以上のように、国民基金の記念館の展示にみられた時代錯誤的な政治的効果が、いったいどのように、日本の民主主義と関係しているのであろうか。

ここからは、国民基金の理事を務めた大沼保昭『「慰安婦」問題とは何だったのか』の議論に反駁を加えながら、この時代錯誤的で、自閉的な国民基金の態度が、いかに日本の民主化の道を閉ざそうとする意志と通じているのかについて明らかにしたい(22)。

そこで議論に入る前に、本書における民主主義の定義を、千葉眞『「未完の革命」としての平和憲法』を参考にしながら、簡単に示しておきたい。民主主義とは一見すると、多数決主義に結びつけられ、多数者の暴走を食い止めるために権力の制御や抑制を果たす憲法の役割を重視する立憲主義と、対立的に考えられる場合が多い(23)。だが、千葉によれば、今日では、「多数決主義や画一化された人民の意思の自己絶対化というモメントは、もはや民主主義の核心にある事柄とは見なされていない」。そうではなく、「人々の対話、審議、討議、参加、自由と平等、自己統治、差異への権利、共通善、多元主義、自己相対化、複数性、少数者や社会的弱者のエンパワーメント、アカウンタビリティーなどが、民主主義の核心に横たわる重要なモメントとして広く論議されている」［千葉

2009: 67]。

本書全体の関心から、以上の千葉の民主主義理解を敷衍するならば、現在の〈わたしたち〉の在り方を批判的に問い返すことこそが、民主主義の重要かつ不可欠なモメントなのである。第Ⅱ部における現在の改憲動向をめぐる考察において再度検討されるが、ここでは第一章との関係から、民主主義の貴重なモメントとして、〈わたしたち〉、ひいては〈わたし〉の自明性をつねに疑うことなしに、民主的な政治運営は継続し得ないことを確認しておきたい。

民主主義(＝人民主権)の本来的な意味を憲法制定権力にみるならば、人民の権力は、「憲法創造の源泉であると同時に憲法への脅威の源泉でもある」[ibid.: 75]。改憲のための国民投票が二〇一六年参議院選挙後に行われることが予想されるなか、たしかに現行憲法にとって、国民一人ひとりの意志を尊重することを原理とする民主主義は、一見すると憲法に対する脅威であるかのようにもみえる。しかしながら、平和主義を理念とし武力行使を放棄した日本は、一九四六年以降、現在の国際社会においても画期的な憲法をもつものの、その具現化に向けてより一層の努力をし、つねに理念を体現する憲法に照らして、現在の〈わたしたち〉の在り方を自問し続けていくことを迫られる。その意味で、最高法規としての憲法を掲げた民主主義、すなわち立憲民主主義とは、未来に向けて、現在の〈わたしたち〉の在り方を常に問い直していくことなしに、あり得ないのである。

さて、こうした民主主義理解を基にすると、先ほど引用した、村山元首相のいう「私、、、たちの認識と基金の償い事業の歩みを記録して」歴史の教訓とする、という言葉が、〈わたしたち〉そのものの問い直し、という民主主義の精神からいかにかけ離れているのかが、わかるはずだ。ここからは、「裁判で被害者の主張を実現することはできない」と国際法学者の立場で断言する大沼の『「慰安婦」問題とは何だったのか』に触れながら、国民基金がいかに〈わたしたち〉の問い直し、あるいはつねに現状や自己認識を問い返す営みである民主主義とは、程遠い試みであったのかを論じたい[大沼 2007: 145]。

大沼は同書において、国家の法的責任を問うNGOが、いったいどれほどの成果を被害女性たちのためにもたらしたのか、という疑問を呈し、被害者の物質的な支援もまた尊厳を回復するひとつの道だと述べる。彼女たちに対する物質的支援の必要性について異論を唱える者など、そもそもいないだろう。しかし、政治を「限られた資源の最適配分を定める技」と規定する大沼は[ibid.: 11]、被害者の尊厳をあまりに軽視しているだけでなく、先ほど定義しておいた、わたしたちの政治の核心である民主主義の本質を理解しようとしていない、といわざるを得ない。

その根拠として、以下の三点を指摘し、本章の結論としたい。

まず大沼によれば、かれが批判するNGOらの主張は、「法的責任は道義的責任に優る」という価値序列を想定する誤謬に陥っているという[ibid.: 157-165]。ここで確認しておかなければならないのは、法的責任を政府に果たさせることは、裁判闘争で勝利することによっても可能かもしれないが、そのことは、政府が法的責任を担う、ということとは同じではない、という点である。また、日本軍「慰安婦」問題の解決方法として、たしかに裁判闘争も手段のひとつとして選ばれているが、あたかも裁判闘争が、解決へと至る最短の道であるかのようになってしまっているその根源には、大沼も正しく指摘するように、〈法的に解決済みだから、国家補償はできない〉と主張し続ける政府の態度が存在している。なによりもこの政府の見解に反駁するためにこそ、裁判を通じて、法的にみても解決済みではない(24)、と訴えてきたのである。

だが、ここで重要な点は、法的責任、あるいは国家賠償への道は、特別立法などの立法行為、すなわち政治的行為によっても可能である、という点である(25)。換言すれば、大沼も述べるように、除斥期間や時効といった法的枠組みのために、司法的枠組み内で戦後補償問題を解決することは、日本だけではなくドイツにおいても、現状では不可能だとされていることを考えれば、むしろ法的責任とは立法行為を通じて、すなわち最も民主的な政治的行為によって果たされるのが筋である。すなわち、日本政府は、ドイツ政府がそうだったように、〈道義的責任があるのだから、国際法上法的に責任をとる義務はなくとも、政治的な責任をとるために、特別立法を行う〉と日本国民を含め、対外的にも説得を続けることが可能だったのである。そして、NGO活動家やフェミニストたちが主張したのは、まさにこうした、民主的な道筋ではなかったのか。

しかしながら、日本の場合は、民主的に世論の力を動員し政治家を動かし、政府に法的責任を認めさせたり、特別立法を国会で成立させたりすることは、「できないものは、できない」状態である[ibid.: 112]。「日本が遂行した一五年戦争の侵略性を認めようとしない自民党多数派の歴史観の根深さ、「慰安婦」問題で謝罪することへの反発の強さは」――ここからのわたしの見解は、大沼の判断に強く異論を唱えるものである――、わたしたち市民の目にも、そして、被害者の女性たち、とりわけ沈黙を破ることができない・できなかった女性たちにとっては、火を見るより明らかである[26][ibid.]。だからこそ、――にもかかわらず、ではなく――被害者はじめ彼女たちを支援する多くの者たちは、政治的責任を含んだ、あるいは正確に言うと、まさに政治的責任としての法的責任を、政府に問うているのではないか。しかし、この政治的責任追及に対しては、大沼のいうように、多くの政治家が強く反発するが故に、政府は耳を貸さない。すなわち、政治家たちの強固な反対にあうために、司法の領域だけが唯一、被害者たちの声を届けられる――裁判には勝利しないが、事実認定ができる――場となってしまっているのだ。

政府に法的責任をとるよう迫る者たちは、裁判闘争という形でのみ、法的責任を追及しているのでもなければ、道徳的責任よりも法的責任を優ると主張しているのでもない。

最も民主的な行為である立法行為や、政府による事実の解明、歴史教育などを通じた〈わたしたち〉の来歴の問い直しといった政治的責任を含めた、広い意味での法的責任こそが、国民の償いの前提となっていると主張しているのだ。それは、「できないものは、できない」と諦める〈わたしたち〉の在り方を変革する、きわめて民主主義的な闘争なのである。

第二に、〈誰のための〉償いか、という点について考えてみよう。大沼は同書のなかで、あたかも韓国挺身隊問題対策協議会(挺対協)こそが被害者の本音を抑圧し、他方で、「国民基金」が被害者たちの本音を聞きとろうと努力したという。たしかに、法(=正義)を求めることは、すべての被害者たちの利益と幸福感とは一致しないかもしれない。法は、あまりに形式的かつ抽象的である。

だが、同書のなかで、かれが、戦後責任への取り組みが必要なのは、「日本国民が正当な誇りをもって生きていくためにこそ」であるといい[ibid.: 7]、世界各国からの非難決議に対して、「日本は個々の元「慰安婦」に総理のお詫びの手紙を送り、金銭的な償いも行ってきたと主張できるのは」「国民基金」の成果であるとするとき[ibid.: 130]、被害者の尊厳の回復という法(=正義)に求められた最低限の国家責任を無視してまでも、日本はとにかく何かしたのだ、という主張でもって戦後日本の誇りを保とうとしていると思われても、仕方がない。すなわち、国家賠償ではなく、国民基金による償いを大沼が主張するのは、日本国民のため、なのだ。ここでも明らかとなるのは、形式的で抽象的な法を尊厳の回復という形へと具現化しようとするわたしたちの未来に向かう運動を阻害する、現在の〈わたしたち〉の在り方をなんとか肯定したいという、反民主主義的な欲望である。

最後は、第二の点と関わって、多くの論者がすでに批判しているように——そして、大沼自身も気づいているだろうように[ex. ibid.: 118-119]——、「国民基金」の主体はいったい誰なのか、理解不能な点である。民主主義の重要な役割とは、千葉も指摘しているように、筋道をたてて、その政治的判断が道理にかなっていることを、公的に説明・説得すること、つまり、アカウンタビリティーの実践である。しかし、政府は、国民基金が、道義的責任を果たすための政治的事業の一環として、日本の市民を含めた世界に向かって、積極的に発信するどころか、大沼が述べるように、公的に——公開性・公式に・自らの主張を普遍的なものとして提起するという、広義の「公的な」という意味においで——は「不作為」を重ねるのである。そして、国民基金は、公式には一財団法人にすぎないのだ。

この点について、大沼自身、興味深い例を挙げている。一貫して「国民基金」の償いを拒否してきた被害者が、総理のお詫びの手紙の内容を聞いて、「日本の総理がそんな手紙を書くはずがない」といったというのだ[ibid.: 194]。大沼は、それは政府の広報不足と、NGOの頑なな「国民基金」に対する拒絶のせいだとしている。しかし、政府の代表として総理が謝罪をするのであれば、せめて「国民基金」設立以後の政治家の妄言の数々に対して、政府として公的に批判し、その態度を被害者に示さなければならない。この点は、先に引用した自由権規約委員会の最終所見が厳しく、日本政府に対して黙認の態度を改めるように勧告している点である。

しかしながら、政府はそうした批判を行うどころか、つねにほとぼりが冷めるまでやり過ごしてしまう。道義的責任という、心からの深い反省の意を示す責任を負っているはずの——そう自らいうのであるから——政府が、一市民の発言とは異なる、公的な政治的責任を担っている政治家たちの妄言を野放しにしているのだから、「日本の総理がそんな手紙を書くはずがない」と考えるのは、判断として合理的だろう[27]。少なくとも、自ら「慰安婦」であったと名乗り出た彼女たちは、大沼が思う以上に、じっと日本社会を見つめてきたはずである。

大沼の議論に代表されるように国民基金には、民主主義の核心として千葉が取り上げる、「自己相対化」のモメントがいっさいない。〈わたしたち〉を問い直すという民主主義の実践に欠かせないのは、〈わたしたち〉を外から眺める他者の視線に対してつねに開かれてある、ということである。こうした民主主義の実践がもつ可能性を閉じてしまったことこそが、国民基金の最も大きな、負の政治的効果だといえるのではないだろうか。

大沼が主張するように、日本政府に法的責任を求める運動が、韓国と日本の対立を招いているのだろうか。そうではなく、被害者たちの尊厳回復の基盤としての法（＝正義）の存在について、否定し続ける日本政府と、その日本政府をいつまでも変える力のない――わたしも含めた――日本社会における民主主義の不在こそが、韓国と日本の深い溝を作りだしているのである。

第三章　修復的正義——「国民基金」が閉ざした未来

はじめに　〈わたしたち〉への他者からの問いかけと正義

本章では、日本軍「慰安婦」問題を解決できない日本の現状を、正義という観点から捉え返してみよう。前章で定義したように、民主主義のひとつの重要なモメントに、「自己相対化」という営みが存在しているとすれば、他者からの正義への訴えは、〈わたしたち〉を大きく問い返し、そもそも、わたしたちを括っている枠組みである実定法——何よりも、日本国民を規定しているのは国籍法である——そのものの正当性に異議申し立てすることにもなるのであるから、正義に応えることもまた、民主主義の重要な営みのひとつということになろう。

そこで、前章の第２節で論じた大沼保昭の議論に対する批判を引き継ぎつつ、また、朴裕河《パクユハ》の和解とは何かという問題提起にも応えながら、正義と民主主義がともに、未来に開かれた〈わたしたち〉の在り方と密接に関係していることについて考えてみたい。

まず、大沼もその著書で肯定的に参照する朴の言葉を参照しておこう。彼女は、日本における良心的知識人と市民の存在を評価しつつ、次のように述べる。

しかし、彼らが韓国の市民団体と連帯するなかで、韓国のナショナリズムには目を塞いでいる構造に、わたしは疑問を抱きはじめていた。さらにその連帯の「運動」、すなわち日本の徹底した「謝罪」をうながす行動は、韓国のナショナリズムを拡大するばかりで、問題の解決へと向かうのではなく、いっそうの対立を招いているようにみえた。そうだとしたら、その運動の意味とはなんなのか？(1)［朴 2006: 9］

すでに第二章でみてきたように、日本において、一九九一年の金学順《キムハクスン》さんのカムアウト、そして九二年に元韓国挺身隊問題対策協議会(挺対協)共同代表の尹貞玉《ユンジョンオク》ほか著『朝鮮人女性がみた「慰安婦問題」——明日をともに創るために』［尹ほか 1992］が発表された後、日本軍「慰安婦」問題の解決をめざしてきた多くの者たちにとって、「日本の徹底した「謝罪」」とは、第一に、日本政府によって法的・政治的責任が果たされることを意味していた。また、市民にとっての政治的責任とは、少しでも被害者の傷が癒されるためにも、彼女たちの声と要求に真摯に応えるように政府に訴え、自分なりの活動領域で行為することであった。しかし、そうした市民の姿勢が、日本と韓国のあいだの対立をいっそう招いたという朴の評価は、〈和解〉という政治哲学上の概念に照らすと、どのようにみえてくるだろうか。朴は、日本における徹底した謝罪を要求する市民の姿勢が、日本と韓国の対立を招いたという。そして、朴の議論からすると、この対立は〈和解〉の妨げとなっている。しかし、〈和解〉が妨げられているのは、韓国ナショナリズムを日本の運動が助長しているからなのだろうか。

朴は、〈和解〉はまず、韓国人と日本人がもっとよく互いを見、理解しあうことから始まるという。だが、政治哲学における和解という概念からは、異なる〈和解〉への道がみえてくるはずだ。すなわち、和解と正義との概念的な連関を考えるとき、正義に応えることなしに和解はあり得ない、ということが理解されるであろう。

本章で試みることは、〈わたしたち〉の来歴が他者の視線によって問いただされる、デリダの言葉を参照するなら(2)、構築されてきた〈わたしたち〉が脱構築されるような正義の呼びかけによって自己相対化される、民主主義的な〈わたしたち〉こそが、正義の実現を訴えている他者との和解への道を拓くことができる、ということを明らかにすることである。

第1節　法(＝正義)と和解について

正義(法)とは神聖なものだが、なぜ神聖かといえば、正義(法)は、絶対の概念たる自覚的な自由が形をとったものだからである[ヘーゲル 2000: 79(§30)]。

和解なしに回復できる可能性はなく、正義なしに和解できる可能性はなく、何らかの形での被害弁償なしに正義をもたらすことができる可能性はない(南ア、ベイヤーズ・ナウデの言葉)[セルデン 2001: 127]。

とはいえ、私は国民が償いの気持ちを表すことが間違っていると言っているのではない。戦後の長い間、「慰安婦」問題を放置してきた責任は、戦後世代の国民にもあるからだ。このような暴力が繰り返されないためにも、国民の自覚を促す取り組みは重要なことだと思う。しかし、国家責任が明確に示され、「慰安婦」問題に対する事実認識と問題意識が国民に共有されることが、国民の償いの前提ではないか。それを飛び越えて「償い」を国民の共有意識とすることはできないだろう。／第二は、「償い金」は被害回復におけるいかなる責任の態様であったのかということである。冒頭で、「被害回復は（略）被害者の苦しみを救済し、正義を与えることを目的とする」「被害回復は被害者の必要と要望に応じるものでなければならず（略）」というファン・ボーベンの指摘を紹介したが、「償い」とは被害回復の一助でなければならない。それは、被害者が何を求めているのかということと大いに関係するわけだが、国民基金は被害者のいかなる声に対しての応答だったのか［西野 2008: 43-44. 強調は原文］。

> 日本政府からの賠償はもういりません。ただ、わたしがあの場にいたという証拠をみせてほしい。日本のみなさん、わたしには政治的な力はありません。ですから、わたしを助けてください。あなたがただけが、日本政府を動かすことができるのです［李《イ》玉善《オクソン》さんの発言。二〇〇四年、沖縄国際大学で行われた全国同時証言集会での発言の日本語通訳より岡野がメモ］。

前章で、日本軍「慰安婦」問題をいかに解決するかをめぐって、国民基金を支持する者たちは、法的責任はとり得ないと主張したのに対して、基金に反対する多くの市民や研究者は、政府が法的な責任を果たすまでは解決に至らないと主張してきたことを確認した。だが、ここでしばし立ち止まって考えてみたい。つまり、市民が要求している

「法的」責任とはどのような責任なのか。「法的」責任が応えようとしているものとは、いったい何なのだろうか。

本節冒頭に引用した、ヘーゲルの法(＝正義)の定義をみてほしい。女性国際戦犯法廷でも明らかになったことだが、被害者の求めていたものは、正義の回復であった[cf. VAWW-NETジャパン(編) 2001; 岡野 2002: esp. 第五章]。なぜならば、正義の回復こそが、彼女たちに尊厳を認め、彼女たちもまた、自らを自由な存在であることを意識した者であることを、公的な場で確認できる道であったからだ。ヘーゲルもまた、法(＝正義)が神聖であるのは、人間存在の本質ともいえる自由が法において客観的に体現されている限りにおいてである、と論じる。そして、法の存在理由が、なぜひとの自由を体現することにあるのかといえば、自らを自由だと意識するところにこそ、人間の尊厳が宿っているからである。

わたしはなにも、女性国際戦犯法廷で証言した被害女性たちが、ヘーゲルに代表される政治哲学の難解な議論を理解したうえで、正義や尊厳を訴えていたのだ、などというつもりはない。だが、彼女たちは、自らの尊厳をかけて訴え出た時に、法(＝正義)こそが、すべての人を自由な存在として尊重するための社会的な制度である、あるいは、そうした制度であるべきだと分かっていた、と述べたいのだ。

そして、さらにここで〈和解〉という用語をヘーゲルにならって使用するとするならば、

〈和解〉とは、社会に実在する法（＝正義）が、あらゆるひとを人格として、すなわち無限の価値を潜在的にもった、自由な存在として尊重していることを理解する時にはじめて、わたしたちにもたらされるものである。そうだとすれば、元「慰安婦」にされた女性たちが正義（＝法）に訴えたのは、自らを尊厳ある存在として認める客観的な現実に生きていることを理解することで、かつて彼女たちの尊厳を踏みにじったこの世界と〈和解〉する必要があったからに他ならない。

たとえば、ヘーゲルを漸進的な改革に共鳴するリベラリストだと捉えるジョン・ロールズは、ヘーゲルの自由論を理解するためには、ヘーゲルが、世界との「和解 Versöhnung/reconciliation」にいたる営みとして政治哲学を構想していたことを理解する必要があるとして、ヘーゲルにおける和解を以下のように説明している。

まず、注意すべきことは、人間世界との和解とは、目の前に広がる世界に従属することでもなければ、いくつもの不幸な選択があったなかでは、現在の世界があたかも最善であるかのように認めることではない、ということである。そうではなく、和解とは、「人間世界を〔…〕自由な人格としての自分たちの尊厳の基盤だと理解するにいたったこと」である〔ロールズ 2005: 476. 強調は引用者〕。

さらに、ヘーゲルによれば、〈すべてのひとを自由な人格として尊重せよ〉、と命令する形式的な法(＝正義)においては、「わたしにとっての利益や、しあわせは、問題にされない」[ヘーゲル 2000: 95(§37)]。社会の基本構造として、しあわせや利益という(主観的な)善――善とは、あくまでわたしにとって善きことであり、原理的には、他者の善とは共約不可能である――ではなく、自由な人格としての個人を尊重する正義を優先するロールズが、ヘーゲルをリベラリストとして解釈する理由はここに存在している。尊厳と幸福を厳格に分けるリベラリストの主張についての是非は、ここでは論じない[3]。ただ、本書の関心から強調しておきたいのは、尊厳の回復のために法(＝正義)に訴えることは、ひとの自由を客観的な形で体現する法の下では道理にかなっており、法(＝正義)はたしかに、個別の被害者たちの幸福や満足感を充たすには不十分かもしれないが、彼女たちから自由を奪った世界と彼女たちの〈和解〉にとっては、不可欠なことなのである。

ヘーゲルによる〈和解の哲学〉は、現実の社会制度は合理的なのであり、長期的にみれば、世界精神という理念が開花し合理的な形態をいずれは獲得するのだという主張のために、現実世界の正当化にも利用される危険性がある。しかし、すでに指摘してきたように、かれの〈和解〉論からわたしたちが学ぶべきことは、個々人の幸福観や利益がいかに満たされようとも、形式的・客観的な形で「他人を人格として尊重せよ」と命令する社会制度たる法(＝正義)が存在している、と理解できないかぎり、彼女・かれは、その世界とは〈和解〉できない、という点なのである。

ここでもうひとり、ヘーゲルとは異なる時代状況で世界といかに和解するのか、和解とはどのような営みかを考えた思想家、ハンナ・アーレントをとりあげよう。彼女は、ヘーゲルのいう和解は、進歩的な歴史観に貫かれているかぎり、人間の尊厳の尊重とは相いれないと批判するものの、やはり和解とは理解に内在するという[Arendt 1994b]。

> 理解することは、生きることのすぐれて人間的なあり方である。人間は誰もが世界――彼がそこに余所者として生まれ、他と異なるその唯一性《ユニークネス》を失わないかぎりいつも余所者にとどまりつづける――と和解する必要があるからである。理解は誕生とともに始まり、死とともに終わる。全体主義的な統治が私たちの世界の中心的な出来事であればこそ、全体主義を理解することは何かを赦すことではなく、そもそも全体主義を可能にした世界と私たちが和解することを意味する[ibid.: 308/123. 強調は引用者]。

ナチ・ドイツにおいて、ユダヤ人であるという理由だけで世界から排除されようとした経験をもつアーレントが指摘しているように、もし被害者にとって世界の中心的な出来事が日本軍慰安所制度の設立であり、その制度で自らの尊厳（＝自由）が踏みにじられたことであったとするならば、そうした制度を可能にした世界とはいったいどのような世界だったのかを理解することが、被害者たちが世界と和解し得るための第一歩のはずである。だが、被害者の思いの多様性に自分たちこそが寄り添い、正義を追求する挺対協のようなNGOよりも被害者の声を聞きとってきたと自負するかのような大沼は、「「慰安婦」制度とは、そうした〔平和で、安全で、清潔で、社会サービスに信頼のおけるような、戦後の――引用者補〕優れた国、世界に誇るべき数々の美点をもつ日本が、たまたまある時期犯してしまったひとつの過ち」と述べる[大沼 2007: 200. 強調は引用者]。

大沼は、国民基金を中心的に担ってきた人物として、日本政府が一貫して、「道義的責任」はあるといいながら、実際にその責任を果たしていくための積極的な行動をとらなかった、「不作為」を「積み重ね」たと批判しているにもかかわらず[ibid.: 173]、そうした態度のなかに、今なお残存する植民地主義的な思考や民族・女性差別については、口を閉ざしたままである。もちろん、植民地主義については、すでに多くの知見が他の研究者の手によって蓄積されているので、かれ自身の著作のなかでは言及しないだけともいえる。しかし、あたかも過失ともとれるような大沼の「慰安婦」制度理解から、被害者の尊厳をいかに回復するのか、といった道筋はみえてこない。もっというならば、〈たまたま犯した過ち〉といった「慰安婦」制度に対する大沼の理解こそが、被害者の尊厳を今なお傷つけているとは考えない。少なくとも、たまたま犯した過ちだという理解からは、冒頭に引用した、自分がその現場を生きていたという「証拠」をみせてほしい、という李玉善さんの訴えには応えることはできないだろう。

第2節　新しい「正義」概念へ

正義(=法)は、人間一人ひとりに備わる尊厳が現実化された自由が、世界において客体化したものだと説くヘーゲルと、そのヘーゲル哲学の重要な側面のひとつとして、かれの和解概念を「人間世界を〔…〕自由な人格としての自分たちの尊厳の基盤だと理解するにいたったこと」だと解釈するロールズ、そして、全体主義を許すことではなく理解することが和解であると主張したアーレントから、わたしたちはどのような正義観を見出すことができるだろうか。ここからは、実際にわたしたちが「慰安婦」にされた被害者の訴えに耳を傾けることで、わたしたちが自らを見直し、新しい「正義」論を構築していく必要に迫られていることを明らかにしたい。

議論の前提としてひとつ注意しておきたいのは、確固たる「正義論」をすでに私たちが手にしており、その論理に彼女たちの訴えが当てはまるかどうか、といった議論をここから展開したいわけではない、ということである。むしろここからは、彼女たちこそが、既存の男性中心主義的な国際社会における「常識」に根本的な疑義を呈し、わたしたちは彼女たちとの対話を通じて、暴力と性暴力と沈黙に覆われた旧態依然の国際社会を変革するさいのよりどころとなるような「正義」を構想することが求められているのだ、ということを主張したい。つまり、現在の米軍の軍事力と核の脅威を基盤とする安全保障体制を疑うことをせず、新しい未来に向かう構想を探求しようとしないばかりか、無責任で無反省な現在をよしとする日本政府の態度とは異なり、むしろ、いまだ正義は為されておらず、わたしたちの尊厳も回復されていないと訴え続けてくれる被害者こそが、わたしたちにとっての未来である、と訴えたい。

まず何よりも日本軍「慰安婦」問題は、伝統的男性社会が作り上げた「正義論」に強い異議を申し立てている。かつてテレビ番組までをも巻き込み、人気を博したマイケル・サンデルの著書のタイトルが示していたように[サンデル 2010]、〈これからの正義の話をしよう〉と彼女たちは訴えているのではない。正義について考えようとするならば、まずわたしたちは、〈これまでの不正義の話をしなくてはならない〉。すなわち、不正義を被ったうえ、沈黙を強いられてきた人びとが、なぜこれまでの正義論から排除されてきたのか、と。たとえば、伝統的な応報的正義は、被害は量的に測ることができ、被害者が被った危害と同じだけ加害者を貶めれば正義は回復されると考える(4)。しかも、その正義論が前提としている被害者と加害者は、同じような存在、つまり双方ともに健康な成人男性である。

正義論がいかに、不正義にさいなまれてきた人びとについて沈黙してきたかについては、ジュディス・シュクラーによって、すでに多様な側面から批判されている。彼女によれば、男性中心の正義観とは、法廷中心の正義観であり、日常生活のうえでわたしたちが感じている不正義、さらには人智を超えるような被害にあった人たちをいかに救済するのかについては、議論の射程にさえ入っていない。

> 正義の通常モデルは、わたしたちが今なお執着しているものだが、不正義とは何かについても、その犠牲者の特徴についても、ほんとうには知ろうとはしない。いずれにしても、わたしたちが知るべきことについては、すべてを語ってくれない。いや、じっさいに通常モデルは、わたしたちに知らせないことを目的としている。正義そのものと同様、正義論の倫理的な目的は、その知的な射程に制限をかけることなのだ[Shklar 1990: 49–50/91. 強調は引用者]。

シュクラーによれば、国家が正義の担い手であり、時効と国境によって法の適用範囲を予め設定し、そのうえで、法で救えない者は、正義の範疇に存在していないのだと国家が宣言するのが、これまでの正義の通常モデルであった。

他方で、こうした正義観は、被害者が被った危害の詳細な内容や、被害者のおかれた立場によって、同じ危害であっても異なるその後の影響や、さらにわたしたち市民が日常生活のなかで抱いている不正義感覚については、ほとんど議論してこなかった。たとえば、市民の不正義感覚とは、一般的には法が整備され、正義は為されていると観念されているのに、なお、なぜ自分たちだけがこんな目にあって放置されるのか、といった感覚である。正義の通常モデルでは、そうした感覚は、不運として片付けられてしまう。つまり、伝統的な正義論は、わたしたちにとって最も関心があるはずの、これまでの、そして現在の不正義についてはほとんど論じることがない。

サンデルの『これからの「正義」の話をしよう』というタイトルが典型的に示しているように、正義論は本当に正義を必要としている人には届かない傾向がある。というのも、政治学や哲学が論じようとする正義は、〈正義に適った社会・法体系とはいかなるものか〉といった文脈のなかで構想されるために、論理的に、これまで実際になされた不正義についての議論が中心にはならない。むしろ、これから社会を築くのであれば、正義に適った社会をいかに構想できるだろうかということに議論が集中してしまうからだ。これまでの正義論は本当に、不正義を被っている人にその議論を届けようとしてこなかったのか、といった問いは思想的にはとても興味深く、重要な問いであるので、章を改め次章において論じることにする。

本章において、まず確認しておかなければならないのは、伝統的な正義論――シュクラーのいう正義の通常モデル――が、一人ひとりの尊厳を保障するための手段において、射程を見誤ってきたのではないか、ということである。

しかしながら、正義に「尊厳」がかけられていることは、間違いがない。尊厳とは、ひとであることそのものに備わる価値、先に引用したアーレントであれば唯一性とも呼ぶであろう、他の者とは取替えの利かない価値のことである。そうした代替不可能な価値が備わるからこそ、〈すべてのひとを自由な人格として尊重せよ〉という、あるいは、他者の手段としてのみ扱われてはいけない、一個の生は目的そのものとして尊重せよという正義が要請されるのだ。尊厳を尊重せよ、という社会のとるべき義務、つまり正義が実現されなければならないという点については、現在の人類は譲ることはできない。

繰り返しになるが、わたしは、「慰安婦」にされた被害者の女性たちが、こうした正義論に精通しているとか、していなければならない、といったことをここで主張しているのではない。そうではなく、既存の「正義論」を論じ続けてきた研究者たちが、慰安所制度という、人間性に対する甚大な侵害の歴史に出会い、正義に尊厳がかけられていることを、反省的に、そして具体的に学んでいるのである。そして、正義へと訴える彼女たちの声に応えうるための正義へのアプローチのひとつとして、「修復的正義」という考え方が編み出されてきた。

第3節　修復的正義と和解

たとえば、二〇世紀も終わりを迎えようとしている一九九九年に、カナダの司法委員会は、正義を実現するためにこれまで採用されてきたアプローチを反省し、中産階級の白人男性中心の社会を前提とするのではなく、歴史的弱者、社会的弱者、身体・性・ジェンダーなど多様な異なりを抱えた人びとが生きる社会において、どのように被害者に正義を返すのか、という問いに真摯に向き合うことを提唱した。一九九六年カナダ政府が自ら法改革を目的に設立した司法委員会において、歴史的な傷を背負う社会を、少しずつでも変革するために、新しい正義へのアプローチが以下のように提言されたのだ。

> 犠牲者と加害者の関係、軋轢の性格、犠牲者が被った網羅的な危害の内容、その危害を回避するためにわたしたちにできること／できたことを完全に理解すること、さらには、そうした行為が未来に再び起こらないために、何が加害者の行為を促したのか、そうした行為を防ぐためには何がなされるべきなのかを理解すること[Law Commission of Canada 1999: 25. 強調は引用者]。

こうしたカナダの例も念頭に、さらに詳しく「和解」について考えてみよう。右の司法委員会もまた、本章でこれまでみてきたように、正義を被害者に返すことと「理解」することが密接に関係していることを指摘している。なぜならば、未来に対して、再びそうした不正義が起こらないことを誓うためには、「加害の行為を促した」ものは何か、そうした行為を防ぐために「わたしたちができること」とは何かを完全に理解しなければならないからだ。このアプローチは、ある危害がたまたま起こった、という認識といかにかけ離れているのか、ここで再度強調する必要はないだろう。

ところで、先ほど和解についての考え方を参照したアーレントは、周知のように、ドイツ系ユダヤ人であり、ヒトラー政権下でユダヤ人絶滅の危機を経験した思想家であったことを思い出したい。「全体主義を理解することは〔…〕、そもそも全体主義を可能にした世界と私たちが和解すること」だと述べるアーレントの主張は、どのような背景から生まれてきたのか。彼女はこの短い言葉に、正義と理解、理解と和解、赦しと和解について多くの意味をこめている。そこで、この言葉の意味を、アーレントがこのように考えるに至った道を簡単に振り返りながら、もう少し検討してみよう。

理解と和解について

アーレントは、自分を地上から抹殺しようとした世界において、どうしたら再び、自分がこの世界を愛することができるようになるのか、と自問した思想家である[ex. 岡野2000]。彼女が見出した答えは、地球上からユダヤ人を絶滅させるなどという、人類史上稀にみる犯罪がいかに可能になったのかを理解することが、世界と和解することにつながるということだった。世界からのユダヤ人全滅作戦は、「最終解決」という婉曲語法で呼ばれていた。そしてその計画の事実が戦後明るみに出るにつれ、アーレントは公文書や歴史資料だけでなく、哲学書、そして小説などを駆使し『全体主義の起原』という三巻に及ぶ大著を記すことになる。この大著の特徴は、ナチ・ドイツを直接生んだ政治的・経済的要因や因果関係に焦点を当てているのではなく、より広く、本来ユダヤ教を信仰する人びとを意味したユダヤ人が人種として構築されていく長い歴史、資本主義と帝国主義の展開、そしてユダヤ人自身の自己認識など、ヨーロッパ社会全体の構造変化の枠組みのなかで、この問題を捉えようとしている点にある。

その後、彼女は、世界に「余計者」が存在する、一部の者たちが世界から疎外されるような人類の在り方がなぜ生み出されてしまったのかを考えるために、古代ギリシャ哲学にまで遡り、現代へとつなぐ壮大な思想書、彼女の主著である『人間の条件』を書きあげ、一九五八年に公刊する。その途上で、彼女は、ようやく世界を愛することができるようになったと、学問そして人生の師であり、かつ掛け替えのない友人ヤスパースに告げている。

あなたのもとに世界のひろがりを今回は運んでゆきたいものです。私は世界を真に愛することをこんなに遅ればせに、ほんとうのところ近年になってようやくはじめたのですから、それができなくてはいけませんね。感謝の気持から私の政治理論の本を"Amor Mundi"〔世界への愛――引用者補〕と名づけるつもりです[Arendt and Jaspers 1992: 264/40-41.（アーレントからヤスパースへの一九五五年八月六日付の手紙）]。

ドイツにおける反ユダヤ主義の風潮の高まりと、政治活動によっていったん逮捕・拘留された経験から、一九三三年に自ら故郷ドイツを離れ、パリで反ファシスト運動に取り組み、そして四一年にニューヨークでの生活を始めてからは、果敢にユダヤ人問題とナチ・ドイツに関する論考を発表し続けた思想家が、ようやくまた世界を愛せるようになるまで、二〇年以上の歳月を要している。いや、この時間はむしろ短いといえるのではないだろうか。なぜなら、思想家としてアーレントは、人類史上最悪の犯罪が生じたこの世界を理解しようとして、一心に思索してきたからである。そして、そうしたたゆまぬ歩みから生まれてきたのが、理解することと世界との和解が繋がっているという考えであった。

犯罪的な世界について理解することが和解への一歩と考えるアーレントは、わたしたちに貴重な示唆を与えている。というのも、先の朴の言葉に表れているように、「慰安婦」問題における和解とは、日本人、あるいは日本政府が、被害者たちから赦されること、と考えられがちだからだ。アーレントは和解を論じるさい、ドイツ人を赦す、あるいはドイツ人が赦される、といった議論をしない。被害者、とくに組織的犯罪、国家的犯罪、つまり構造的な暴力に巻き込まれてしまった被害者の和解にとって重要なのは、何よりも、なぜこうした前代未聞の犯罪が起こり得たのかを構造的に明らかにすることだからだ。そのことが明らかとなっても、被害者は加害者を赦さないかもしれない。しかし、被害者にとっての「和解」を論じるさいにわたしたちがまず目を向けなければいけないのは、加害者が赦されるか否か、ではなく、被害者がこの世界をまた他者と共有したいと願えるかどうか、そのためにわたしたちが何をすべきか、であるという点なのだ。

アーレントは天才的でオリジナルな思想家として、自力で世界と立ち向かった。もちろん、「慰安婦」にされた女性たちには、アーレントのような思索の力はないかもしれない。にもかかわらず、ではなく、だからこそ、わたしたちが、時間がかかることを厭わず、すべては解明できないかもしれないなかでも、知恵を出し合い協力し、アーレント、そしてカナダの司法委員会がいうように、慰安所を可能にした世界をまず理解することから始めなければならない。

繰り返すが、被害者にとって「和解」とは、慰安所を作るような世界の事実が理解され、その理解に基づき、世界を変革し、女性を性奴隷・性の道具として扱い、人間性を奪うような社会が否定されることから始まるのだ。

修復的正義が成立する条件

現在、過去の不正義、そしてその不正義の痕跡を伴う世界を意識するなかで注目されているのが、「修復的正義」という正義へのアプローチである。かつて合衆国のフェミニスト哲学者エリザベス・スペルマンは、そうした正義を為すことは、被害者に「時を与えること」だと表現した。言葉を換えると、加害者を含めた社会が過去に対する理解を深め、二度と同じような加害が繰り返されないことを表明し、その加害を記憶し続けることによって、この世界において被害者たちが今を生きるための時間が、正義の名の下にもたらされなければならない、ということだ[Spelman 2002. chap. 4; cf. 岡野 2012: 第三部第二章]。

では、この修復的正義は、いかにして被害者の尊厳を回復しようとするだろうか。やはり合衆国のフェミニスト倫理学者、マーガレット・ウォーカーの議論を中心にして考えてみたい。ウォーカーは、以下のように詳細に、修復=償い reparation とは何かを定義している。

償い reparations とは、物質的な補償 compensation や損害賠償からのみ成り立っているわけではないことは、一般的に認められている。損害や危害への補償は、犯罪があったことに疑問の余地がないときでさえ、不公平な不利益を避けるためになされることがある。ある不正が起こり、それについて弁済されるべきだと考えられている時でさえ、正義の要請に応えるためではなく、慈善や寛大さから補償がなされることがある。不正に対し、あるいは不正の償いに対し責任のある者が、正義に対する義務からでなく、慈善心から補償を行うなら、それは償いの行為ではない。もっと悪いことに、それは侮辱とみなされるだろう。というのも、その行為は、提示されたものがじっさいに、しかるべき当然のことであり、それを与える義務があるということを拒否しているからである[Walker 2010: 17–18]。

前節で、既存の正義論をシュクラーの言葉を参照しながら批判したが、「修復的正義」は、男性中心的な正義論とは、何よりも正義を語るさいの前提を異にしている。男性中心的な正義論は、そもそも社会は健常で、平等な成人男性から成ることを前提としている。他方で修復的正義は、この社会には強者と弱者、権力者と無力な者、社会的に負の烙印を押され続けた者が存在していることを直視しようとする。つまり社会は不平等であり、不正義を許容してきた、という事実から出発するのだ。たしかに、ある危害に対して、個別の償いは不可欠である。しかし、「償いにおけるさらに根本的な問題とは」、そうした深刻な危害の被害者たちがそもそも危害に遭う前から抱え込まされている「道徳的な傷つけられやすさ」なのである[ibid.: 15]。

とくに組織的犯罪・国家暴力の被害者に注目するならば、彼女たちは、歴史的にその道徳的価値を軽視、あるいは無視され、政治的声をもたない存在であったことが明らかとなる。彼女たちは、そもそも平等な存在としては認められてこなかったからこそ危害の対象とされたことが、修復的正義ではより問題視されるのだ。したがって、個別の危害に対する物質的な補償は不可欠でありながら、やはり十分ではない。なぜならば、そもそも彼女たちを道徳的に傷つけられやすい立場に置き去りにする不正義を許容してきた社会そのものが変革されなければ、彼女たちに正義が為されたとはいえないからだ。

したがってウォーカーは、はっきりと「被害者を、屈辱や侮蔑から解き放つことは、修復的正義が当然なすべきことの、まさに核心にある」と述べる[ibid.: 16]。そして、彼女もまた、被害者のために正義を実現するためには、「理解」が必要だと主張する。つまり、これまで道徳的な価値において等しい人として認められなかったがゆえに被害に遭い、そして、社会的に劣位におかれたその地位ゆえに被害を公にすることができなかった文脈を「理解」し、そのうえで公的に、誰が加害者であり、誰がいったい危害に対して責任があるのかを明らかにし、被害者が受けた――加害者側が定義するのではない、彼女たちが受けた実際の――「彼女たちが苦しんだ侮蔑と危害を正しく認めること」が、正義をめぐる根本的な問題である[ibid.: 20]。

謝罪について

ここまでは、被害者にとっての「和解」が、加害者が赦されること、あるいは加害者を赦すことを中心とはしていないことを強調するために、謝罪には触れてこなかった。しかしながら、犯罪的な世界を「理解」することには当然、加害者側に責任があり、しかも正義の下で、被害回復のために最も強い義務を負うのは加害者であることが公然と認められるということが含まれている。加害行為の背景にある社会構造の理解を強調するウォーカーによれば、加害者による「謝罪」が意味するのは、次の三点である。

第一に、重要なのは償われるべき「被害」があったことを認めていることであり、第二には、加害者に正義を為す意図があること、そして最後に、加害者が当然果たすべき責任があると表明することである。この三点から、当然導き出されるのは、そうした明確な認識の下で行われる謝罪は、「正義によって要請された」ことを意味しているのであり、「慈善・善意・厚意から発している行為」ではない、ということである[ibid.: 22]。

したがって、そもそも果たすべき義務はもはや存在しないと政府が公言しているなかで、いくら過去の首相が「お詫び」をしても、それは、加害行為の責任の在り処を理解したうえでの謝罪とは認められない。すでに、本書における議論で明らかにしてきたことだが、国民基金の使用する道徳的責任というのは、こうしたウォーカーの議論に従うならば、むしろ「慈善」といったほうが正しい。じっさい、法的責任はないといいながら、被害者に「償い金」を手渡す行為は、慈善という性格を皮肉にもよく表していた。ウォーカーは次のように、日本政府の謝罪は侮蔑的であったと厳しく批判している。

繰り返される謝罪は、責任逃れのような、不適切な言葉遣いのせいで、不十分だと思われた。何よりも、議会が、日本政府と国民を代表して、謝罪を前面に出すことに失敗していたのだ。〔…〕慎ましやかに暮らし、健康が衰えつつある高齢となったサヴァイヴァーにとって、金銭的な支払いは、疑いようもなく重要ではあるが、曇りなくはっきりと危害であったと認められていない性暴力という文脈においては、それは嫌悪を引き起こし、侮蔑的な意味を帯びてしまう[ibid.: 23]。

さらに、ウォーカーによる謝罪の定義のなかで強調しておかなければならないのは、謝罪はあくまで「相互行為」であるという、ある意味で当然の定義である。先述したように、被害者はすでに社会的弱者であったという事実を修復的正義は前提としている(5)。

すなわちそのことは翻って、加害者が社会的に強い立場にあることを意味する。謝罪行為が行われるということは何よりも、それまで優位にあり、被害者たちを侮蔑的に扱ってきた加害者が、はじめて被害者を尊厳あるひととして認めていることを示す。被害者と対等な立場であることを加害者が認める、ということは、加害者側が、あるいは、第三者が、一方的に関係性が修復される条件を決定するのではなく、むしろ、被害者の見解、欲求、期待に耳を傾けることを要請する。そして、加害者側こそが、なぜこうした犯罪が起こったのかをはっきりと理解しなければ、それは謝罪とはいえないのである。「慰安婦」問題だけでなく、戦時の女性に対する性暴力は、日常の社会における女性差別・蔑視・女性に対する暴力の不処罰と密接に関連している。その意味で、謝罪には、現在の日本社会にも根強く残る女性の人権侵害と、旧植民地に対する差別や蔑視に対する強い批判をも含むべきなのだ。

「修復的正義」については、二〇〇六年に国連総会の決議でも取り上げられた。[6] そこでもまた、被害者の尊厳回復こそが正義にかけられていることが確認され、「回復」に必要な補償の在り方と、いかに被害者がその補償に満足したかに注意が向けられている。つまり、被害者にしっかりと、「真実を伝える」ことが重視され、さらに、「被害者を記憶するための施設」「歴史教育」「人権教育」などが、被害者が納得できる修復の道として例示されている。

いまや、ある不正が生じた背景である社会構造や過去を理解すること、つまり、修復的正義のアプローチが、被害者に和解の道を拓いてくれることが明らかになったであろう。すなわち、過去の出来事を理解し、そのうえで加害者が謝罪という行為にいたることで、ようやく「被害者たちが、社会に帰属しているという意識」を取り戻すことができるのだ[ibid.: 28]。

第四章　グローバルに正義を考える

はじめに　不正義の感覚からの始まり——日本における正義

前章で、歴史的な不正義や「道徳的な傷つけられやすさ」のために、被った危害に対して正義に訴えることすらできない人びとについて、既存の正義論は、正義の射程を拡げるどころかむしろ射程を制限することに関心を向けてきたことを批判した。そして、既存の正義論に代わる新しいアプローチとして修復的正義に目を向け、正義を語るうえでの出発点がいかに既存の正義論と異なるのかに着目しながら、その特徴をみてきた。

本章ではしかし、正義論の出発点へと思想史的に立ち返ることで、国民国家に縛られているかのような現在の正義概念から、正義という理念に胚胎している可能性を救い出してみたい。その可能性は、時空間に縛られた現在の正義観から、わたしたちを解き放ち、そして正義と民主主義との密接な関係をも示してくれるからだ。

そもそも、日本に生きるわたしたちにとって、日本語の日常用語としては、正義はあまり使用されない言葉ですらある。〈正義に反している！〉と訴えるのは、何かの特定の運動に関わっている活動家くらいだと感じてしまうし、〈正義のひと〉などと呼ばれるならば、それは褒め言葉などではなく、むしろ皮肉をいわれているのでは、と訝しがるひとは多いはずだ。不正といった言葉にしても、社会的に高い地位にある者が、その職権を濫用したり、公務員や政治家が汚職にまみれていたりすることを批判する文脈で、〈不正疑惑！〉などといった新聞記事や雑誌の見出しのなかで接するくらいではないだろうか。

しかし、法律学の教科書を紐解けば、わたしたちが法制度の下で生きるのは社会正義を実現するためであり、また、教科書など持ちださなくとも、少し立ち止まって考えるならば、不正がはびこる社会よりも正義が実現されていたほうがよいと多くのひとは同意するはずだ。しかしながら、正義とは何なのか、正義を為すとは何を為すことなのだろうか。

本章では、こうした原理的な問いから始め、法学・政治学にとってなぜ正義はつねに中心的なテーマであったかを明らかにしてみたい。そのうえで、グローバル社会という現代の文脈のなかで日本軍「慰安婦」問題を取り上げつつ、わたしたちはつねに、正義からの問いかけ——不正義にどう応えるか responsibility to injustice ——に晒されていることを指摘してみたい。そして、「慰安婦」問題という、戦後約半世紀がたってようやく明らかとなった残虐な国家犯罪が、グローバルな正義の構想に新しい可能性を拓きつつあることを示してみよう。

第1節　不正義の感覚と民主主義

正義論の出発点

ノーベル経済学賞をアジア人研究者として初めて受賞したアマルティア・センは、国家の安全保障に代わり、「人間の安全保障」という概念を提唱した。またかれは、国内総生産(GDP)に代表される生産中心主義を克服し、人びとの生きる幅の豊かさを示す人間開発指数(HDI)の発展に大きく寄与することになる「潜在能力」という考え方も生みだした。センは、一人ひとりの具体的な生の在り方ではなく国家大の所得によって豊かさを測ることや、国家の安全や発展に重きをおいた経済学、政治学を批判する思想家である。センは、二〇〇九年に公刊された『正義のアイデア』において、個々の生を注視することから始める自身のこれまでの思想を背景としながら、既存の正義論の過ちを次のように指摘する。

歴史を振り返るならば、たとえばインドのマハトマ・ガンジーによる不服従運動や、合衆国のマーティン・ルーサー・キングの公民権運動、ネルソン・マンデラが率いた反アパルトヘイト運動など二、三の事例を挙げれば十分明らかなように、正義に訴えようとするのは、不正な社会を改革するためである。かれら・彼女たちにとって、明白な不正義をできる限り除去することが運動の目的であって、完全な正義が実現された社会をめざしていたわけではない。しかしながら、ロールズに代表される正義論は、逆に正義に適った理想的な社会制度を構築することに重きをおき、正されるべき過去や現在の不正義に対しては、ほとんど応答していない[Sen 2009: x–xi/4–8]。

センによれば、最も広義に理解された正義論にとって、これこそが正義である、という完全な正義論を構築することはさして重要ではない。むしろ、不正義を除去する、あるいは不正義に晒された人びとを救済することによって、少しでも現状を正しい社会へと変革していくことが、正義の名の下に求められているのだ。

したがって、正義論の中心的な課題は、過去、あるいは現在の「矯正／補償されうる不正義を特定すること」である。これが、正義論の出発点であり、本書でもここまで確認してきた基本スタンスである(1)[cf. ibid.: vii/2]。

『正義のアイデア』でセンはまた、民主主義の実践と正義論を結びつけることも試みている。(2)というのもかれは、正義に適った完全な制度とはどのようなものとなるべきかについてもっぱら議論してきた従来の正義論から離れ、むしろ、人びとが送ることができるはずの生の可能性を広げること、換言すれば、現在の生の可能性を封じ込めているものを除去する実践を促すことが、正義論の重要な役割だと考えているからだ。センの正義論によれば、これまで本書で確認してきたように、正義を求める声こそが、社会の変革を求める民主的な運動と密接につながっている。

正義と民主主義のかかわりをもう少し詳しくみてみよう。多様な生の在り方へ開かれているはずのわたしたち一人ひとりの生の可能性を実現するために、「政治的参加、対話、そして公共的な相互行為」を保障する民主主義と[ibid.: 326/462]、矯正／補償されうる不正義を特定することを中心とする正義は、不正義を減じるための実践と理論として、あたかも車の両輪のように不可欠である。たとえば、表現の自由の保障と、政治勢力から独立したメディアの存在を、民主主義の諸制度としてセンが重要視するのは、不正義にあえぐ人びとの声をわたしたちに知らせ、現実にかかわる知を拡散し、社会に対する批判的な精査へとわたしたちを導くからだ。

さらに、「報道の自由には、これまで無視されてきた人びと、不利な立場にある人びとに声を与えることで保護するという、重要な機能が備わっている。そして、この機能は、人間の安全保障に大いに貢献することになる」[ibid.: 336/475-476. 強調は原文]。そして、不正義にあえぐ人びとに公的な議論の場を与えることで生まれるコミュニケーションは、新しい価値創造につながる道筋を拓き、そこで生まれた新しい価値創造がまた、新たに、矯正／補償されうる不正義の発見を促す運動をつくりだしていくといった、閉じられることのない、継続的な正義を求める運動をつくりだしていくはずなのだ。

不正義と法

民主主義の実践と不正義の発見が密接に連動していることは、自らが生きる社会の不正に対して、同時代の知識人の常識を覆すような書を世に問うた、近代民主主義の祖であるジャン＝ジャック・ルソーにも顕著にみることができる。

『人間不平等起源論』においてルソーは、市民社会や法律が存在する以前の人間は、自然の果実を独占しようとしないし、そもそもひとは平等で独立しており、ひとりで自由に生きていける存在だったと考えた。ルソーがそのように考える「自然人」は、誰も自分と他人を比較しないし、それゆえ他人や他人の持ちモノを羨むことがなく、他人に危害を加えようなどとも思わなかった。しかしなぜ、かれが生きた一八世紀のフランス社会のように、富める者にはより多くの財産を与え、貧しい者にはより深刻な窮乏を強いる法律が制定されたのだろうか。かれは、法こそが、かれの生きる社会の不正義を拡大、助長しているのではないか、と考えたのだ。

以下は少し長いが、わたしたちが正義について考えるさいに、いかに不正義の感覚を研ぎ澄ますことが難しいかを示す、最良の文章のひとつである。ルソーが明らかにするのは、富者・強者が、貧者・弱者こそが法を必要としているのだと言いくるめる、その論理である。

団結しよう。団結して、弱い者たちが抑圧されないようにし、野心家の野望を抑え、各人が所有しているものを守れるようにしよう。正義と平和の規則を定めようではないか。すべての者がこの規則にしたがうことを義務づけ、誰も特別扱いせず、強い者にも弱い者にも平等に自分の義務にしたがわせるのだ。これはいわば運命の気まぐれから自分たちを守る手段なのだ。一言で言えば、われわれの力を自分たちに向けるのではなく、至高の権力へとまとめあげるのだ。この至高の権力は、賢明な法にしたがってわれわれを統治し、共同体の全員を保護し、防衛するのだ。この権力は共通の敵を撃退し、永遠の和合をもたらすのだ［ルソー 2008: 153. 強調は引用者］。

注意して読もう。〈こうした甘言に、わたしたちは騙されてはならない〉というのが、ルソーの主張なのだ。ルソーの眼目は、不平等を固定するだけでなく、不平等をこれまで以上に拡大し、不正な社会を確立した権力者は、自らの権力行使を正当化するために〈弱者のために〉法を策定する、そして、その権力者こそが、この至高の権力（＝当時でいえば、絶対王政下における権力者たち、あるいは主権国家）の場に居座っているという現実を突くことなのだ。

ルソーはこうして、不正の社会が歴史的に完成され、一握りの権力者・富者の下に、その他の弱者・貧者は平等となる、という歴史の悲劇を描いた。しかもかれが暴いた論理は、強者「対」弱者といった支配＝抑圧構造が、主権国家の「賢明な法」の下での平等といった覆いによって、いかに不可視化されているかを克明に描いている。

本章で、これからもう少し詳しく、西洋政治思想史における正義論について考えていくために、ルソーのこの上ない皮肉が伝えようとしていることを、[3]センの議論と関連づけながら三点にまとめておきたい。この三点は密接に関係し合いながらも、グローバルな社会で正義を考えるためには何が必要で、正義とはいったい何を為すことなのかという、以下本論で展開される議論の補助線となっている。

第一に、ルソーの批判精神を動機づけているのは、不正義という現実である。[4]かれが同時代の他の思想家とは比較にならないほど敏感にフランス社会に根づいた不正義を感じ取ることができたのは、センが「政治参加、対話、公共的な相互行為」として特徴づけた民主主義への注目、とくに一部の者が多数者の利益を代表するような間接民主主義への鋭い批判に基づいた民主主義の原理に対する深い洞察があったためといえる（＝民主主義の重要性）。

第二に、立法以前にすでに、弱者と強者が存在しているために、弱い者にも強い者にも「平等に」法が適用されるという法の下の平等は論理的に、権力と富の不均等を是正できない。ここでもわたしたちは、民主主義が「これまで無視されてきた人びと、不利な立場にある人びとに声を与えること」を重要な機能としていることを再確認しなければならない。不正義の感覚とは、歴史上の沈黙に耳を傾けること、あるいは権力者によって一方的に語られがちな歴史に何かが欠けているのではないか、と疑念をもつことと関わっている（＝被害者の声の重要性）。

最後に、センのいうように、正されなければならない不平等を摘発することが広義の意味における正義論の出発点であるならば、明らかにルソーのこの力強い法に対する告発は、正義を求める声である。つまり、ルソーにとって、法と正義はけっして同じではない。現存する力や富の不均等を維持するばかりか拡大させ続けてしまう法は、不正義に応えようとしない点では正義に悖り、〈賢明な法〉に従順にしたがう市民は、不正義状態を生きざるを得ないのである（＝既存の実定法への根源的な批判）。

第2節　西洋の伝統における正義論の始まり——被害者の沈黙

なぜ、不正義は許され、無視され続けるのか？

以下の文章は、一九九二年に合衆国の法理論家キャサリン・マッキノンに送られてきた、アメリカ人研究者からの私信の一部である。

あるクロアチアの女性の証言によると、クロアチア兵の軍服を着たセルビア兵による電気ショックの拷問と集団レイプの場面を撮影されたうえで、カメラに向かってクロアチア人にレイプされたと「告白」することを強要されたという。ザグレブの街頭では国連軍兵士がしばしば現地の女性に売春の値段を尋ねる。……難民の女性たちが援助を受けるために性的サービスを強要されたという報告がある。……私は明日、三ヵ月にわたって毎日三十人にレイプされたという集団レイプ収容所の生存者二人と会って話をすることになっている……国連は証拠を集めるという決議を通過させた。これは戦争犯罪裁判の第一歩となるはずであるが、今までに性的残虐行為が裁判にかけられた前例はないということだ[MacKinnon 1993: 86/106-107]。

マッキノンは人権について論じたレクチャにおいて、次のことを訴えるための例示として、この私信で語られている内容を紹介した。「もっとも高度な抽象性を備えた法律上の概念も、実は社会生活のなかから生まれています。それは、特定のグループ間の交渉のなかから、我が身の安泰に疑いを抱かない支配階級の思い上がりのなかから、現実の残虐行為の傷を通して、声なき、疎外された人びとの犠牲によって、権力なき人びとの[…]勝利として、生まれているのです」[ibid.: 85/103. 強調は引用者]。

一九九〇年代初頭の旧ユーゴスラヴィア内戦のなかで勃発したボスニア・ヘルツェゴビナ紛争は、その後のユーゴ国際戦犯法廷を通じて世界に開示されたように、数多くの集団レイプ、民族浄化を伴った凄惨な内戦であった。東西冷戦が終焉を迎えるとともに生じたこの内戦は、とりわけ性と生殖能力に対する深刻な虐待、暴力、権利侵害を伴い、その非人道的な行為はまさに世界を震撼させ、国際社会を動かすことになる。

二度の世界大戦を経験した二〇世紀において、武力紛争下の性暴力、生殖能力に対する虐待については、「家の名誉」や「名誉」といった言葉で言及されていたにすぎず、むしろ女性たちがそうした被害に遭遇するのは、致し方ないこと、戦争の副産物として不可避なものという認識が強かった。そして、「家の名誉」という言葉に象徴されているように、女性が性被害にあったさい、傷つくのは彼女の夫、あるいは父、つまり当時彼女がその下に属していると考えられた、法的責任能力が認められた家長である男性市民の「名誉」と考えられてきたのである[cf. 前田 2000: 9]。

一九七七年のジュネーヴ条約第一追加議定書第四編「文民たる住民」第三部(「紛争当事者の権力内にある者の処遇」)第二章(「女子および児童のための保護」)第七六条(「女子の保護」)で初めて「女子は、特別の尊重の対象とし、かつ特に強かん、強制売春及び他のあらゆる種類のわいせつ行為から保護される」と、性暴力に言及した規定がようやく誕生する。しかしなお、それらは国家に処罰義務が課される戦争犯罪の類型として規定されていたわけではなかった。

武力紛争下の強かん、性被害、生殖能力に加えられる暴力は、マッキノンが私信にて受け取ったように、「現実の残虐行為の傷」に対する数々の報告、そして悲痛な被害者自身の証言、そして、声なき傷痕などを通じて、ようやく二〇世紀末になって、人道に対する罪、戦争犯罪の類型として認められるようになる。すなわち、マッキノンが論じるように、一九九八年に採択された国際刑事裁判所のためのローマ規程は、沈黙を強いられ、疎外された人びとの犠牲、しかも考えられ得る限りの犠牲を通して、ようやく誕生したのである。

「強かん、性奴隷、強制売春、強制妊娠、強制避妊措置」など、紛争下における女性に対する性暴力、生殖能力に対する虐待は、人類の長い歴史上まだ二〇年も経ていない、国際法上の新しい犯罪類型である。だが、言うまでもなく、新しいのは「犯罪」類型となったことであり、そうした犯罪「的な」行為が人類史上存在しなかった、というわけではない。

たとえば、従来の国際化とは異なり、グローバリゼーションの時代においてわたしたちは、ひとつの共同体に住み、殺し合いを禁止するだけでなく、むしろ助け合う義務を互いに負っているとの認識をもたねばならないと主張するピーター・シンガーは[Singer 2002: 7/10]、人道的介入の必要性と国際刑事法の展開を次のように支持している。

わたしたちはみな、貧困が撲滅され、虐待される子どもが減少し、誰もが教育に恵まれることによって、他者の尊厳に敬意を払うことを学ぶことができればと願っている。おそらく、貧富の格差や貧困が撲滅され、貧困層の生活が改善されれば、そして、子どもたちが教育機会に恵まれ、自らの可能性を自由に追求できる世界をわたしたちが創造し、貧しい者たちの労働搾取や、彼女たち・かれらに対する不正を軽減することができるならば、現在よりは暴力は減少するかもしれない。しかし、シンガーはそれだけでは、暴力を終わらせるには不十分であるという。その第一の理由としてシンガーが挙げるのは、「二〇世紀の恐るべき大量殺人は、目新しい現象では」ないからだ[ibid.: 109/137]。たしかに、聖書の「民数記」にすでに、イスラエル兵に向けられたモーセの言葉が記されている。「さあ、子らのうちの男の子を殺し、男を知ったすべての女を殺せ。男と寝たことのない若い女の子は君たちのために生かしておいてよい」と[ibid.: 107-108/135]。

シンガーは、チンパンジーやボノボといった人類に最も近い生物の例まで出して、遺伝学的な利益をもたらすための集団虐殺の例を列挙していく。「私たちは皆、後の世代に遺伝子を残すことに成功した男たちの子孫であるが、その一方で、他の多くの男たちはそうすることができなかった」[ibid.: 110/138]。つまり、遺伝学的につながりのある小集団間の争いに、戦争と大虐殺は密接に関連しており、だからこそ人類史上戦争が絶えなかった。したがって、簡単には大虐殺を止めることはできない。つまりシンガーによれば、性と生殖に対する暴力と支配こそが、人類史における戦争の中心的役割であったのだ。

ここでは、シンガーの議論の真偽を問うことはしないが、(5)本節で強調されるべきことは、戦争において、女性に対する性暴力は驚くべき稀有な犯罪ではなく、むしろ歴史的には、生じて当然の事象にすぎないと考えられていた、ということである。したがって、九〇年代前半までは、「性とエスニシティがからみ合ったレイプ、強制的妊娠・出産、売春、ポルノグラフィ、性的殺人などは、関連した法曹界の「良心を憤激させる」ほど恐ろしい出来事とみなされなかった」[MacKinnon 1993: 87/107]。国際法秩序にそれらが犯罪として組み込まれるようになるには、先述したように、民族浄化をはじめとした凄惨な女性に対する暴力を世界が目の当たりにした後の、一九九八年のローマ規程をまたなければならなかったのだ。

不正義から排除される女性／女性の人権

しかし、とここで再度問いかけてみよう。旧ユーゴスラヴィア、それに続くルワンダで生じた民族浄化の非人道性に、たしかに当時の世界は震撼したのだった。ではなぜ、シンガーがいうように、戦争につきものであった生殖をめぐる暴力、殺人は、二〇世紀末になるまで犯罪であるとも、正義に悖るとも考えられてこなかったのか。ここで、ようやくわたしたちは、正義にまつわる根源的な問い、つまり、正義論の出発点である、不正義の特定をめぐる重要な問いのひとつに出会うことになる。それは、誰の正義か、換言すれば、不正義の被害者と特定される者は誰なのか、という問題である。

再度、シンガーが取り上げる現代的な例から考えてみたい。二〇〇一年の9・11事件後、「雪崩を打って」犠牲者のために募金が「洪水のように」殺到した。無差別なテロに対して、多くの合衆国市民は、国家の補償に頼るだけでなく、自らもその不正義の被害者を援助すべきだと考えたのだ。しかし、その一方で、同年同月、ユニセフは二〇〇二年度版『世界子供白書』を準備するなかで、予防可能な原因によって毎年一〇〇〇万人以上の子どもたちが死亡していることを公表する。つまり、同じ九月一一日にも、三万人以上の五歳未満の子どもたちが死亡していたことになる。しかも、テロの被害者に対しては事後的な救済のみ可能だが、毎日死亡していく子どもたちは、その数を減らすことが可能で、経済的支援によって実効性の高い予防処置を考えることができる。だが、こうした統計が公表されても、「洪水のように」は寄付が集まらなかった[Singer 2002: 150-151/191-192]。

わたしたちは、少なくとも理念として、ひとはすべて等しい価値をもち(＝人間の尊厳)、等しい配慮をもって遇しないといけないことを知っている。少なくとも、西欧の思想史を振り返れば、ひとは生まれながらに等しい価値をもち、自らの生を自由に生きることができる存在として、一八世紀以降市民革命を通じて、幾度もその理念が確認されてきたはずだ。しかしながら他方で、シンガーによれば、わたしたちは「自分たちの仲間」をひいきしてもよい、という常識ももっている。かれが引用するのは、一九世紀後半を代表するイギリスの哲学者、ヘンリー・シジウィックの言葉である。シジウィックは『倫理学の方法』において、当時のイギリス人の常識を次のように述べている。

各人は自分の両親や配偶者や子どもたちに親切にする義務があり、また彼らほどにではないが他の親族にも親切にする義務がある。また自分に何かしてくれたひとや、親しくなって友人と呼ぶようになったひとに対しても親切にする義務がある。また隣人や同国人に対しても、その他のひと以上に親切にする義務がある。またおそらく、自分と同じ人種のひとに対しても、黒人や黄色人種のひと以上に親切にする義務があり、一般的に言えば自分に類似している度合に応じて人びとに親切にする義務があると言ってよかろう(6)[ibid.: 153/193-194]。

この「常識」は、現代に生きるわたしたちの常識にも強く訴えるものがある。「自分に類似している度合」が、誰に親切にするべきなのか、誰に配慮し、さらには、上記の合衆国市民の振る舞いに見出されるように、誰の不幸を嘆き、誰の死を悼むべきかをも、決めてしまっているようだ。たしかに、日々世界のあらゆるひとに同じように思いを馳せることは、物理的にも能力的にも不可能だ。

たとえば、ひととひとが法的に結びつきながらもなお、みなが自由に生きられる社会を考えようとした先ほどのルソーもまた、どんな悪人であっても、目の前の残虐な行為を阻止できない状況に耐えられないと、『人間不平等起源論』では論じた。しかし、そうした本能や、直観的・身体的な反応は、かれが試みようとした、普遍的な人権を保障する法を構想するには足りない。したがって、『社会契約論』でルソーは、人間の本性に備わる憐憫の情ではなく、理性によって導かれる正義を社会の原理へと高めようとしたのだった。つまり、社会を設立する端緒にある社会契約において、ひとは直観的な本能をいったん捨てさり、より普遍的な義務の声に耳を傾け、「自分の好みにきく前に理性に相談しなければならな」いと[ルソー 1954: 36]。

以上の議論から分かることは、正義を語ることは、こうした直観レヴェルの「仲間」を超えた、あるいはわたしたちの常識をつねに批判し、吟味することを要請しているということだ。そして、シンガーがシジウィックの言葉を参照して語っている合衆国の文脈において、現代の多くの市民が、「黒人や黄色人種のひと以上に」白人に親切にするという一世紀前の常識にぎょっとするように、わたしたちの不正義感覚は、つねに自らの配慮が及ぶ境界線によって発動したり、しなかったりすることも分かってくるだろう。

そして、一八世紀の自然法に由来する近代的な人権思想こそが、仲間意識に囚われがち——他方で、その仲間意識こそがわたしたちの日常の複雑で豊かな生を織りなすことを可能にしているともいえるのだが——な、日々のわたしたちの生活を少し離れ、社会原理や公正さについての反省を迫るのである。

だが、マッキノンのレクチャは、批判的に自らの道徳意識を吟味するレヴェルと、日常的な直観のレヴェルを区別し、普遍的であるはずの人権思想に訴えてもなお、答えられない問いを発している。すなわち、〈そもそも人類には、女性が含まれていなかったのではないか〉、だからこそ、戦時だけでなく、平時においても女性に対する性暴力、生殖能力に対する虐待は、人権侵害としてこれまで認められてこなかったのではないか、という問いである。

マッキノンもまた、不正義を告発するさいに、侵害される対象であるところの人権の哲学的基礎としての自然法に目を向けている。近代人権思想の嚆矢となる思想を生み出した哲学者たちは、すべて自然法の伝統に位置づけることができるからだ。そして、マッキノンは「自然法はそもそも女性が男性と生まれながらに同等の存在だとはっきり述べてはいません。というより、複雑な議論を単純化すれば、どちらかというと、男性と女性は平等でないとしてきたといえるでしょう」と論じている[MacKinnon 1993: 97/121]。

マッキノンによれば、性差は人間にとって本来的な差異であるのか、人間は自然本来の意味において同一なのか、あるいは、人間に動物とは異なる権利（＝人権）が認められるのは、人間が理性に基づいて人生を送るからなのか、それとも、人間には自由や尊厳が認められるからなのか、自然法の伝統からは明らかではない。しかしながら、ひとつ確かなのは、「人権というものを否定されるためには、それ以前に人権をもっていなければならない」ということである[ibid.]。つまり、自然法の下でいかに人権思想が発達したとしても、女性が〈ひと《マン》に類似している度合が低い〉とみなされてしまえば、人権を備えた者とみなされないかもしれない。

つまり、自然法に訴えることで、階級社会の法そのものを正そうとしたのが近代の思想家ルソーであるとすれば、マッキノンが特定しようとする正されるべき不正義は、その自然法こそが隠蔽してしまっている不正義なのだ。しかも、マッキノンがいうように、「男性と女性は平等でない」と自然法が宣言しているとすれば、わたしたちが経験上、男女を分け隔てすることなく個人としての尊厳に敬意を示していたとしても、逆に自然法の強い規範によって、そうした現実が歪められているかもしれないのだ。

〈そもそも人権が認められなければ、人権が否定されていることすら認識されない〉という、堂々巡りのように思えるこの言葉は、正義の、あるいは、人権を侵害する不正義を特定することそのものに孕まれた困難のひとつを表している。じっさい、自然人における平等と自由独立を礼賛したあのルソーでさえ、自然において女性が異なる扱いを受けること、異なる扱いがされるべきことを、心から信じていたのだ。

正義論の始まり——既存の実定法への根源的な批判

たしかに、哲学は、物事の「自然《ネイチャー》」を発見しようとする智《ソフィア》への愛《フィロス》から始まった。そして、西洋における正義論もまた、その哲学的叡知に根をもっている。ここでは、哲学的営みにとって、自然という理念がそもそもいかなる役割を果たしたかを確認し、それと正義がどのような関係にあったのかを理解するために、レオ・シュトラウスの議論を参考にしよう。それによって、ルソーを引用しながらすでに確認しておいた、〈既存の実定法への根源的な批判〉、ひいては、その実定法を制定する国家に対する根源的な批判こそが、正義論の重要な出発点であることが明らかになるであろう。

哲学上の自然とは、わたしたちが空気のように意識することなく眺めている経験世界で「見えているモノ」ではない。むしろ、そうしたモノの見方を支えている常識、過去から引き継がれた知恵、そして国家の法でさえも疑う目を、自然という理念は与えてくれたのだ。自然は、「見えているモノ」ではなく、自らの経験を超え、あらゆる吟味を通じて「知られるべきなにものか」なのである。そして、正義論は、まさにこの自然を見る目を養うことを含意していた。

シュトラウスによれば、哲学者にとって「「自然」とは区別を表す言葉」である。たとえば、哲学的な自然が発見される以前には、ある事象・事物の種類は、「その慣習 its custom や在り方 its way」と考えられてきた[Strauss 1953: 82/93]。したがって、時空を超えて同一の事象であっても、時代や地域によって異なる事象であっても、区別されることなくただ併存していたという。すなわち、犬がしっぽを振るのは犬の在り方であり、豚肉を食べないのはユダヤ人の流儀であり、月経は女性の決まりである、といった具合に、あらゆる事象は現象として、いわば同一平面上に存在しており、そこに根本的な区別は存在しなかった。ただ、「「ここに」住んでいる「我々の」在り方」といった、ある独立集団の生活様式、しかもとりわけ、より古いものは、より正しいものとして認識されていた[ibid.]。

そうした状況に対して、哲学的営みは、人びとが当時受け入れていた一般的な言説に対して疑問を投げかけ、古き善きものがもつとされた権威に対して、根本的な疑義を突き付けたことに始まる。そして、それ以前の慣習を突き破るだけの大きな力をもったものこそが、ノモス(＝人為の契約・慣習・実定法)とピュシス(＝自然)という、根本的な区別の在り方であった。

正しさは、最初は、法律や慣習と同一のこととして、あるいはそのような性格のこととして現れる。そして哲学の出現とともに、慣習や約束事は自然を隠すものとして立ち現れてきた[ibid.: 93/104]。

哲学的な探究の下で理性の光によって正義が発見される以前は、常識も慣習も、そして法律でさえも、長きにわたって信じられていたから〈正しい〉と考えられていた。しかしながら、哲学的考察の下に晒される常識、慣習、そして法律は、むしろ、真の在るべき状態であるはずの自然を覆い隠す、否定されるべきものとして立ち現れてくる。

シュトラウスによれば、哲学による自然の発見により、「先祖伝来のものの権利の主張は根拠を失った」[ibid.: 91/102]。自然が発見された、すなわち、自然は探究の対象であり、今ここに存在してはいないなにものかである、という認識は、政治的には重要な意味をもっている。なぜならば、現行の法律や約束事、そして慣習は、自然でもなければ、正しいことでもなく、むしろ、わたしたちが正しい道を探るさいの障碍となっているのではないかといった疑いに、つねに晒されざるを得なくなったからである。

ノモスと対置される自然のもつ力は、古き善きものとみなされているものさえ超えて、人為を超えたなにものか、あらゆる存在よりも古い「第一存在」、なにものかの模倣ではない、真性の原理であることに由来している。「第一存在」、すべての「母の母」たる自然に、最高の価値を置き、あらゆる正しさの尺度をみようとする哲学(=自然権思想の起源)にとっては[ibid.: 91-92/102-103]、国家の法、あるいは実定法は、その存在それ自体として自己矛盾的なものとして立ち現れてこざるを得ない。というのも、「法は何か本質的に善きもの高貴なものであると主張する」一方で、「法は共通の意見や国家すなわち多数の市民の決定として現れる」からである[ibid.: 101/112]。そして、哲学的な法分析の前提には、現存の国家社会は人為の産物、もっといえば恣意と暴力のうえに成立してきた、といった認識が当然のように存在していたといっても過言ではない[ibid.: 118/130]。

こうして正義の哲学的由来を遡ってみるならば、いかにあのルソーの奇抜な法批判が、自然法の伝統としては「正しい」批判であるかがよく分かるであろう。かれにとって、当時フランスの法、とくに人びとの所有権の在り方を規定していた法は、進むべき道を見誤らせ、不正義を隠匿しようとする、権力者たちの間の約束事にすぎなかったのだ。

西洋の正義論における哲学的起源を遡っていくと、そこには、正しいこととは、「今ここの・わたしたち」の単なる臆見にすぎないのではないか、という根深い疑念が存在していたことが分かる。哲学的に探究される正義とは、「今ここの・わたしたち」を超える、可能性のひとつとして存在しているのだと言うことができるかもしれない。

第3節　なぜ、「慰安婦」問題は正義の問題なのか

女性＝自然の神話を超えて

しかしながらなお、マッキノンの疑問には答えていないのかもしれない。〈そもそも人類には、女性が含まれていなかったのではないか〉、というあの問いである。それどころか、常識を疑うはずの自然法の歴史においてもなお、女性に対する暴力が、常識レヴェルでも、国際法レヴェルでも、なぜ見過ごされてきたのか、なぞは深まるばかりである。ここでは、自然に女性を置換することによって、女性を正義論からも人権思想からも排除してきた、西洋政治思想史批判を繰り返すことはしない(7)[cf. 岡野 2012: 第二部第二章]。むしろ、正しいとされてきた、既存のあらゆる知識を疑うことで始まった正義論の可能性は、自然を騙り、独占してきた男性哲学者の手で歪められてきたのではないか、と問うてみたい。そしてまさに、戦後約半世紀を経て、当時の韓国社会やアジアの政治状況のなかで強いられてきた沈黙を破った、一九九一年金学順《キムハクスン》さんの「慰安婦」として最初のカムアウトは、正義を求めること、つまり不正義を特定する試みとは、「知られるべきなにものか」と、わたしたちとの出会いに他ならないことを示してみたい。

まずここでは、正義論の端緒にあった自然の発見が、その後いかに歪められてしまったかを示すひとつのエピソードとして、まさに正義論の端緒である『国家』におけるソクラテスの議論をみてみよう。以下のエピソードは、その後の政治哲学の議論のなかでは、単なるたわごととして一笑に付されてきたか、あるいは完全に無視されてきたエピ

ソードである。(8)

当時のアテナイでは、たとえば男性市民を兵士として鍛えるための体育に、女性が参加することなど考えられなかった。とくに、体育は裸体で行われるという慣習があったために、男と一緒に女も体育をしようという提言は、冗談にしか聞こえなかった。それでもソクラテスは食い下がり、非常識だからとばかにしないで、もっと真面目に考えるよう友人たちを諭すのだ。少し前までギリシア人たちは、男でも裸をみられるのは恥ずかしい、滑稽なことと考えていた。だから、クレタ人やスパルタ人の男たちが、裸で体育をし始めたときは、僕たちアテナイ人の男たちは、彼らを物笑いの種にしていたじゃないか、と。

だから、教育を施す前に、女と男の能力が違うとは誰にも分からないとソクラテスは言う。禿げ頭の人と長髪の人のどちらが靴づくりに向いているかを判断できないように、ある仕事に適した能力を特定するには、長い考察と熟慮が必要となるはずだからだ。ある特徴をもった集団が医者に向いている、とは言い切れず、むしろ、医者に向いている人どうしは、共通した素質をもっているのだろう、としか判断できない。

したがってソクラテスは、女は子を産み、男は産ませるといった異なりは、国家の重要な役割、とくに議会や裁判所での役割から一斉に女を排除する理由にはならないと強く主張した。つまり、ソクラテスが訴える「自然」とは、男女の違いといった、今みえているモノではなく、「知られるべきなにものか」として、むしろ現在においては不可知なままに、隠されているモノと考えられていたのだ。

他者から問われる正義論／「慰安婦」問題が照らし出す正義論

こうした、「みえているモノ」とは異なる、本来知られるべきモノを探究する哲学的営みと、正義論が不可分であると理解できれば、その存在はみえていながら、しかし、その意味や、そこにいたのは誰かを問おうとしない、そしてその誰かの声を聞こうとしないことは、正されるべき不正義であることに思い至るに違いない。

たとえば、一九三七年南京事件を契機に、拡大し続ける大日本帝国の至るところで慰安所は設置され、多くの「慰安婦」たちが前線にまで連れ出された(9)。彼女たちの存在は、戦後帰還してきた兵士の想い出のなかで語られたり、たとえば、一九七三年に発表された水木しげるの戦記マンガなどにも、克明に描かれたりしている［水木 1995: 14–15］。しかし、じっさいには先述したように、金学順さんが自ら名乗りでるまで、日本社会に住むわたしたちだけでなく、世界にとっても、性奴隷制度という軍事上組織化された制度が、誰かの人権を侵害しているなどとは夢にも思わなかったのだ。いやそもそも、慰安所が性奴隷制度だなどと思い至らなかった。

再びソクラテスを参照するならば、いかにひとは物事の本質をみていないかという喩

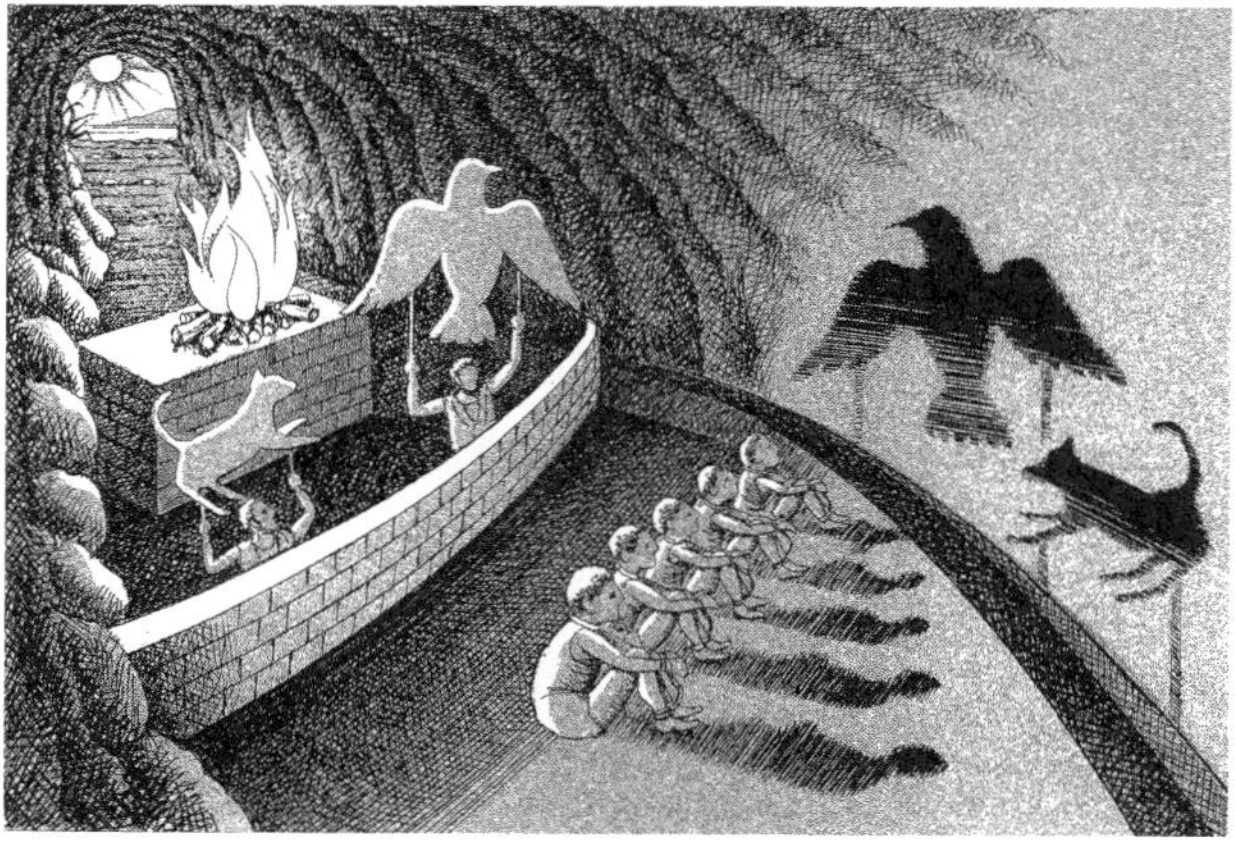

えとして、かれは洞窟の寓話を友人たちに披露する。ソクラテスの寓話のなかで、ひとは、子どもの時から手足と首を縛られて、洞窟の壁に向かうよう並ばされている。彼女たち・かれらにみえるのは前方だけ、つまり、壁だけをみているのだ。この洞窟は、奥行きが長く、太陽の光は人びとが背を向けて並んでいる列のはるか後方から差し込んでいる。そして、洞窟で過ごす人びとのために、やはりかなり後方に火が焚かれており、背を向ける人びとの列とその火の間に道が作られ、道の前には、人形使いなどが身を隠して人形だけをみせるための、ちょっとした台が作られているという(図)。

つまり、洞窟の中にいるひとが世間だと思いなしているのは、人形使いが使っている道具や人形が、後方にある火の光に照らされて作り出す、壁に映った影絵に過ぎない。この寓話は、物事の本質をみることの困難さをよく表している。ひとが現実だと考えている絵は影絵に過ぎず、しかも、その影絵はそもそも人形使いが使っている道具に過ぎない。そして、それを照らしているのは、太陽光ではなく、洞窟の中のかすかな火なのだ。おそらく、人形使いの使っている道具そのものを直視しても、その色はうすぼんやりとしか認識できない。

さらに、壁のみをみるよう生まれながらに縛られていた人びとがこの洞窟から去って、太陽の光に晒されたとしよう。光の眩さに、人びとは暗闇に慣れた目を開くこともできないかもしれない。その光の痛みに、洞窟に縛られている方が快適だと感じる者もいるだろうし、実際洞窟に戻ってくるかもしれない。そして、もし太陽光が当初もたらす痛みに耐え、白日の下で洞窟の外の世界をみられるようになったひとが、洞窟での生活はまるで囚人の、蒙昧な生活だとして、そこからの解放を訴えたとしたらどうだろう。ソクラテスは、列をなしてつながれた人たちにとっては、太陽光に慣れたひとの目は暗闇に耐えられない、つまり異常な目をもつ者として現れるに違いないとさえ言う。

わたしたちは、見慣れたモノ、みやすいモノをみたいと思い、自分がみえなかったモノやモノをみている状態の不自由さを知らしめようとする他人を、なかなか受け入れることができない。「慰安婦」にされた被害者が次々と声を上げたことに対する九〇年代以降の、そして現在ではさらにいっそう、日本社会の反応は、まさにこの洞窟の寓話を彷彿とさせる。彼女たちの声は、わたしたちがみていた、知っていたと思いなしていた歴史地図を覆しただけではない。その声によって、みている主体であると思いなしていた〈わたしたち〉が、日本国市民としての対応をじっとみられてきた客体的存在であったことが暴かれた。その意味で、「慰安婦」問題とは、〈わたしたち〉日本国市民の在り方そのものが覆された出来事であったのだ。

しかし、さらにソクラテスにならっていうならば、「慰安婦」にされた女性たちの「正義」を返してくれ、という訴えは、常識が支配する洞窟に住まう〈わたしたち〉への、洞窟の外からの呼びかけである。それは、暗闇に慣れた目には、みたくないモノかもしれない。だが、自然への探求から始まる正義論の立場からすれば、常識や引き継がれた伝統、あるいは国民国家の壁に囲まれた〈わたしたち〉が、外からの、他者の小さな声に耳を傾けて、外の思考へと誘われない限り、正義の前兆である不正義にも出会うことがない。〈わたしたち〉の社会には不正義が存在しないと思いなせることは、閉じた狭い暗闇の中に、そして自分自身の中に、自分を閉じ込めていることの証左かもしれないのだ。

小括——修復的正義と民主主義

シンガーが逆説的にであれ示しているように、人類の歴史は圧倒的な暴力に晒された被害者たちの歴史でもある。そして、九〇年代以降の国際法の新たな進展にすでに現実化され始めているように、ある暴力が生じてしまったさい、被害者に目を向け、被害からの回復という視点から、つまり、正されるべき不正義を特定化するという出発点から正義が再考されるなかで明らかになったのは、わたしたちが現在(＝今の世界)を新しく作り変えることで正義が実現される、ということである。そして、現在の世界とは、国境線内に閉じ籠ることで、不正義にあえぐ声なき声に耳を閉ざしがちな世界である。

半世紀近くの沈黙が強いられた後に、性奴隷制度の実態を語り出した多くのアジア女性たちの勇気を支えたのは、声なき声に力を与えようとする、国境を越えた市民たちの連帯の力であった。誰もが声を上げることができる状態、屈辱を味わうことなく自らの経験を語りあえることを保障すること。それが、民主主義、つまり一人ひとりの声に、同等の敬意をもって耳を傾けるという実践であることは、もはやいうまでもないであろう。そして、そうしたささやかな試みこそが、むしろ国境を越えた共同体を形成し始めている[cf. 岡野 2012: 終章]。

個々の被害者にとって、回復への道は、問題を名指し、それを他者に開示することができることから始まる。いわゆる「慰安婦」と呼ばれた人びとの場合、声を出すことはしばしば、加害者による報復だけでなく、公的な侮蔑に晒される危険がある。

それゆえ、フェミニスト運動の組織化の戦略は、隠していたことを恥だと思うことなく共有できる、女性たちの小さな集団のなかで信頼関係を創ることから始まるのだ[Herman 2002: 192]。

現在、とりわけ性被害の被害者と支援者たちとの間で注目されているのが、第三章で論じた「修復的正義」という正義へのアプローチだ。繰り返しを怖れずいえば、スペルマンは、その正義観を、被害者に「時を与えること」と表現した[Spelman 2002]。つまり、加害者処罰を中心とした刑法上の正義ではなく、むしろ、加害があった事実を公的に認めるために、過去に対する開かれた理解と、二度と同じような加害が繰り返されないことを表明し記憶し続ける、という未来への約束によって、被害者たちの現在を変革していくための、正義論である。〈わたしたち〉が現在の常識からいったん離れ、過去と未来のふたつの時空へ、理解と想像力を駆使することで、「これまで無視されてきた」、「不利な立場にある」被害者たちに、この世界で今を生きるための、時間を与える試みである。

修復という行為は、それが過去の不正義を認めるだけでなく、未来における健全な関係性へのコミットメントを果たしていないかぎり、一回きりの孤立した処置にすぎない。〔…〕修復への意志を表すには、被害者と被害に対する責任を担う者たちとの間で、次のような関係性を形成する必要がある。つまり、未来への信頼関係の新しい、あるいは改善された基礎、正確にいえば、その危害がなされた時には欠如していたものを創造するような、両者の関係性を形成しなければならないのだ[Walker 2010: 25]。

ウォーカーもいうように、過去を反省し、過去、そして現在においてもその被害を公にすることの叶わない被害者たちに時間を与えようと試みる修復的正義と、対話を通じ、時間をかけて互いの違いを尊重しあう民主主義的な政治の営みは、相補的であり、双方不可欠な車の両輪である。

しかし現在の日本社会においては、過去と未来を現在において結びつけようとする正義と民主主義の関係を破壊し、まったく異なる政治観を声高に押し付けようとする勢力が勢いを増している。

そこで、第Ⅱ部では、過去の不正義を特定しようとする正義論と、〈わたしたち〉の現在を相対化し、つねに他者に開かれた〈わたしたち〉を対話によって維持しようとする民主主義的な政治の営みを歴史的に体現しているのが、近代立憲主義であると論じることにしよう。そして、自由民主党を中心とする現行憲法に対する破壊行為が、他者からの正義への訴えと民主主義との緊張のなかで生まれる政治を根底から覆そうとしていることを批判的に検証したい。

岩波現代文庫版追記　第Ⅰ部

誰の声を聴くのか？
——日本軍「慰安婦」問題と9・11同時多発テロ事件のその後

第Ⅰ部では、思いもかけない他者からの突然の問いかけや物理的な攻撃に対して、どのようにわたし、そして〈わたしたち〉は応答すべきなのかをフェミニスト倫理の問題として論じた。

議論を通じてみえてきた〈わたしたち〉の閉塞は、日本軍「慰安婦」問題に対する日本政府の対応、そして9・11事件後の世界における偏在的な暴力の蔓延を振り返れば、より一層深刻化した。そして、ここでいう暴力とは、ジュディス・バトラーが問題化したように、弔われるべき者を一方的に決定するわたしたち「と」他者との線引きによって行使されるだけでなく、〈わたしたち〉が生きる時間軸をも強引に閉ざしてしまう。

戦後七〇年を迎えた二〇一五年が終わろうとする一二月二八日、被害者たちの声を聴くことなく、日韓両政府間で「最終的で不可逆的解決」という形での合意がなされた。そこでは、当時の岸田文雄外務大臣が「責任」を口にする一方で、被害者たちが毎週のように参加した水曜日デモ一〇〇〇回を記念し、二〇一一年に在ソウル日本大使館前に建立された「平和の少女像」を移転・撤去せよと圧力をかけた。その後、欧米各地で平和の少女像が建立されていることを問題視して、六〇年に及ぶサンフランシスコ市との姉妹都市関係を二〇一八年に大阪市が解消したり、二〇二二年には岸田首相自らがドイツ首相に撤去を求めたりすることとなった。「日韓合意」を韓国政府から一方的に伝えられた時、被害者のひとりである故李容洙《イヨンス》さんは、〈なぜわたしたちを二度も殺すのか〉と、怒りをあらわにした。

いまでは法的にも道義的にも「慰安婦」問題は「解決済み」であり、「最大限の努力をしてきた」というのが日本政府の公式見解となった。戦後補償をめぐっては、逆に韓国は国際法を遵守しないといった世論まで作り上げられた。日本政府の力によって封殺されたのは、戦後長きにわたり被害を誰にも打ち明けられずに生きてきた元「慰安婦」の女性たちの記憶だけではない。〈二度と繰り返すな〉という声に応えられたはずの、〈わたしたち〉の未来もまたこうして閉じられたのだ。

暴力的な時間軸の歪曲は、二〇二三年一〇月七日のハマスの攻撃をもって、今なお続いているイスラエルの無差別攻撃を正当化しようとする諸大国の見解にも表れている。暴力が起こった後に〈わたしたち〉がどう応じるのか。閉じられてしまったかのようにみえる未来は、過去を幾度も語り直していくことでしか、開かれることはない。

第 II 部

過去からの正義を求める他者の声と、〈わたしたち〉の現在の民主主義という営みとの関係を論じた第Ⅰ部を受けて、第Ⅱ部では、立憲主義の危機ともいえる現在の日本政治の在り方を、立憲主義とは何かという原点に立ち返りつつ論じていこう。

立憲主義は、これから政治思想史的にみていくように、一人ひとりの取替えの利かない価値、すなわち個人の尊厳が発見された近代の知的産物である。他方で、巨大な、そして他を圧倒する暴力装置となった近代国民国家もまた、近代が生み出したシステムである。

立憲主義は、巨大な暴力装置に他ならない国家の暴走を制御し、そして、近代民主主義は、一人ひとり異なる幸福を追求する自由と他者との共存をいかに平和的に実現するかといった課題のなかで生まれてきた政治システムである。

第五章以下では、そうした長年の人類の叡知に対する、政治的な攻撃に他ならない現在の憲法破壊をめぐる議論に象徴されるように*、立憲主義を無視したかのような近年の議論は、わたしたちの自由と平等を希求する民主主義的な営みそのものへの攻撃でもあることを論じていこう。

そこで、以下、現在の立憲主義への攻撃をより広い文脈のなかで捉え返すために、一九九九年に施行された男女共同参画社会基本法に対するバッシングのなかで露呈した、立憲主義に対する無理解、ひいては強い反感から論じたい。男女の平等を求める人びとの声に対する激しい反発のなかに、わたしたちは、現行憲法に対する根強い反感をも看て取るであろう。そしてまた、その議論を通じて、なぜ、そして何を怖れて、自由民主党を始めとする政治家たち——そして、かれらを支持する保守勢力——が、現行憲法に体現されている価値や精神を攻撃しているのかが明らかになるだろう。

＊第六章でみるように、憲法第九条第二項の「改正」を本丸として始まった、自民党による憲法「改正」の議論は、二〇一五年第一八九回国会審議をみている限り、憲法破壊のための議論に他ならない。改悪、あるいは、壊憲といった表現も散見されるが、本書では憲法破壊論議と呼ぶことにする。

第五章　自由と平等をめぐるジェンダーの政治

はじめに　ジェンダーフリー・バッシングとはなんだったのか

一九九九年、男女共同参画社会基本法（以下、基本法と表記）が施行され、その後、各地方自治体では基本法の精神をより具体化するための条例の作成が急がれた。そのことは、性差に基づく先入観のために参加の機会を奪われることのない社会へと、日本が大きく舵を切ろうとしたことを意味していた。

ところが、男女が共に、そして平等に参加し得る社会に向けて、ようやく日本社会が一歩踏みだそうとした矢先、基本法に示された社会変革に向けての精神を、〈男女の区別を、ジェンダー差別とする奇妙な論理〉として批判する、いわゆるジェンダーフリー・バッシングが草の根レヴェルで繰り広げられた。具体的な批判としては、〈基本法は、社会の基本単位であるべき家族を破壊する〉、〈生物学的性差《セックス》さえ無視した極端なジェンダーフリー教育を子どもたちに押しつけている〉、〈主婦としての生き方を否定して

いる〉、といったものが多い。(1)

右のような意見を今振り返って考察してみると、ひとつの特徴が浮かび上がってくる。つまりそれらは、基本法は伝統や自然、そして家族に対する脅威である、と訴えているのだ。家族は、法的な規制や保護を受ける家族制度によって形成、維持されているのであり、「社会の基本単位である」――善い悪いについては、別にして――という意見については、わたしには異論がない。(2)だが実際には、「家族を破壊する」という意見に込められているのは、家族は政治的に維持される制度である、という主張ではなく、むしろ、自然の愛情によって育まれるべき家族愛、母性や父性という本来男女に備わっているべき本性が、基本法に代表されるような〈個〉の人格の尊重によって崩壊の危機にさらされている、という主張である。

つまり、基本法施行によって惹起されたジェンダーフリー・バッシングの特徴として、細谷実が指摘するように、「自然《ネイチャー》＝本性」重視の思考を挙げることが可能である。「性別本性論(男女には本性的な＝生来の差異がある)と性別適性論(男女の本性に適した役割や人生がある)」に依拠した議論を展開するのが、基本法に対する反論なのだ[細谷 2005: 53]。

わたしは、当時の基本法に対する批判にいくつかの疑問を抱いている。第一に、基本法に対して男女の本性《ネイチャー》に対する脅威だとする意見を見聞する限り、基本法の理念が多くの人びとに伝わっていなかったのではないのか、という疑問がある。男女共同参画局

（以下、参画局と表記）が宣言している、男女共同参画社会の必要性に関する文言を読めば、一人ひとりの個性と能力を発揮でき、互いにそうした個性や能力を尊重し合える社会が目指されているのであって、自身にとっての「自分らしさ（＝女らしさや男らしさを含む）」――これこそが、その人にとっての自然《ネイチャー》ではないだろうか――を否定するような政策ではないことは分かるはずだ。さらに、基本法は、いわゆる生物学的性差を否定するものではなかった[3]。確かに、ジェンダーとセックスをはっきりと分類することは困難であるが、基本法で正していこうとしているのは、ある特定の「女性・男性らしさ」を前提とした社会制度であって、諸個人が抱く「女性・男性らしさ」の意識の変革など目的とはされていない。

第二に、当時のジェンダーフリー・バッシングは、「女性問題」に対する日本社会の後進性に単に起因するのではなく[4]、むしろ、わたしたちが社会を構成し、立憲民主主義の下で政治を行うさい、前提とされているはずの約束事が理解されていないから生じた現象だったのではないか、という疑問だ。すなわち、なぜ法の下で個人の基本的人権や平等が宣言されないといけないのか、わたしたちの平等を担保しているものは何か、なぜわたしたちは自由な存在として法的に扱われなければならないのかといった、政治的に重要な約束事をめぐる議論について、日本社会には了解が存在しないのではないか、とわたしは疑っている。

そこで第五章では、主に第二の点に焦点を当て、ジェンダーに敏感な政治においてかけられているのは、立憲民主主義を支える原理であると論じたい。すなわち、自然＝本性に言及することによって、社会制度上に残存し続ける男女の異なる扱いを〈差別ではなく区別〉として正当化しようとする議論は、日本の立憲民主主義の根本原理を覆そうとする議論であると同時に、近代以降――紆余曲折を経てようやく――築き上げられてきた〈自由〉や〈平等〉といった政治的理念に対する挑戦である。そうした挑戦に対抗するために、法の下で個人の自由と平等を宣言することで何が守られているのか、そして、なぜジェンダーの政治が必要なのかについて、以下本論で論じていこう。

第1節　〈自然〉と〈政治的なるもの〉――自然の両義性

「はじめに」では、自然重視の思考は保守的な考え方の特徴であると指摘したが、第四章第2節ですでに論じたように、自然は両義的な概念である。

マッキノンが指摘したように、自然に訴えることで、男性哲学者たちは女性の差別的な扱いをこれまで当然視してきた。しかし他方で、政治思想史を振り返れば、自然概念の発見は、現実の政治的営みを厳しく批判する哲学的叡知の出発点にある。第四章でみた古代ギリシャのソクラテスに遡るまでもなく、近代の政治理念を確立したロックやルソーでさえ、人間の本性《ネイチャー》を想定することで、王権神授説や身分制、社会の不平等を批判した。すなわち、かれらが自然に訴えたのは、身分制を支えた当時の社会通念に対する批判のためであった。自然概念が、社会の通念を取り払い、曇りなき目でひとの在るべき姿をみようとする、批判的精神を喚起するものであったことは、すでに確認したとおりである。

現在のわたしたちは、この「自然」という強い規範的価値を帯びた概念のために、ある時代には奴隷制が擁護され、ある時代には女性の男性への従属が当然視されてきたことを知っている。たとえば、以下のようにアリストテレス時代の「自然」を批判したルソーこそが、「自然に適っているから」という理由で、女性は男性に従属すべきであると説いたのだった。

> アリストテレスは正しかった。しかし、彼は結果を原因と取りちがえていたのだ。ドレイ状態のなかで生まれた人間のすべては、ドレイとなるために生まれたのだ。〔…〕だからもし、本性からのドレイがあるとしたならば、それは自然に反してドレイなるものがかつてあったからである。暴力が最初のドレイをつくりだし、彼らのいくじなさがそれを永久化したのだ［ルソー 1954: 18. 強調は引用者］。

自然という概念には、ルソーらが訴えようとした規範的価値とともに、人為ではない、という意味も含まれている。そのために、自然概念は、ある固有の時代・文化・伝統による拘束を強く受けている事柄こそを、その同じ拘束を受ける者にとっての「自然」にする、といった逆説的な状況を生む。つまり、「自然」は、批判力を宿す規範的価値であると同時に、現状肯定につながる諸刃の剣なのだ。そのことを見抜いたのは、自然法の伝統を否定し、夫婦は「法律上一人格」と規定されていた一九世紀当時のイギリスを「原始的奴隷制度の継続にすぎない」と批判したJ・S・ミルであった。ミルは以下のように、イギリスにおける女性の隷従状態を肯定する考え方を批判した。

第一に、自らの主張の根拠を自然に求めることは、知的な傲慢である。というのも、現状以外を知る術がないのだから、何が自然で何が環境によるものかは本来、判断不能だからだ。

第二に――こちらが重要である――、歴史がわたしたちに教えているのは、「支配権の所有者にとって自然的とみえない支配権など」存在しなかった、ということである[Mill 1980: 11/53]。社会における支配者は、自らにとって都合のよい環境作りのために制度・法律を利用し、被支配者たちの現状を作り出す。それにもかかわらず、支配者は、その現状は被支配者たちの自然(=本性)に起因すると説明してきた。たとえば、女性に良妻賢母を求める者たちが、それ以外の生きる術を女性たちから奪った後に、良妻賢母こそが女性の本性である、と論じるように。

なんらかの自然は、個々人それぞれに存在するかもしれない。しかし、身分制度を否定してきたはずの社会における法律や制度は、実体的な自然概念を根拠にしては成立し得ない。社会・文化的性差としてのジェンダーとは、自然の名の下に肯定され強化されてきたさまざまな差別・抑圧の歴史に抗するために生み出された概念であることをまず、わたしたちは忘れてはならない。

第2節　名誉から尊厳へ——近代法と立憲政治の根源的価値

ところで、政治哲学者のチャールズ・テイラーは、近代という時代の特徴として、自己の在り方が大きく変容したことに注目している[Taylor 1991]。かれによれば、近代的な自己は、〈ほんものという倫理〉を自らに課す。この倫理の原点にあるのは、ひとはすべて自らの内に道徳的能力を持っており、自らの力によって何が正しく、何が正しくないかを判断することができるという信念である[ibid.: 26/36]。

近代以前において、道徳的能力とは、自らを超えた神や善の理念《イデア》といった世界を統括する源泉に触れていることを意味していたのに対し、近代以降、内なる良心の声に耳を傾けることに、道徳的能力が宿ると考えられるようになる。

当時の貴族社会に対して、「社会で生きる人間は、つねにみずからの外で生きており、他人の評価によってしか生きることがない」と批判したルソーは[ルソー 2008: 188]、社会から与えられた役割によってではなく、つまり他者に依存せずに、自己に関する事柄を自分自身で決めることを自由とする、新しい自由観を提示する。この自由観は、道徳の分野においてはカントの自律的個人へ、また、パターナリズムを否定するミルの自由主義へと引き継がれていく[5]。

以上のような、すべての者に備わる道徳的能力という信念を起点として、自分自身に忠実であれ、つまり〈ほんものの自己〉であれ、という理想が近代において育成されていく。

> 人間らしくあるにもこのわたしなりのやり方がある。誰かを真似るのでなく、自分なりのやり方で自身の人生を送ることがこのわたしに求められている。このことはまた、「自分自身に忠実であれ」ということに新たな重要性を与える。すなわち、もしわたしが自分自身に忠実でなければ、わたしは自分の人生とは何であるかを見誤り、このわたしにとって人間らしくあるとはどういうことかを理解できなくなる[6]
> [Taylor 1991: 28-29/40. 強調は原文]。

〈自己の判断に従うこと〉、〈自己に忠実であること〉、といった近代の新しい理想は、それまでの階層社会において上層階級にのみ与えられてきた「名誉」という特権に代え、道徳的能力と自分らしく生きる可能性の源泉としての「尊厳」を、社会を構成するさいの根源的な価値とする。だからこそ、「尊厳」から必然的に生じる自由と自己責任、そして平等な承認に基づいた制度設計に向けて、近代社会は大きく転回することになる。

第3節　政治的平等と〈人間の尊厳〉

なぜ、わたしたちは自由な存在として、平等なのか

現行法の下で、わたしたちは自由で平等な個人であることを保障されている。しかし、そのことは、現実においてわたしたちの誰もが自由で、つねに自由意志を貫徹し得るということを意味していない。

事実として、わたしたちは自由でないし、意志は挫かれる。しかしながら、その意志は、掛け替えのないそのひとの尊厳の発露として、平等な価値があるものとして扱われなければならない。わたしたちの平等とは、その尊厳において平等であることを意味している。そして、ある意志の発露は、個人の自由の証であることを承認することによって、そのひとの尊厳は守られる。したがって、尊厳を基礎とする社会は、どうしたらわ

たしたちは幸福になれるのかを教えない。なぜならば、外からの幸福の強制は、わたしから尊厳を奪うからだ。そうではなく、尊厳を尊重するとは、すべてのひとは幸福に値する、幸福を追求し得ることを認め合うことである。(7)

基本的人権の尊重を基本理念とする日本国憲法は、わたしたちが大切に、そして時間をかけて作り上げてきた〈わたし〉という存在の核心、つまり〈わたし〉の尊厳が誰からも奪われることがないように、〈わたし〉の周りに防波堤を築くために存在する。法は、それぞれの〈わたし〉が、自らを表現でき、その個性を自らで抱き育み、自分自身の意志においてその生の在り方を決定し、だからこそ、自分の現在の生に対して責任をとることに喜びが感じられる、ということを誰からも侵害されないためにこそ存在するのだ。

人間の尊厳とは、そこにおいて諸個人の平等が確認され、自由であることを承認されるさいの源泉であると同時に、法の下で政治的に、不可侵であることを保障されなければならない、法の存在理由(＝目的)そのものでもある。

「尊厳」に基づく法の運用

わたしたち一人ひとりの尊厳を保障することが法の存在理由であることは、じっさいの法がどのようなものとして制定されているか、いかに社会のなかで機能しているかを考えてみればよい。法規範に照らしてひとの行為が判断されるときの基準は、法がわたしたちを尊厳ある存在として等しく扱い得るように定められている。①ひとの内面的価値・思想・良心ではなく、外的行為を規制するものであること、②個人的な基準ではなく、合理的に導かれた客観的な基準であること、③文脈に依存するのではなく、多くの同様の状況を扱いうる基準であること、④自由な裁量を許さず、最終的判断結果を提示しうる基準であること、⑤恣意的ではなく、公正であること、といった基準がそれである[Greenawalt 1992: 93]。

〈わたし〉が選択したある行為・結果について、そうした行為に至るまでの〈わたし〉の内実はどうであれ、客観的に認識できる行為が、〈わたし〉自身の選択の結果である行為なのだから、他のどの行為にも劣らない価値を宿した行為として尊重される。つまり、ある行為を、そのひとの尊厳がかけられたものである〈かのように〉扱うこと、それが、法に期待されている第一の機能である。そして、そのように法が機能することで社会正義が保たれるのであり、各人の尊厳を平等に尊重することが社会正義だとわたしたちは承認している。

ここで確認しておこう。日本国憲法の下で策定される法は、次のことを最低限保障しなければならない。すなわち、現実に存在するさまざまな違い――出自、社会的・文化的背景、貧富の差、諸個人の能力、身体的特徴、そして性差――にかかわらず、〈わたし〉が生きてきた間に養ったこの〈わたし〉性、現在の生き様、そして幾度も繰り返される諸々の選択は、〈わたし〉の尊厳の発露として、わたしの自由意志の表現として、他者の尊厳や価値を貶めない限りにおいて、〈政治的には〉他の誰にも劣らない価値あるものとして尊重されなければならない。現行のあらゆる法の下に宣言されている基本的な理念とは、このように理解される個人の尊厳の尊重なのである。

　法の下の平等とは、現実にはさまざまに異なるわたしたち一人ひとりの個性をまったく同じモノとして扱うことをいうのではない。そうではなく、理念としての、つまり、そのようなものとしてわたしたちが存在しているべきである、という政治的な考え方にそって尊重される、「自由な個人」としての存在の多様な在り方が、同じ価値をもつものとして平等に尊重されるのである。なぜなら、どのような生き方を選択したにせよ、それは、等しい価値をもつものとして尊重されるべき個人の尊厳の発露であるとみなされているからだ。実際にわたしたちが完全には自由でなくとも、〈あたかも〉自由であるかのように尊重されることで、異なるわたしたちの間の平等が〈政治的には〉確立されるのである。これが、わたしたちが生きている日本社会における――そして、多くの立憲主義をとる国家における――政治的約束事である。

第4節　ジェンダーの政治の必要性

ジェンダーとは何か

しかし、ではなぜ現在、基本法が必要なのか。このことを考えるために、ジョーン・スコットのジェンダー概念を参照しつつ、ジェンダーとは何かをまず定義しておこう。

スコットによれば、ジェンダーとは、ある社会に存在するさまざまな抑圧の一連の相互作用の刻印を帯びたものである。すなわち、ジェンダーは、性《セックス》、セクシュアリティ、階級、人種、生活スタイルや年齢といった、わたしたちを社会的に階層づける基本軸が、そこで交錯する軸である。スコットのジェンダー定義がここで重要なのは、ジェンダーは、社会階層を分けるさまざまな変数のひとつではなく、そうした諸々の変数が交錯する場である、という彼女の指摘のためである[Scott 1988: esp. chap. 2, chap. 8]。

じつは前節において論じてきた尊厳ある〈個〉が確立されるには、わたしたちは、他者によってケアされる、一方的な依存状態の時間を過ごさなければならない[8]。その間にわたしたちは、自分に何が期待されており、何をすることが可能で、何を望むことができるかといった、生きていくうえで必要な事柄を学び、真似ていく。そして、多くのひとは、私的な家族のなかで他者から〈わたし〉性を育まれていく。つまり、誰がわたしにとって、この重要な、最初の他者であるかは、選ぶことのできない偶然に任されている。つまり、自分が何者であるのかは、誰にわたしがケアされ、この〈わたし〉が確立されるかによって、決定的な影響を受けざるを得ないが、他方でわたしには、その他者に対する決定権がないのだ。

したがって、〈わたし〉は、自らを育んでくれたこの家族が社会的にどのような位置を占めているかによって、何を望むか、何者になりたいのか、といった潜在意識・欲望のレヴェルにおいて、ある程度規定されてしまっている。そのさい、〈女／男らしさ〉は、その家族の階級や人種、生活スタイルが交差する点として、〈わたし〉を作り上げる。わたしたちは、ひととしてある社会的地位を占める〈個〉になることが予想されながら育てられているのではなく、〈女／男として〉、その地位を占めることが予期されている。したがって、同じ家族に生まれようとも、〈わたし〉の欲望や知識は、〈女／男として〉、いかに社会で生き延びるか、という点を重視されながらすり込まれていく。そしていうまでもなく、各家族において提示される〈女／男として〉の生き方のモデルは、どのような社会的地位にある他者に育てられたかによって大きく異なるのだ。

スコットが、ジェンダーとは階級や人種、年齢や性が交錯する場であると定義するのは、以上のように、〈女／男らしさ〉、〈女／男として生きること〉が、つねにすでに、階級その他の社会的立場によって意味するところが大いに異なるからに他ならない。

そして、前節で論じてきた法は、〈女／男として〉育てられてきた、そのような存在としての幸福感をすり込まれてきた――もちろん、抵抗することもある――〈わたし〉の個性が育まれる経緯を考慮することができない。スコットが定義するように、ジェンダー、つまり〈女／男らしさ〉とは、さまざまな社会階層を隔てる変数がそこで交差するがゆえに、あらゆる差異化によって不平等にできている社会で生き抜いていかなければならない〈わたし〉を形作るさいの、かなりの比重を占める変数である。

基本法は何を実現しようとしているのか

そしてここに、前述した法の機能と、じっさいの〈わたし〉の在り方に大いなる齟齬が発生する。もし、わたしたちが、抵抗する機会があるにせよ、つねにすでにある特定の〈女／男らしさ〉をモデルとして形成されたのであれば、現在のわたしの生き様を、あたかもわたし個人の選択の結果として、自由な意志の下にあるものとして、法はなぜ尊重できるのだろうか。家庭環境によってほぼ決定されたにすぎない〈わたし〉の在り方に、わたしは責任などとりたくないと思うことを、あらかじめ封じるためなのか。現在とは異なる〈わたし〉となり得る可能性を、社会がまったく提供してこなかったことにわたしが憤らないためか。こんな〈わたし〉が構築されてしまったことに対して、社会的に責任をとってくれとわたしに主張させないためなのか。

基本法において宣言されていることは、〈女／男らしさ〉というジェンダー構造において否応なく構築される〈わたし〉の形成過程について、〈わたし〉が構成された後に振り返ってみて、それでもそれがわたしの在り方だったのだと責任がとれる社会環境を作っていこうということである。つまり、まずは、学校教育において、あるいは広く社会の在り方として、ある特定の〈女／男らしさ〉――〈女／男として生きていくこと〉とも言い換えてよいだろう――だけを特権視せず、当然のようだが、〈女／男らしさ〉というのは、階級・人種・社会的身分・出自等々によってひとそれぞれに異なり、しかも、〈わたし〉ひとりのなかにおいてさえ、その〈らしさ〉は修正可能であるし、広く選択に開かれていることを、各人が〈わたし〉の形成過程においてもしっかりと認識できるような社会を構想しようとしているのだ。

否応なくわたしたちの生は、最初にわたしたちを世話する者との偶然の関係によって、その多くが決められてしまう。だが、〈政治的には〉すべての者を平等に扱う社会である限り、他方でわたしたちは、個人の生を極力偶然には任せない社会、生まれの偶然性から離れ、自らの生に責任がとれる〈個〉が育まれることのできる社会の形成に向かって、尽力しなければならないのだ。

そして、基本法の理念は、吟味と修正可能性に開かれた環境のなかで〈わたし〉が育まれたのであれば、〈女／男らしさ〉の千差万別の――そうした二元論に拘らないという生き方も含めた――在り方は、尊厳あるひとりの個人として自らの生き様の一側面として尊重されなければならないし、社会的に辱められたり、貶められたりしてはならないと宣言している。そして、もしそうした理念が社会に浸透していけば、そもそも〈女／男として生きる〉術ではなく、いつかは、個としていかに生きるべきか、という問いにまず、わたしたちは応えようとするようになるはずだ。

〈わたし〉の構築過程において、さまざまな選択肢に開かれていない限り、そしてまた、〈わたし〉が生きていく社会がはっきりと、それぞれに身についた〈女／男らしさ〉の多様な在り様を同じ価値があるものとして尊重すると各人に告げることができない限り、各人の尊厳を尊重するために存在する法の前提が、そして社会そのものが根底から崩壊する。なぜならば、そうでない限り、誰も自らの生き様に対して責任を負うことなどできなくなるからだ。先述したことを繰り返せば、〈わたし〉が生きてきた間に養ったこの〈わたし〉性、現在の生き様、そして幾度も繰り返される諸々の選択は、〈わたし〉の尊厳の発露として、わたしの自由意志の表現として、他者の尊厳や価値を貶めない限りにおいて、〈政治的には〉尊重されなければならない、といった法の基本は、ある特定の〈女／男らしさ〉をもし社会が強要するのであれば、そもそも成立しない。

基本法にかけられているのは、近代以降、紆余曲折を経てようやく、一人ひとりの尊厳が守られる社会へと向かおうとしてきた立憲民主主義社会の理念の実現なのである。

自然を騙り、〈女／男らしさ〉を強要しようとする政治は、現在のわたしたちがそれを核として築き上げようとしている社会の根本原理、すなわちわたしたちの尊厳を奪うことに他ならない。

第六章　立憲主義再考

はじめに　ジェンダーフリー・バッシングが突き崩そうとするもの

前章で、男女共同参画社会基本法の施行を契機に始まったジェンダーフリー・バッシングにみられた「自然」への訴えが、立憲主義が拠って立つ自由観や平等観、そして立憲主義の目的そのものといってよい個人の尊厳を破壊する主張であることをみてきた。つまり、ジェンダーフリー・バッシングによって破壊されるものが、近代的な価値観、近代的なわたしたちの自由な生き方に密接に関わっていることを、批判的に検討した。

しかし、わたしはこれまで、現代における政治理論とフェミニズム理論を研究するなかで、近代的でリベラルな政治理論の前提となっている「個人／不可分なもの individual」という概念と、そこから導き出される権利概念に、他者との関係性・間主観性を重視し、世代間の相互依存関係をも視野に入れたフェミニズム理論の立場から批判的考察を加えてきた[岡野 2009a, 2012]。これまでの研究によって、現在暫定的にたどり着いたわたしの結論とは、以下のものである。少々簡略に過ぎるが、本書における理論的立場を明らかにしておくと同時に、本書における問題関心について誤解を避けるためにも、ここで改めて確認しておきたい。

近代リベラリズムにおける個人主義は、『リヴァイアサン』(1651)を著したトマス・ホッブズの政治哲学に典型的に表現されているように(1)、母の存在を公的領域＝政治の領域から「自然」の名の下に排除することで(2)、自らの依存状態を否認し(3)、あたかも自らを独立した自律的存在 independent and autonomous beings、すなわち「主体 subjects」として想定(妄想)する。他方で、他者については、自己同一性を脅かす異物とみなし(4)、他者に対する不安に取り憑かれているがゆえに、自由よりもむしろ安全保障を中心とする政治的共同体を構想せざるを得ない[ex. 岡野 2012: 第三部第二章]。したがって、より非暴力的な関係性を——ときに国境を挟んだ——他者と築こうとするのであれば、わたしたちすべての人間存在が、間主観的存在であり、かつ、非対照的な形で、他者——自らが気づかないような関係性をも結んでいる他者も含む——との依存関係にあることを前提とした社会構想に向かわなければならない。それは、ホッブズに始まりロールズ『正義論』にも影響を与えている社会構成原理としての契約論を乗り越えるような、社会の構成原理を新たに掲げることになろう(5)。そのさい、近代政治思想史においては、自然で私的な存在として規定され続けてきた家族について、再度歴史的に家族が果たしてきた機能を批判的に振り返りつつ、規範的な考察をすることに現代的な意義があるはずである[ex. ibid.: 第二部]。

以上がわたしのこれまでの研究テーマであった。本章では以下、こうした問題意識をもちながらも、二一世紀が始まると同時に顕著になったジェンダーフリー・バッシングと自由民主党を中心とした憲法破壊論議を、近代立憲主義の原則を基礎としながら批判的に検討してみたい。というのも、現在の日本社会に進行しつつある憲法破壊問題を考えるためには、近代的な個人と国家(権力)のあるべき関係を規定している、立憲主義について原理的な考察を加えることを避けることはできないからである。

ここでは、立党五〇周年を前に、第一次小泉内閣(二〇〇二年四月〜二〇〇三年一一月)によって作られた自由民主党憲法調査会憲法改正プロジェクトチーム(以下、PTと表記)によって提起された憲法論議のなかでも、とくに第二四条の「改正」をめぐる議論に焦点をあてつつ、日本における政治の反動性、近代的な国家の原則――わたしは批判的であるが、あくまで近代個人主義・リベラリズムの原理の到達点を評価しつつ、なお見過ごされてきた問題を追及している――さえ理解しようとしない、国家(権力)至上主義を批判することを第一の目的としたい。しかしながら、他方で上述した問題意識から、近代的な立憲主義は、反動を惹起するようなある困難を抱えていることも指摘する。

二〇一二年にその前文において「天皇を戴く国家」と宣言する憲法草案を公表した自民党であるが、その草案は野党時代に作成されたこともあり、いかなる経緯を経て、誰がどのような思想的背景から作成したのかが、わたしたちには分かりにくい。しかし、第一次および第二次(二〇〇三年一一月～二〇〇五年九月)小泉内閣下において活動したPTの議論から、わたしたちは、現在の憲法破壊がどのような思想的背景から生まれてきたのかを、より鮮明に理解することができるだろう。

以下、本章を次のように論じていく。第1節では、前章に引き続き、もう少し具体的にジェンダーフリー・バッシングが何を攻撃しようとしていたのかを確認し、これまでの批判的考察を踏まえ[ex. 中里見 2005a, 2005b; 植野 2005a, 2005b]、ジェンダーフリー・バッシングと密接に連動している自民党内における憲法破壊論議――PTの議論を経て[6]、現在示された草案はもはや「憲法 Constitution」の名に値しないものであることは、第七章で論じる――にみられる四つの特徴を明示する。第2節では、第1節を受けて、近代立憲主義の意義――日本社会において、再度市民レヴェルで確認されなければいけない立憲民主主義の大原則――を前章に引き続き考察する。第3節ではしかし、上述したフェミニズムの議論から、近代立憲主義の原則には、ある困難が孕まれていることをフェミニズムの視点から指摘するとともに、その困難を乗り越える可能性が第二四条に存在することを提示し、現代的な立憲主義をいかに確立するかが、いま問われているのだと結論づけたい。

第1節　現代日本における政治的意志
――近代立憲主義への挑戦・無理解

すでに触れたように、日本でようやく男女共同参画社会基本法(以下、基本法と表記)が制定されるのは一九九九年である。法の下の男女平等を宣言した現行憲法が施行された一九四七年から半世紀を経てなお、こうした基本法が制定されたのは、次のことが認識されたからである。「日本国憲法に個人の尊重と法の下の平等がうたわれ、男女平等の実現に向けた様々な取組が、国際社会における取組とも連動しつつ、着実に進められてきたが、なお一層の努力が必要とされている」[基本法前文]。

ところが、基本法が制定された後、日本ではジェンダーフリーをめぐる激しい批判が起こり[cf. 木村(編) 2005]、それどころか、ジェンダーという用語をめぐっても使用禁止を迫る政治的見解さえ聞かれるようになった。

たとえば、二〇〇五年九月に徳島県で男女共同参画社会条例採択にあたっての県議会決議が採択されると、千葉県などその他の地方議会において同趣旨の決議が提起されるようになる。また、二〇〇七年一二月には愛媛県松山市議会において、「松山市男女共同参画推進条例の運営の基本方針を明確化することを求めることについて」という市民からの請願書が、同市議会の本会議で賛成多数をもって採択された。採択された請願書にあげられている男女共同参画推進条例の運営の在り方に関する一一項目は、「日本の伝統と文化を尊重すること」、「身体及び精神における男女の特性の違いに配慮すること」、「家族と家庭を重視すること」、「専業主婦の社会的貢献を評価し、支援すること」、「松山市はジェンダー学あるいは女性学の学習あるいは研究を奨励しないこと」などである。(7) こうした、市民の運動体によって提出される請願運動に対して、少なくない地方自治体では、基本法前文において宣言されている現行憲法との関係について議論されることなく、おそらく個々の議員たちのジェンダー概念(無)理解と「伝統と文化」観に忠実な形で、政治的な正統性を与えてしまっている。市民たちの政治的な行動に対して、市民の代表たる議員一人ひとりの良心(と利害関係)に基づいた応答が、ジェンダー概念そのものの否定へと結びついていることは、不幸な形であれ、現在の日本社会における民主主義の帰結のひとつである。

しかし、こうした草の根〈民主主義〉に孕まれた問題と、自民党結党以来の使命である「憲法改正」をめぐる議論を結びつけてみるとき、現代の日本社会が抱える問題、あるいは戦後民主主義の根幹そのものにかかわる深刻な事態が明らかになる。

戦後ほぼ一貫して政権与党であり続けた自民党は、教育基本法の「改正」――第一次安倍政権時の二〇〇六年一二月にその悲願は叶った――と現行憲法「改正」を使命として結党された党である。[8] そして、結党五〇周年に新憲法草案をまとめることを目的に、小泉純一郎首相の下でPTを結成した。ここでは、PTを通じた自民党議員の発言のなかでも、二〇〇四年三月一一日、PT第九回会合で論じられた「国民の権利及び義務について」と、同年六月一〇日にまとめられた「論点整理」の要点から、とくにジェンダーにかかわると思われる〈改正〉理由として、以下の四点を抽出しておく。[9]

第一に、個人主義が利己主義を助長し、「公共」や「公共の福祉」を破壊しているので、家族や「共同体」を重視する憲法にするべきである。第二に、性別役割観が揺らいでいるので、女性が家庭を守る気持ちがさらにいっそう尊重されるべきである。第三に、個人の「尊厳」を支える「社会」が喪失したので、「国柄」など愛国心を強調するべきである。最後に、かつての神道による情操教育や道徳教育が否定されたので、再度、国民に「幸福」とは何かを示す必要がある。

こうした、立党五〇周年、そして戦後六〇年を迎えようとするなかで立ち上げられた、自民党のPTの現状認識とそれへの対案から、日本の支配的な政治的代表者たちが次のような考えをもっていることが分かる。すなわち、第一に、家族・共同体・国家が同心円状におかれ、国家にすべて取り込まれている、ということ。[10] 第二に、諸個人の権利の尊重は利己主義なのだと歪曲され、諸個人の権利「対」責任・義務・公共の福祉といった、諸個人の権利と公共性を対立させる認識枠組みをもっていること。第三に、近代的な「尊厳」に対する無理解、あるいはそもそもの否定・否認。最後にこうした三つの特徴を貫くのが、国家絶対主義、換言すれば国家によってあらゆる領域――個人の内面さえを含んだ――を独占しようとする強い政治的意志である。

現行憲法が成立した経緯、すなわち天皇制を機軸とする家族国家・軍国主義・欽定憲法という明治以来の日本政府の来し方を反省し、何が批判・否定され、なぜ現行の民主憲法を国家の基本法とするようになったのか、といった経緯などなかったかのような、PTにおける「率直な」議員の発言には驚かされるばかりである。しかしながら、このような日本で生活し続けている市民としてわたしたちは、この国の国民はその政治意志を反映させるために、自民党の党是に忠実な代表者を戦後ほぼ一貫して立法機関に送り続けているのだ、という事態を率直に認めることから始めなければならない。

だが本章では、戦後日本における立憲民主主義が、いかに根腐れを起こしているかを論じることはしない(11)。むしろ本章で注目したいのは、日本の国民を代表する政治家たちの、近代立憲主義に対する無理解、あるいはむしろ、意識的なその原理原則に対する挑戦についてであり、それに対して、国家主義的な権力者たちの権力介入に対する防波堤として、憲法が存在しているのだという、憲法学にとっての「常識」を再確認することである。

第2節　近代立憲主義における「公共性」と「個人の尊厳」

第2節では、第1節において簡単にではあるが示した、日本政治の中枢に抜きがたく埋め込まれている政治的意志・意識に対して、わたしたちが現在ぜひとも確認しておかなければならない、近代における立憲主義の意義について、第五章とは異なる視点から考えてみたい。結論を先取りする形で述べておくならば、本章では、近代立憲主義の存在意義を、「公共性」と「個人の尊厳」という出自の異なる重要な政治的観念を近代的な形で統合しえた、人類の稀有な知恵として捉えてみたい[12]。

近代立憲主義とは、一定の領土内における最終的な意志決定の在り処を規定した主権論が洗練されてくるとともに、中世以来の法治主義を継承しつつ、個人の発見を踏まえて、主権の絶対性を法の下に拘束するという意図をもって誕生する。そして、その拘束はふたつの意味において理解されうる。第一に、暴力的な強制力を伴う政治権力を、あらゆる諸個人の権利、すなわち「公共性」の名において制限すること。第二に、政治権力の及ぶ範囲に対して境界線を設定する、という意味での拘束である。

まずここでは、この第二の拘束こそがリベラリズムの政治技法だと理解したい。たとえば、『正義の領分』において[Walzer 1983]、社会を構成するさまざまな領域ごとに通用する価値は、リベラルな社会においては異なっているという多元主義を前提に、各領域の境界を越えて、ひとつの価値があらゆる領域を支配することこそを不正義とみなしたウォルツァーは、アメリカのリベラリズムの源流について論じた論考のなかで、次のようにリベラリズムを定義している。

こうした〔リベラリズム以前の――引用者補〕世界に対して、リベラルな理論家たちは、分離の技法を説き、そして実践した。かれらは、線を引き、異なる諸領域の区画を作り、今なおわたしたちに馴染み深い政治社会の地図を創造した。最も有名な境界は、教会と国家の「壁」であるが、他にも多くの境界がある。リベラリズムとは、数々の壁からなるひとつの世界であり、それぞれの壁が、新しい自由を作り出すのだ[Walzer 1984: 315]。(13)

リベラリズムの政治技法としての近代立憲主義という位置づけについては、たとえば、日本において近代立憲主義の源流としてしばしば言及されるロックが著した『寛容に関する書簡』の次の一節をみることによっても確認できるだろう。「私はなによりも政治の問題と宗教の問題とを区別し、その両者の間に、正しい境界線を設けることが必要であると思うのです」[ロック 1980: 353. 強調は引用者]。すなわち、諸個人の自由の尊重を政治社会の存在理由としながらなお、強制力を伴う権力による統治を可能とするには、その政治社会における権力の及ぶ範囲について、正しい境界線からなる区画整備をしておくことこそ、リベラルな政治に求められているのである。

近代立憲主義をリベラリズムの政治技法として捉えるならば、その精神の下に起草された憲法に書き込まれる「公共」「公共圏」にもまた、第1節でみた日本における改憲論議のなかで訴えられる「公共」とは異なる意味合いが含まれているはずである。ここでもまた、ロックに遡り、彼が『統治論』のなかで、どのような意図で「公共」に訴えるのかを確認しておきたい。

> 立法権は、つぎのようなさまざまの異なった人々の手中に委ねられる。すなわち彼らは、適宜、集会を開き、彼らだけで、あるいは他の人々と共同で法をつくる権力をもつが、法をつくってしまえばふたたび解散し、自分たち自身も自分たちがつくった法に服従することになる。このような在り方は、彼らが公共の福祉 *the public good* のために法をつくることを心がけるように、彼らに課せられた新しくて近しい絆 *a new and near tie upon them* なのである[ibid.: 284. 強調は引用者]。

ロックによれば、「公共」は、立法権を担う者たちに課せられる制限として現れ[14]、しかも、ここにいう「公共の福祉」は、そもそも政治社会が設立された目的そのもの、つまり各個人に備わる「社会的利益」である「生命、自由、健康、身体の安全、さらに貨幣や土地や住宅や家具などのような外的事物の所有のこと」を意味する[ibid.: 354]。

　立法権を担う者たちを拘束する防波堤としての「公共」という考え方は、ハーバーマスの『公共性の構造転換』(一九六二年)を一読するならば、人類の歴史のなかで培われた概念であることが明らかになるだろう。近代立憲主義における「公共」は、一八世紀に西欧で勃興した市民社会において「私的自律」を手にし始めた市民層たちによって、それまで内務行政 police を独占していた国家権力に対抗・抵抗しようと形成された。したがって、ハーバーマスが公共圏の源流を、「文芸的公共性」にみていることは重要である。なぜならば、国家＝公共圏といった浅薄な理解に対し、歴史に根づいた近代的な公共性は、政治的実権をもたない市民たちが権力者階級からの介入を受けない領域において、すなわち「〈人間〉としての〈純粋な〉あり方を演劇や文学を素材に、個人的に、また新聞・雑誌などのメディアを通じて討論し始めた」ところに[三島 2008: 93. 強調は引用者]、その根をもっていることを明らかにしているからである。

　ここからは、ロックの議論にそって、「公共の福祉のために法をつくる」ためには、立法を託された者たちは、ふたたび解散し自らその法に従わなければならないこと、それこそが、「新しくて近しい絆」と呼ばれていることにもう少しこだわってみたい。そうすることで、ロック流の立憲主義と、諸個人に備わった所有権を権力者（と他者）の恣意的介入から守ることとの深奥に息づいている、近代立憲主義の原理としての「個人の尊厳」との強い結びつきをみてとることができるはずだからだ。

すでに第五章でみてきたように、近代以前における社会の基本的価値は、既存の社会的役割を果たすことによって他者から与えられる「名誉 honor」であり、そこにおいて各人に認められ得る道徳的能力とは、自己を超えた全体を統治する存在に与する能力であった［Taylor 1991］。しかしながら、後述するが、カントに影響を与えたルソーが他者と自己とを比較するなかで、他者よりいっそう多くをもとうとする人間存在の在り方を痛烈に批判したように、文芸を通じて「〈人間〉としての〈純粋な〉あり方」を探求し始めた近代的個人は、むしろ、自らの価値を〈わたし〉に忠実であること、内なる良心の声に見出すようになる。

すなわち、近代的な自己の在り方とは、テイラーの言葉を借りれば〈ほんものという倫理〉を自らに課すのであり、そこにこそ、個人の尊厳が宿ると考えられるようになる。

たとえば、理性の公的使用とは、社会によって期待されている既存の役割に応えることではなく、むしろ、世界市民である一個人として、全公衆 Publikum を前に自らの意見を述べることであるとするカントは［カント 2000: 25–28］、公共体を形成する不可欠な条件である目的を、「公的な強制法のもとでの人間の権利」と論じる［ibid.: 186. 強調は原文」。そして、「公共体を創設するための原理」として、第一に「人間としての自由」を挙げ、その自由を次のように説明している。

> いかなる人といえども、私に対して強制的に(その人が他の人の幸福をどのようなものと考えるかという)その人のやり方で幸福にすることなどできない。各人は、自分がよいと思うやり方で幸福を追求してよい。ただ、自分と同じような目的を追求する他の人の自由が可能的な普遍的法則に従ってすべての人の自由と両立しうるときには、そうした他人の自由(目的を追求する権利)を侵害しさえしなければよいのである[15]
> [ibid.: 187. 強調は引用者]。

ホッブズの社会契約論を批判しながら、自らも社会契約論を唱えるカントとともに、再度ロックの言葉を考えてみよう。ロックが立法者たちに解散を命じ、そのうえで自らが作った法に従えと論じるのは、立法者たちが既存の社会的役割に伴う自らの利益を優先するような法を作成するのを禁じるためである。そのためには、古い絆はまず断ち切られなければならない。ひとはまず、社会における中間的紐帯を断ち切られ、個人へと還元されなければならないのだ。そして、ここにカントの社会契約論を挿入してみるならば、古い絆を断ち切る原理とは、人間としての自由を尊重すること、すなわち、ひとであるからには、すべてのひとが「幸福に値する」ことを尊重することである。そして、その原理によって、新しい絆が結ばれ、公共体が出来するのである。そして、すべてのひとが幸福に値する無限の priceless 価値をもつこと――それに対してホッブズは、ひとの価値とは相対的な価格 price であると論じた――、これこそが近代の個人主義、そして立憲主義を支える「尊厳」である。

したがって、いかに善良な支配であっても、諸個人にとって何が幸福なのかを諭そうとする支配は、「考えられるかぎりもっとも強力な専制政治(臣民のすべての自由を破棄し、その結果臣民はいっさいの権利をもたないことになる体制)である[16]」[ibid.: 188. 強調は原文]。

そしてまた、カントやロックの時代に、「尊厳」を原理とする人類の新しい絆を基に誕生する公共体から排除された女性たちもまた、女性に対するパターナリスティックな男性支配こそが、彼女たちを公的存在とみなさない差別の根源であることを見抜いていたのである。

> 立法者として、是非次のことを考えて下さい。男性は、自分の自由を求め、そしてまた自分自身の幸福に関しては自分で判断することが許されるべきだと主張しますが、その時に、女性を服従させるということは、たとえそれが女性の幸福を増すのに最も良く工夫された方法だとあなたが堅く信じていようとも、筋が通らないし、

かつ不正ではないでしょうか[Wollstonecraft 1995: 69/17. 強調は引用者]。

わたしたちは、個人の尊厳を近代立憲主義の原理と捉えることで、そこにおける個人主義は、けっして公共性を切り崩すものではなく、むしろ近代の公共圏における「新しくて近しい絆」として作用しうることが分かる[17]。尊厳とは、コーネルがいうように、個人主義的でありながら、かつ普遍的な理念として、わたしたちを人類の絆に結びつけているのだ。

尊厳とは逆説的な言葉である。他者の尊厳に注意を向けるとき、わたしたちは、そのひとの掛け替えのない唯一性のためにそうしている。だがしかし、一人ひとりの他者に与えられているその唯一の価値によって、一人ひとりの他者は人類すべてがもつ無限の価値を担っているかのように思えるのだ[Cornell 2002: 93/162]。

こうしていまや、第1節にみた日本における政治的意志が何を目論んでいるのかが、はっきりするのではないだろうか。つまり、憲法破壊と連動したジェンダーフリー・バッシングが、ある特定の家族制度と、いわゆる「お上意識」に結びついた特殊な「公共性」を国民に強制することで為そうとしていることは[18]、近代において政治社会を構成するさいの最も根源にある価値のひとつ、すなわち「個人の尊厳」をわたしたちから奪うことなのである。そして、そうした政治的強制は、日本国民を人類の絆からも切り離すことへとつながっていくに違いない(19)。

第3節　法の下の平等と「家族」

——フェミニズムが提起する近代の困難

では、現在のわたしたちに求められていることは、前節でみた近代立憲主義の原則をしっかりと、一人ひとりの市民に根づかせることなのだろうか。二〇一五年現在では、日本社会にも立憲主義に対する理解が市民のあいだに浸透したことは、たしかだ。しかしながら、全国紙の憲法施行六〇周年特集において、現二四条を批判して次のように論じられるのを読むならば、憲法に対するかつてのわたしたちの理解度がけっして高くはなかったことが明らかとなる。

「婚姻は、両性の合意のみに基づいて成立し」という二四条には特に不信感を持っている。長じて憲法に関心を持ったとき、「『のみ』とは何だ。親を無視してもいいのか」と疑問に思った。昨今の親殺し、子殺しの風潮は、この条文に遠因があると思う[上坂 2007]。

わたしたち一人ひとりの市民が、憲法がそもそも誰を名宛人としているか、といった憲法の基本知識を広く共有することは、今なお急務の課題である。しかし、曲がりなりにも七〇年近く維持され、その下に民主政治が行われてきた現行憲法を、第2節で論じた近代立憲主義の枠内に留めておいたからこそ、現在、ジェンダーや「家族」が政治的な争点となっているのではないだろうか。つまり、家族がいかなる政治的意義をもつかについて、真剣に論じてこなかったからこそ、政治家の権力観を投影した家族論が横行しているのではないだろうか。たしかに、そもそも前節で論じたロックやカントは、女性が公的な存在となりうるとは想像すらしていなかったのだ。

古い絆を断たれ、尊厳という価値において平等だとみなされる市民が集う公的空間に対して、むしろ家族は、各構成員の属性により、そこで果たすべき役割が決定された領域とされ、「自然」というイデオロギーによって、家庭内の男女の支配服従関係は正当化されてきた。

たとえば若尾典子によれば、ワイマール憲法の下では、公共圏における価値基準が私的領域にまで及ばないよう、「両性の平等は、あくまで公権力と個人の関係において、それも「原則として」認められ」ていたにすぎない[若尾 2004: 253]。しかし、女性たちの公共圏参入を認めることは、古い絆を残したままの家族における性秩序に影響を与えずにはいられない。なぜならば、高等教育や政治参加によって、女性たちもまた、「自分自身の幸福に関しては自分で判断すること」を身につけ、そして、「自分なりのやり方で自身の人生を送ること」こそが、自らの尊厳の発露と考えるようになるはずだからだ。法制度上、個人間の関係は、憲法以外の法領域に属する問題であると確定したとしても、女性もまた公的存在として、自由に生きることが男性と平等に認められた現在、女性が公共圏から排除されることによって保たれていた性秩序もまた、変化を被るはずである。したがって若尾は、続けて次のように論じている。

> 公共圏における両性の平等が、家族圏の性秩序に影響を及ぼすことは避けられない。公共圏からの女性の排除は、家族圏の性秩序を法的に確定してきたからである。参政権・高等教育からの女性の排除・差別は、家族法が、自然な関係として両性の不平等を家族関係として確定することを支えるものであった。この支えが否定されたとき、性的特質・性別役割論というイデオロギー・社会意識だけに依拠して、近代家族像は維持できるのか。そこで憲法は、国家の基礎として家族を重視することを宣言した。家族関係への公的介入の必要性が、確認されたのである[ibid.: 253. 強調は引用者]。

若尾に従うならば、文字通りすべてのひとの尊厳の保障を貫こうとすれば、性別役割や自然の名の下に女性を産む性へと限定することによって秩序づけられている近代家族「制度」は維持し得ない。なぜならば、そもそも近代立憲主義において想定された新たな男性たちの絆は、自らがケアしてもらうことで依存している存在（＝母・女）の尊厳を否定することで彼女たちへの依存を否認したうえで、自分たちの絆のなかでのみ通用する「自律」を仮想することによって保たれていたからである。こうして、家族圏は、男たちの絆に「女性の「乱入」による政治秩序の混乱を阻止し、より競争が激しくなる公共圏を支える安全弁として、重要な公共圏の関心事となった」のである[ibid.: 254]。[20]

若尾の議論によれば、現代日本における政治的争点とは、近代立憲主義の前提である公私二元論に孕まれた困難をいかに克服するかをめぐるものである。自立した自律的個人を前提に、社会が構想されるとすれば、自律的でもなく自立からは程遠い他者のケアを必要とする多くの人びとの権利をいかに保障するのか。現行憲法を破壊しようとする者たちは、近代的な男たちの絆を維持しつつ、近代家族イデオロギーを憲法に書き込み、そうした人びとの権利保障を各家族の自助に切り詰めることで、この困難を乗り切ろうとする。しかし、それはすでに確認したように、個人の尊厳を根こそぎにする道を進むことに他ならない。

では、いかにしてわたしたちは、そのような勢力に対抗しつつもなお、近代立憲主義が直面する困難を乗り越えていけるのであろうか。これが、フェミニズム理論が現在格闘している問いであり、また、近代立憲主義を超えて、現代の憲法論が応えようとしている課題のひとつである。

そして、ジェンダーの視点から現行憲法第二四条第二項に着目してみると、現行憲法にこのような問いに応える可能性が存在していることが分かってくる。

憲法学の立場から、近代立憲主義における自立概念を、「自立自助、自己決定＝自己責任型の「古い自立」」と捉え、社会福祉領域の知見を組み込みつつ、「新しい自立」観念を提唱する笹沼弘志は、日本国憲法は、近代立憲主義のように自立し自律的な個人が存在していることを前提として社会を構想するのではなく、むしろ、社会はいかなるひとであれ、自立し自律した個人となる「権利」をもつことを宣言するものだと論じている[笹沼 2008: 57–59. 強調は引用者]。そのさい、かれが着目するのが、「二四条に刻み込まれた個人の尊厳」である[ibid.: 59]。

笹沼は、法とは政治権力を拘束するものである、という立憲主義の大原則を手放すことなく、「権力の恣意的行使を禁止し、義務を履行させるための規範論」こそを、現代において展開するべきだと提唱する[ibid.: 147–148]。まず、貫かれるべきことは、「人権とは国家の目的であり、存在根拠である。国家は手段なのだ」という近代憲法の理念であり[ibid.: 149]、その理念を貫くならば、第二四条における個人の尊厳とは、「男性に依存せざるをえない女性の現実をふまえ、あえて「男性の支配」を否定し、依存している女性の自由、男性への抵抗の権利を保障したものである」[ibid.: 59. 強調は引用者]。

近代の政治思想史において依存が否認され続けたのは、依存することは他者への従属につながり、依存することと引き換えに、その他者に自らの自由を譲り渡してしまうことになると考えられたからである(21)。だからこそ、近代のリベラリストたちは、依存する者を不自由な存在、カントの言葉を使えば「受動的成員」として、公的領域から排除した。しかし、笹沼の議論にしたがえば、「尊厳」は近代的な公私二元論の境界を越え、とりわけ憲法の領域以外の法領域として捉えられてきた最も親密な個人間の関係にこそ貫かれる原理として、現代的な意味が付与されることになる。

したがって、第二四条の下での家族への関心は、ワイマール憲法下での「公的介入」を正当化するものではなく、むしろそれとはまったく逆の意味、すなわち、権力に対する抵抗の原理として作用するのである。すなわち、何らかの意味で他者に依存せざるを得ない人びとが、具体的にその生を育みあう「家族」において、その依存関係ゆえに従属を余儀なくされることを許さない、そこに生じる権力に対して自由でいられる権利を、人権を尊重するための手段にすぎない国家が保障することが、第二四条における「尊厳」の意味なのである。

笹沼の議論からわたしたちは、憲法破壊論者とジェンダーフリー・バッシングを担う者たちが第二四条改悪を唱えることに孕まれる危険を看取することができるであろう。それは、健康で文化的な生存権をすべての国民に認める第二五条に象徴される、すべての個人に自律する「権利」があることを保障しようとする国家から、社会を構成する多くの人びとを搾取することによって、物理的には自立している者たちの絆だけを維持しようとする国家へと導こうとする動きなのである。

小括――ケアされ・ケアする関係からの抵抗

本章では、二〇〇五年当時のジェンダーフリー・バッシングと憲法破壊が、いかに近代立憲主義の存在理由ともいうべき「個人の尊厳」を軽視し、カントが厳しく批判したような「考えられるかぎりもっとも強力な専制政治(臣民のすべての自由を破棄し、その結果臣民はいっさいの権利をもたないことになる体制)」に突き進もうとしているかを明らかにしてきた。そして、今なお何度も確認されるべきことは、笹沼が論じるように、「人権とは国家の目的であり、存在根拠である。国家は手段なのだ」という、近代主権国家が登場した後、人類がようやくたどり着いた叡知である。

だが、第3節において触れたように、そうした叡知を実現するために採用されたリベラリズムの政治技法には、男性中心主義を疑うことがなかった時代の制約が存在しており、だからこそ、自由で平等な諸個人が自由意志において取り結ぶ契約という原理に基づいて公共圏が存続するという前提の陰で、そうした公的存在を支える近代家族の在り方が政治的争点とならざるをえない。

たしかに、ジェンダーフリー・バッシングや憲法破壊論議にみられる生物学的本質主義を、時代錯誤の反動と一蹴することはたやすい。しかしながら、「家族と家庭を重視すること」、「専業主婦の社会的貢献を評価し支援すること」といった意見を、権力者が国民に向けて強制する政治的意志ではなく、笹沼が指摘するように権力に対する抵抗原理として捉えることもまた、可能なはずだ[cf. 岡野 2012: 第二部第三章]。

フェミニズム理論から、ジェンダーフリー・バッシングと憲法破壊をめざす論議を捉え返すならば、そうした論議に対抗するためには、より深いところで、自律的な個人であることを前提としてきた政治理論や法理論を、「主体」といった根本概念から見直し、わたしたちがさまざまな世代を通じて育まれ、ケアされ・ケアしつつ他者に取り囲まれて生を送っているといった具体的な諸個人を前提に、近代立憲主義の叡知を練り直す必要性があるといえよう。

第七章　歴史を冒瀆する憲法「改正」論

はじめに　歴史への冒瀆

第二次安倍内閣組閣後、初めて迎えた二〇一三年八月一五日の全国戦没者追悼式における式辞で安倍晋三首相は、次のように述べている。

いとしい我が子や妻を思い、残していく父、母に幸多かれ、ふるさとの山河よ、緑なせと念じつつ、貴い命を捧げられた、あなた方の犠牲の上に、いま、私たちが享受する平和と、繁栄があります。そのことを、片時たりとも忘れません。(1)

当時、国内外のメディアでは、この〈内向き〉の式辞は批判され、また中国、韓国においては「失望と反発の声が広がった」と伝えられていた。一九九三年の細川護熙元首相や九五年の村山富市元首相以降二〇年にわたって築き上げられてきたアジア諸国への加害責任について、安倍首相はいっさい言及しなかったからだ。第一次安倍政権で国民投票法を成立させ、ある意味で下準備をしていたともいえる憲法「改正」問題は、二〇一二年一二月の総選挙での自由民主党の勝利、そして一三年七月の参院選、一四年一二月の唐突とも思える衆院解散総選挙の結果、俄然現実味を帯びてきていた。さらに、憲法学・政治学研究者をはじめ、多くの市民たちにその姑息な方法を批判されたにもかかわらず、二〇一五年九月一九日、憲法解釈の変更によって集団的自衛権の限定的行使を容認する閣議決定に基づく法律を強行採決した。

安倍首相は当初、憲法「改正」を急ぐあまり、まず改憲手続きを決めた憲法第九六条の要件を緩和しようとし、多くの批判を浴び世論の支持を失ったかと思うと、今度は憲法第九条のこれまでの政府解釈を強引に捻じ曲げ、第九条の解釈次第では「集団的自衛権」は国際法上認められているという、かねてよりの持論を展開し始めたのだ。安倍は自民党幹事長時代の二〇〇四年にすでに、衆議院予算委員会において次のように質問をしている。

　国際法上は持っているけれども、憲法上それは行使できないということを言っているわけでございます。そこで、どうしても聞いてみたくなるのは、国際法上権利を有しているのであれば、我が国は国際法上それを行使することができるのかどうか。

憲法上行使できないということは言っているけれども、では、憲法上その権利を有しているのかどうか[豊下 2007: 13]。

政治学者の豊下楢彦が厳しく批判しているように、のちに自著『美しい国へ』(二〇〇六年)のなかでも展開する、〈権利があっても行使ができないというのは「禁治産者」に似ている〉という安倍首相の考えは、法律論をまったく理解しない「俗論」であり、また、一九七二年以来継承されてきた政府見解をまったく無視した考えである[ibid.: 10–14]。

憲法第九条についての政府の公式見解によれば、個別的自衛権は認められる一方で、しかしながら、個別的自衛権でさえ、そもそも「平和主義をその基本原則とする憲法が、右にいう自衛のための措置を無制限に認めているとは解されない」として、強い制約を帯びている。そして、そのうえで、「武力行使を行うことが許されるのは、わが国に対する急迫、不正の侵害に対処する場合に限られるのであって、したがって、他国に加えられた武力攻撃を阻止することをその内容とするいかなる集団的自衛権の行使は、憲法上許されない」というのが、これまでの政府解釈であった[ibid.: 6]。

安倍首相の憲法「改正」への強い意志、集団的自衛権の行使を可能にしたいという強い欲求、そして二〇一三年八月一五日の追悼式における式辞から浮かび上がるのは、暴力装置たる国家の武力行使に伴う被害のリアリティに対する鈍感さとそれに対する想像力のなさ、そして国際社会のなかで歴史的に築き上げられてきた人類の知の蓄積といってよいものに対する、限りない蔑視である。

本書ですでにみてきたように、安倍に代表されるような自民党の憲法「改正」論者たちは、現行憲法の精神である、国民主権、基本的人権の尊重、そして平和主義という三つの原則そのものを踏みにじる「新憲法」――いうまでもなく、それは「天皇を戴く国家」を前文とする自民党の日本国憲法「改正」草案（以下、自民党草案と表記）である――の制定を目指すものであり、もっといえば、憲法という名にも値しない、暴力国家中心主義的な新しい国家を建設しようとしている。

そこで本章では、まず第1節で、自民党草案の提起は、なぜ憲法「改正」ではなく、暴力国家中心主義的な新しい国家建設への欲望の表れだとわたしが考えているのかについて、国民国家が誕生した背景を考えることで明らかにしたい。

第2節では、冒頭に引用した式辞にみられる安倍首相の国家観について考えてみたい。それは、国家暴力の被害者たちを「犠牲者」として祀り上げることで、その暴力の加害性を隠蔽し、また、国家暴力の被害者の家族を人質にとるようにして、国家暴力の直接の被害者とはならなかった現在の国民もまた、国家のために「死んだ」者たちのおかげで生存しているという論理を構築している。そして、結論を先取りしていうならば、その論理は、多様な生き方に開かれた個人を抹殺し、国家のために奉仕する「家族」に属する者を国民として理想化するような、およそ二一世紀の国際社会に通用するとは思えない国家観であることを明らかにしてみたい。

ところで、本論に入る前に一点、安倍にみられる暴力国家中心主義は、これまでの自民党の自主憲法路線とは異なる新しい局面をも示していることを強調しておきたい。それは、先に言及した豊下ほか、多くの論者によってすでに指摘されているように、自民党草案、とりわけ、第九条第二項を削除することによって目指されている、「集団的自衛権を行使するという課題は、米国にとっては、日本を名実ともにその軍事戦略の枠内に組み入れるための不可欠の課題」だということである[ibid.: 108]。つまり、「自主憲法」という名の下に、安倍は、対米追従の、米国の軍事戦略において米国の利害に適う、米国に都合のよい日本国を妄想している、という点である。

たしかに、第六章で確認したように、自民党とは一九五五年の結党以来、自主憲法をもつことと教育基本法を改正することを使命としてきた党である(2)。しかしながら豊下によれば、この「党の使命」をより強く感じていたはずの結党当時に共有されていたのは、「占領軍は憲法や教育基本法だけではなく、安保条約それ自体をも日本に「押しつけた」」という認識」である[ibid.: 54]。したがって、朝鮮戦争の記憶もいまだ生々しい一九六〇年、米国の戦争に巻き込まれるのでは、という懸念に応えるために、安倍の祖父である岸信介首相は集団的自衛権について、次のように答弁している。

> 問題の要点、中心的な問題は、自国と密接な関係にある他の国が侵略された場合に、これを自国が侵略されたと同じような立場から、その侵略されておる他国にまで出かけていってこれを防衛するということが、集団的自衛権の中心的な問題になると思います。そういうものは、日本国憲法においてそういうことができないことはこれは当然[ibid.: 81. 強調は原文]。

つまり、歴代政権が集団的自衛権の中心的問題として強く意識していた問題について、現在の安倍政権は問題とは考えていない。それどころか、いわゆる国際法上想定されている集団的自衛権を行使しない点にこそ、日本が米国のグローバルな軍事戦略に取り込まれないための砦があるにもかかわらず、安倍首相は、集団的自衛権を行使してこそ、日本が米国と対等になれるかのように夢想し、そのじつ、対米従属一辺倒の路線へと舵を切ろうとしているのである。

第1節　立憲主義と自民党草案

現行の日本国憲法が拠って立つ国家観とは、一七世紀から一八世紀にかけて、現在のような国家のしくみが出来上がってくるなかで考え出された「立憲主義」に基づいている。

立憲主義の歴史をここでは、西洋政治思想史の文脈にそって簡単に紹介してみたい。まず、現在の日本もその一部となっている国民国家システムは、一七世紀の西洋世界において誕生する。その背景にあるのは、凄惨な宗教戦争による殺戮の経験と、一定の領土と領土内の人口について統一的・絶対的に統制できる権力である主権国家の誕生である。そして、近代国家システム誕生当時、その主権は絶対君主の権力として具現化されていた。

たとえば、近代国家はなぜ誕生したのかを考えるうえでの古典ともいえる『リヴァイアサン』(1651)において、ホッブズは、政治学は平和をいかに実現するかを考える学問であるとし、国家の存在理由を、安全保障、すなわち、生存権を自然権としてもっている諸個人の生命を守るためだと主張した。しかしながらホッブズによれば、ひとは元来、他人を蹴落としてまで自分の幸福を達成しようとする。そこでかれは、国民の大半が束となって立ち向かおうとも太刀打ちできないような暴力装置を備えた国家が必要だと考えた。そのためには、国民は武器をもたず、国家だけが軍隊や警察といった制度のなかで、「合法的に」ひとを殺す力をもつことができる、と規定されなければならなかった。

こうして、主権国家は、世界において最も強力な暴力装置をもち、あらゆる紛争を解決するしくみとして考え出された。日本の歴史を振り返っても、国家統一を果たそうとする権力者は、刀狩りをして人びとから武器を取り上げたり、明治政府が誕生してからは、廃藩置県を遂行し、藩士を平民にしたりして、政府だけが、殺人を「合法的に」遂行できるようになった。わたしたちがまず、心得ていなければならないのは、現在存在する国家というしくみは、時代の要請で発見された、非常に暴力的な巨大組織だということである。その恐ろしさとは、物事の正邪を決め、国家にとって不要、邪魔な存在を抹殺し、そうした行為こそが国家の存在意義であると、自ら作った法律で決めることができる、ということである。国家の敵を合法的に殲滅する、これが一七世紀になって登場してくる、国家の存在意義のひとつである。

その一方で、ホッブズ流の絶対国家には明らかな矛盾が存在していた。というのも、圧倒的な暴力装置と化した主権国家が考案されたのは、自然権としての生存権を各人に保障するためであった。しかし、そのために、小さな弱いひとが集団で抵抗しても脅威とはならないほどの、強力な暴力国家が必要とされたのである。しかも、ホッブズによれば、国家に抵抗することを国民に認めるのであれば、またしても内戦状態へと戻ってしまうため、国家には絶対服従するような契約を国民は結ばされているのである。

誰にも侵害されえない自然権(一般的には、生命、自由、財産の権利)を備えた個人と、強大な暴力装置をいかに両立させるのか。そこで考案されたのが、立憲主義である。したがって、立憲主義が前提としている課題は、〈ひとは生まれながらに自由であり、その自由は最大限、すべてのひとと平等に尊重されるべきである〉という基本的人権の尊重を、圧倒的な暴力装置である国家の下でどのように実現するか、である。

ここで、もう少し詳しく基本的人権について言及しておきたい。なぜならば、人権尊重の理論は、当然のように思われるがゆえに、実際の政治の世界ではほとんどその意義を無視され続けているからである。自然権といえば、「当然の権利」として理解されるかもしれないが、人権論は、画期的な哲学上の大発見である。なぜなら、この考え方は、わたしたちの直感とは大きく異なる考え方だからである。基本的人権の尊重には、〈ひとはどのような社会に生きていようとも、その社会に入る以前から、そのひとに固有の価値が備わり、その価値は誰かと比べられもしないし、社会の評価とも異なる、彼女・かれ自身が自ら生きたいと思う価値を追求することができる〉といった意味が込められている。一言でいえば、〈個人は国家に先立ち存在している〉、という考え方である。これこそが、保守的な政治家たちが敵視する「個人主義」の内実である。多くの保守的な政治家が〈個人主義は利己主義（＝自分勝手）だ〉という浅薄な理解を示しているが、そうではなく、それは、いかなる社会にも先立つ価値を備えた「個人」という哲学的な考えに由来している。

じっさい、この考え方は、日常感覚からはかけ離れている。なぜならば、わたしたちはみな誰でも、〈わたし〉以前に存在する人間関係、社会、国家や国際関係のなかに生まれ落ち、その関係から独立した〈わたし〉など存在しないし、想像もつかないからである。基本的人権、各人に固有の価値は、哲学的には「尊厳」とも言い換えることができるが、誰とも比べられない、取替えの利かない価値の尊重は、逆説的に聞こえるかもしれないが、わたしたちが実際には、既存の社会関係から離れられない、俗な言葉でいえばしがらみに囚われ、自分自身がどのような生を送りたいのかという夢さえ抱くことができなくなるような弱い存在だからこそ、考えだされた。〈そのような存在かもしれないけれども、本来彼女・かれには価値が備わり、幸福を夢みるべき存在なのだ〉と、先述した暴力国家に対して強く主張するためである。

そして、憲法とはまさに、法律を作るさいに国家に対して、自らの構想する幸福を追求する自由な存在としてあらゆる個人を扱いなさいと命令する、国家内の最高規範である。憲法とは、夢をみることさえできなくなってしまうような弱い個人の尊厳を最大限守るように、そして、わたしたちの夢みる力を殺いでしまうような法律を作らないように、国家に命じている。そして、その命令の力は、あまりに脆弱な存在であるがしかし、取替えの利かない価値をもった諸個人の尊厳から発している。そのことを端的に示しているのが、現行憲法第一三条である。

> すべて国民は、個人として尊重される。生命、自由及び幸福追求に対する国民の権利については、公共の福祉に反しない限り、立法その他の国政の上で、最大の尊重を必要とする[強調は引用者]。

そして、自民党が結党以来、目の敵としている「国家観」とはこうした立憲主義が体現する国家観、すなわち、国家は個人の権利を守るための道具にすぎない、という国家観である。この国家観はしかしながら、哲学者の机上の空論から生まれてきたのではない。すでに触れたように、一七世紀から登場してくる国家による暴力、大量の殺戮、残虐な行為、そうした現実を目の当たりにして、強大な国家暴力を縛るために人類が思索を重ね、ようやくたどり着いた叡知である。しかもその叡知の根源にあるのが、弱く小さなわたしたち一人ひとりの尊厳という価値に他ならないのだ。

さらには、現行憲法の前文、第九条には、ホッブズ流の絶対君主制を模倣した帝国主義的な天皇制家族国家への強い批判が込められている。現行憲法においてようやく、日本国は、立憲主義の核心にある、個人の尊厳という規範へと到達したのだった。

他方で、自民党草案の前文はどのように宣言しているのであろうか。

> 日本国民は、国と郷土を誇りと気概を持って自ら守り、基本的人権を尊重するとともに、和を尊び、家族や社会全体が互いに助け合って国家を形成する。
>
> 我々は、自由と規律を重んじ、美しい国土と自然環境を守りつつ、教育や科学技術を振興し、活力ある経済活動を通じて国を成長させる。
>
> 日本国民は、良き伝統と我々の国家を末永く子孫に継承するため、ここに、この憲法を制定する［強調は引用者］。

ここには、現行憲法の前文にあるような、国際社会において日本が負うべき責任も、普遍的原理の尊重も、歴史的に多くの悲劇を繰り返しながら培ってきた叡知に対する関心も存在しない。そして、さらに驚くことに、基本的人権と国家権力(暴力)との緊張感がいっさい存在していない。国家が存在するのは、個人の尊厳を守るためである、といった立憲主義の基本的な考え方がすべて否定されている。したがって、自民党草案は、憲法「改正」草案ではなく、暴力国家中心主義的な国家構想に他ならない。

第2節　わたしたちは、戦争の犠牲者のおかげで生きているのか？

戦後五〇周年を迎えた一九九〇年代半ば、日本軍「慰安婦」問題、戦後責任論などの議論が活発になされた。そのなかで、わたしがいまこそ必要だと考えている重要な議論を展開した哲学者のひとりに、小泉義之がいる。かれの『弔いの哲学』は、〈いきることはよい〉という原則を、最低限の原則でありながら最高の原理とし、では、わたしたちの社会をどう構想していけばよいかを示した書物である。そのなかで小泉は、とても当たり前で、直感的には誰もが知っていることでありながら、国家によって目を背けられている事実について、「誰かが死ぬ、私は生きている。誰かが死ぬことと、私が生きていることのあいだには、何の関係もない」と断言する[小泉 1997: 9]。そのうえで次のように指摘している。

〈沖縄の死者〉をもちだすことによって、日米軍事問題が所詮は公共土木工事問題にすぎないことが示されて世俗的利得が創出されたが、そのことは、軍事によって現に生存を脅かされている者の救済に一つも寄与しなかった[ibid.: 44]。

ここで本章冒頭の安倍の式辞に戻ってみたい。犠牲を意味する英語 sacrifice は元々、「神聖にする」という言葉から生まれている。〈いきることはよい〉という最低限の原則を踏みにじられた者たちを祀り上げることで、その家族を国家の人質にし、その死の現実をみようとする者、その死と自らの生との断絶を声高にいう者たちを、国家は否定しようとする。他方で、式辞において安倍が独り善がりに感謝しているように、誰かの貴い命が捧げられたおかげで、今の〈わたしたちの〉繁栄があり、自民党草案前文において、「我々は」国を成長させることを誓わされる。しかしそこには、たとえば水木しげるが克明に描いたような[水木 1995]、母や妻や子どもの名前を呼びながら、敵と闘うどころか飢餓やコレラなどによってまさに「犬死」していったような、個々の兵士の痛みや、不条理に対する怒りへの想像力も、帰国を待ちわびながら会えなかった夫や父の死を悲しみ、悔やみながら、生活に喘いでいた女性たちの苦しみへの共感もない。そこにあるのは、軍隊は国家を救うためにあるのであって国民を救うためではない、という非常に直截的な国家の論理である。

安倍の式辞が〈内向き〉であるのは、国民だけに向けられた発言だからではない。立憲主義が保障しているはずの幸福追求権、わたしたち一人ひとりがまったく異なる夢をみる権利を封殺し、わたしたちの生の意味だけでなく、死の意味をも国家へと、端的にいえば権力者の志向する国家へと回収していく、そうした論理がそこに孕まれているからである。

たしかに、戦後の日本が他国の国民を殺害するようなことをせずにすんできたのは、戦前の大きな危害と被害に対する深い反省のもとに、わたしたち国民が現行憲法の下で生きることを選択し続けたからである。その意味では、日本帝国軍によるアジア諸国の二〇〇〇万人の死、戦中・戦後の日本国民の苦難、植民地主義の負の遺産は、現在のわたしたちの生き方と関わってはいる。しかし、その関わり方は、権力者が欲する、国家に奉仕する国民としての関わりではなく、むしろ、現行憲法の前文が宣言しているように、国際社会において、その(負の)経験に根ざした共生の在り方を模索するなかで、その意味がはじめて明らかになるようなものなのだ。

以上、自民党草案がめざす国家は、立憲主義をまさに逆転させたような国家主義であり、国民を国家繁栄の道具として利用しようとする欲望に取りつかれていることを明らかにできたと思う。自民党の破壊行為は、現行憲法の三大原理である、国民主権(自民党草案第一条の天皇元首をみよ)・基本的人権の尊重(同第一三条をみよ)・平和主義(同第九条をみよ)をことごとく否定しているがゆえに、もはや「改正」ではなく、新たな国家を創設しようとするクーデターと呼んだほうがふさわしいのだ。

第八章　普遍の原理と一人ひとりの〈わたしたち〉

都市にとって重要なのは、それ〔私的領域＝財産＝家族――引用者補〕の内側ではなく、その外側の現れである。それは、ひとつの世帯と他の世帯のあいだの境界線を通して、都市の領域に現れる。法とは、もともとこの境界線のことであり、古代においては、依然として実際にひとつの空間、一種の無人地帯 no man's land であった。〔…〕都市国家の法とは、まったく文字通り壁のことであった[Arendt 1958: 63-64/92-93]。

権力は君主に体現されていた。それゆえ、君主によって、社会は政体 a body を得ていたのだ。そして、このことによって、他国に対して自国が何を意味しているのか、という知識は社会のいたるところに浸透していた。この君主モデルは、民主主義の革命的で、前代未聞の特徴を明らかにしてくれる。権力の在りかは、いまや空虚な場所 *an empty place* となった。〔…〕したがって、法の自律性はその〔自律的であるべき、という――引用者補〕本質を確立することの不可能性に縛られている[Lefort 1988: 17-18. 強調は引用者]。

はじめに　わたしにとっての、憲法問題

前章では、現在の集団的自衛権行使を唱える安倍政権の描く国家像は、立憲主義の下での国家論を逆立ちさせたかのような暴力的なものであるかをみた。本章では、前章を引き継ぐ形で、憲法を破壊しようとする者たちが、国民をどのように捉えているのか、かれらの国民観がいかに、立憲主義と民主主義のあいだにある緊張感を失い、排他的で固定的な〈われわれ〉観を表しているかについて、考えてみたい。

わたしが、日本社会がぐらぐらと揺れ始めた、つまり、その基本構造《コンスティテューション》の土台がシロアリに食いつくされているような不安を感じ始めたのは、いまでもよく記憶しているが、二一世紀に入ってから、つまり第一次小泉内閣が誕生した頃(二〇〇一年四月)からである。

しかしながら、よく考えてみれば、いわゆる五五年体制ができあがって以降、日本社会の基本構造、つまり日本国憲法に対して果敢に攻撃をしかけようとする自由民主党をわたしたち「有権者」は、ほぼ一貫して支持してきたのだから、わたしの不安は、じつは戦後日本社会を覆う不安だったといってもよいのかもしれない。その不安とは、一言でいえば、次の事態から生じている。〈かつて、日本という国は誰かのものであった。

だから、もう一度「日本を取り戻そう」と誰かが握りこぶしを振りかざしている〉。

「日本を、取り戻す。」という第二次安倍内閣(二〇一二〜二〇一四年)におけるスローガンに、わたしは心底怯えた。そして、そう宣言するポスターが街中に氾濫していても、暴動ひとつ起こらないであろうと高を括っている政治家が支持されていることも、さらにわたしを震え上がらせた。わたしにとって、現在の憲法問題のひとつは、日本社会が〈誰かのもの〉であり、だから、社会の基本構造を規定する憲法も、その当の〈誰か〉が自分たちで作ったほうがよいのだ、という信念をめぐる問題である。それは、第Ⅰ部で論じてきた、他者からの声につねに開かれ自らの過去を相対化し、現在の〈わたしたち〉を相対化していくような営みである民主主義を真っ向から否定している。そう、現在の憲法をめぐる政治的な対立は、民主主義をめぐる対立でもあるのだ。

本章では以下、わたしが考える憲法をめぐる民主主義問題とは何かを明らかにするために、次のように論じていく。まず第1節では、第Ⅱ部でのこれまでの議論を踏まえ、人為的な国家に対する根本的な批判の端緒にあった自然法の発見と、その流れを引き継ぐ自然権、そして人権への展開と、その後の立憲主義との関係を明らかにする。そして、近代立憲主義の祖といってよいであろうロックの言説においてすでに、法という現象はそもそも、立法者「の」モノであってはならないと考えられていたこと、そして第二次世界大戦後、さらに、国家に対する厳しい制限となっていくことを、国際政治思想家であるトマス・ポッゲの議論から確認する。

第2節では、日本国憲法の前文を読みながら、日本国憲法の歴史性、とりわけ日本の歴史に深く刻まれた植民地主義の宗主国であった経験を立脚点として、現行憲法が成り立っていることを確認したい。わたしが考える立脚点とは、次のことだ。つまり、かつて日本は天皇制の下に、現在の近隣諸国の領土を〈自分たちのもの〉にした。その歴史に対する反省点とは、〈だから、明治時代以降自分たちが奪ったものは返す〉ではない。そうではなく、〈だから、国家を〈自分たちのもの〉と考えるのをやめる〉であろう。たしかに、国籍法によって〈誰が十全な権利を備えた国民か〉は規定される。だが、日本社会を形成しているのは、現在の日本国民だけではないし、そもそも「現在の」といったとたんに、〈われわれ〉日本国民という思い込みがいかに狭隘か、直感的にわかるはずだ。

第3節では、現行の日本国憲法の三大原理のひとつである国民主権に訴えることで、〈憲法改正はしないよりはした方がいい〉という主張に対して、近代民主主義とは何かを考えることで、反論を試みたい。

本章では、「日本を、取り戻す。」などという、国際社会の一員としての責任も現実も無視した傲慢このうえない主張に対抗することが、憲法をあらゆる存在に開かれた規範として鍛えあげていく、わたしたちの立憲民主主義政治のひとつであると伝えることができればと思う。

第1節　立憲主義と人権

現存する近代的な国民国家のしくみは、安倍首相が二〇一三年七月三日の九党党首討論会にて発言したと伝えられているように、確かに西欧社会において発展した絶対王政にその原点を見出すことができる(1)。つまり、一定の領土、国民、そして一定の領土と自国民に関わる強制法の最終的な決定権である主権の三点セットをもって、国民国家とみなすという、主権国家体制が誕生したのが西欧社会であることは、否定しようのない歴史的事実である。

絶対王政下では、主権者は君主であり、法とは君主の意志であると考えられた。それまでの法の歴史は、東ローマ帝国皇帝ユスティニアヌスの命で、ローマの勅法や範例、解釈などをまとめてできあがるローマ法の伝統に典型的なように、むしろ、長年にわたり社会における人びとの関係性を規定してきた判例や解釈をめぐって継承されてきた、規則集のようなものであった[ex. 中山 2009]。「国王や議会により制定され、いくつも条文を持ち、体系的にもまとまった法典ができたのは、つい最近のことなのだ」[ibid.: 29]。

現在のように体系的な法典を備えた国家の原点は、一定の領土内で通用する法を最終決定する終局地点、つまり、至高の権力としての主権という概念が確立したその時点にあるといってよいだろう。そして、主権概念は、君主が神的な権威と地上の権力の双方を具現化している絶対王政時代に誕生する。したがって、大雑把にいえば、近代国民国家の原点である絶対王政と現代の民主的な国民国家の違いとは、主権者は誰か、という点にこそある。その一点が、絶対王政と民主主義を分ける分水嶺だといってもよいであろう。そして、この一点のみが分け隔てているといっても過言ではない、大きな社会的・政治的相違を支えている考え方、国家のしくみの根幹にあるものこそが、立憲主義である。

立憲主義は、一定の領土内における最終的な意志決定の在り処を規定した主権論が洗練されてくるとともに、中世以来の法治主義を継承しつつ、個人 individuals の発見を踏まえて、主権の絶対性を法の下に拘束するという意図をもって誕生する。そして、その拘束とは、第六章ですでに論じてきた、ふたつの意味における拘束である。すなわち、第一に、ロックが提唱したように、暴力的な強制力を伴う政治権力を、あらゆる諸個人にそなわる権利――生命・自由・財産――、すなわち「公共性」の名において制限すること。第二に、ウォルツァーがリベラリズムの政治技法と呼んだ、政治権力の及ぶ範囲に対して境界線を設定する、という意味での拘束である。そして、そうした権力の絶対化を拘束するために、法の支配を貫くという考え方を生んだのは、絶対王政の経験であることは間違いない。

だがここで、第四章で触れたシュトラウスの次の言葉を再度思い出してみよう。

> 正しさは、最初は、法律や慣習と同一のこととして、あるいはそのような性格のこととして現れる。そして哲学の出現とともに、慣習や約束事は自然を隠すものとして立ち現れてきた[Strauss 1953: 93/104]。

すなわち、先に触れた「長年にわたり社会における人びとの関係性を規定してきた判例や解釈をめぐって継承されてきた、規則集のようなもの」だった法に対して、哲学の歴史からは、「自然」に訴えることで、厳しい批判的考察がつねになされていた。哲学が自然の秩序こそを普遍的な本来あるべき法として認識した自然法の歴史は、ある地域で規則だと思われ通用していた約束事に対して、つねに異議を唱える可能性を開いていたのだ。

しかし、わたしが第四章と第五章で論じてきたように、「自然の秩序」をひとが従うべきあるべき姿だと捉える考え方は、容易に、力なきもの——典型的には女性「性」——を抑圧する道具ともなる。ミルが批判するように、自らの主張の根拠を自然に求めることは、反論を許さない、傲慢な態度、あるいは知的な怠慢へと堕していく。

じっさいに、哲学と共に発見された自然、そしてその自然こそが宇宙の秩序として捉える自然法の伝統は、絶対王政の時代に発見される近代的な自然権へと接木されることで、大きな転換が起こる。自然法の伝統では、「人間は国家社会において、そして国家社会を介してでなければ、その本性の完成態に到達しえないことが前提とされていた。それゆえ、国家社会が個人に先立つというわけである」[ibid.: 183/200. 強調は引用者]。

〈国家社会が個人に先立つ〉という命題は、非常に大きな意味をもっている。なぜならば、かつてソクラテスも自ら批判するアテナイの法の裁きにおいて、かれにとっては悪法に他ならない法にしたがう義務を説いたように、道徳の一義的な問題とは、義務であり、けっして権利ではないことを意味するからだ。したがって、自然権の起源でもある自然法の伝統は、秩序への信仰でもあり、その秩序を発見しうる理性をもたない者たち——女性や労働する者たち——にとっては、ただ従う義務を課せられる抑圧的な装置ともなる。しかし、近代的な自然科学、とりわけ数学から多くを学んだホッブズによって、自然法の伝統に対して、次のような自然権を支える前提が確立される。ここでも、シュトラウスの言葉を参照したい。

> 個人がすべての点において国家社会に先立つという主張がなければ、自然的権利の義務に対する優位を主張することはできないだろう。国家社会や主権者のあらゆる権利は、本来的に個人に属する権利から派生するものである。個人が個人として、

その性質いかんにかかわらず、個人が〔…〕国家社会から独立して本来完結したものと考えなければならない［ibid. 強調は引用者］。

こうした近代的な自然権論は、したがって、国家社会が存在する以前から、人間はどのような権利をもっているのかを考えるために、国家社会以前の自然状態の考察から議論を始めるのであるし、その権利を実現するために、人びとが契約や同意に基づいて政府を樹立するという社会契約論がここに誕生する。

人間の本来の権利、すなわち自然権を守るためにこそ国家が存在する。自然法から自然権への大きな転換点だからこそ、国家権力に個人の尊厳を踏みにじることのない、厳しい拘束を主張する立憲主義もまた誕生するのだ(2)。

立憲主義に至るには、「国家社会から独立して本来完結したもの」として理解される個人が発見されなければならなかった。近代以前の世界では、〈ひと〉は彼女たち・かれらが存在している社会の文脈のなかに位置づけられ、社会に割り当てられた身分に応じて生きることが自明視されていた。日本であれば、侍に生まれれば侍として死に、農民は一生農民であることを疑わず、分相応に生きる社会だ。この「分」という言葉が表しているように、〈ひと〉は社会の一部分であり、自らに分け与えられた役割を生きる。社会が全体であり、〈ひと〉は全体のなかに位置づけられたその分を、全体のなかの一部と

して生きることが運命づけられていたのだ。(3)

他方で近代になると、個人 individuals とはこれ以上分割できない in-divide 存在であり、一人ひとりがむしろ一個の、全的な存在として捉え返された。社会的身分や社会への貢献度によって価値が測られるのではなく、一人ひとりにそなわった価値、すなわち尊厳をもち、代替不可能な存在として尊重されることを要請するのが、個人という考え方である。個人には固有の価値が存しているからこそ、その個人は生き方や、将来の夢、そして幸福を自らの判断で追求する自由がある。単に動物の一種である〈ひと〉として捉えられる集団のなかのひとりではなく、個人であることそのものに、侵されることのない価値が存しているのだ。

したがって、そうした諸個人の自由の尊重を政治社会の存在理由としながらなお、強制力を伴う権力による統治を可能とするには、その政治社会における権力の及ぶ範囲について、正しい境界線からなる区画整備をしておくことが、近代的な政治に求められたのである。

諸個人の自由と法制定権力としての至高の権力である主権は、どうしたら両立するのだろうか。この難問を解決する国家のしくみとして考えられたのは、立憲主義に期待されている第一の拘束力である。つまり、法は諸個人の尊厳に基づき制定され、制定された法の下ではどのような存在であれ、その法を守らねばならないのだ。

しかし、こうした知的背景から生まれた立憲主義は、民主主義国家、つまり国民が主権者となり、憲法制定権力をもつ現代では、安倍のいうように懐古的な主義主張なのだろうか。ここでは、そうした問いに、グローバルな正義の可能性を追求し続ける国際政治思想家トマス・ポッゲの議論によって応えてみたい。かれによれば、あらゆる個人の権利が人間の権利、すなわち人権として尊重されることが高らかに謳われながらも、じっさいには徐々にしか、その思想は共有されてこなかったし、また現代でも実現すらされていない。とりわけ、南北格差、二一世紀に入りグローバル企業の展開と反比例するかのようにさらに深刻化する貧困問題を目の当たりにし、ポッゲは次のように問いかける。「一八世紀、一九世紀、それ以前の数千年ものあいだ、許され実行されてきた行動や社会組織の形態――DV、奴隷制、独裁制、植民地、虐殺――は、いまは禁止され、非合法化され、そして最も典型的な不正義だと明らかとなった。〔…〕しかし、じっさいに今日の世界で、わたしたちは弱者や傷つけられやすい人びとをどれほど、適切に扱っているのだろうか」[Pogge 2002: 2/24]。

戦争の世紀とも呼ばれる二〇世紀は、ふたつの世界大戦を経験し、自然権から人権へと再度わたしたちの権利概念を大きく転換させた。この転換は、自然権の伝統を捨て去ることを意味してはいないが、自然権の侵害のなかでも、政府による権利侵害、あるいは政府が本来果たすべき役割を果たさず、人間のニーズを無視するといった形で自然権を侮蔑する場合に、その権利侵害を人権侵害として、とりわけ道徳的に深刻な侵害として扱おうという思潮を生んだ。長くなるが、現在の安倍政権の下で行われる憲法「解釈」もまた、二一世紀の人権論の枠内においては、人権侵害にあたることを訴えるためにも、ポッゲから引用する。

> 人権に対する公的な侮蔑の典型的な例は、政府による人権侵害である。政府は、不正な法や、人権侵害を認めたり要請する法令を立法したり維持したりして侵害する、あるいは「法を騙ることで」、すなわち、人権侵害する政策を許可するように現状の立法を解釈することで侵害するかもしれない。公的な〔人権に対する――引用者補〕侮蔑というこうした典型例が、なぜ――多くの人が感じているように――公的な侮蔑がとりわけ恐ろしく、憤怒を引き起こし、許せないことであるのか、私的な危害と比べてより深刻に、より多くの人びとに危害を加えるという事実は別としても、同じような「私的な」道徳的危害に比べて、なぜ公的な道徳的危害はずっと悪いのかということを、最も明白にする[ibid.: 59/109. 強調は引用者]。

わたしたちは、日常においても、さまざまな権利侵害にあったときに、それを人権侵害だとはいわない。私的なひとや私的な団体による個別の権利――労働権や財産権など

——の侵害については、既存の法に訴えることで解決する道が確保されているからである。しかし、政府によって人権を侵害するような法が制定されれば、権利を回復する道が断たれてしまう。ポッゲはだからこそ、国際社会の諸機関や先進国が力を合わせて、そのような人権侵害を行っている政府に対してなんらかの是正を求め、実際に是正させる方途をグローバルな正義を論じることで模索する。

本章でわたしたちが確認しなければならないのは、政府による人権侵害がとりわけ深刻であるのは、私的な危害に比べさらに深刻で広範な危害をもたらすという事実に加えて、それが法の名の下に行われるからである。そして、人類最大の被害をもたらした戦争、そして現在も行われている戦争は、すべて国民のため、国民の利益を守るためという名目の下で立案された戦争法規にしたがって行われてきたのである。

第2節　われら日本国民

どのようなひとであれ尊厳が認められる個人の自由と、領土内における至高の権力を両立させるために考案された立憲主義は、絶対王政の下で、国内外の宗教戦争にあけくれていた西欧諸国をその混沌から救い出すために、歴史的に考案された国家の仕組みである。自由な個人の良心、思想信条、信仰に対して、国家はけっして介入しない。共約不可能な思想や信仰を政治的道具にすることで、一部の者に権力を集中させたり、一部の者を排除したりしない。内心の自由を保護するために、諸個人の自由と国家のあいだに確立されたしっかりとした境界線は、表現の自由や結社の自由、私有財産の保護、諸個人の移動や居住、職業選択の自由、そして家族領域などへと広がっていった。

さらに、二〇世紀になると、国家が暴走し、いかに多大な危害を国内外にもたらすかについて反省され、政府による権利侵害や侮蔑は人権侵害と認められ、国際社会全体の問題として捉え返されるようになる。

日本国憲法もまた、明治憲法下における主権者(＝天皇とそれを取り巻く権力者)の暴走・暴力を深く反省し、かつ、植民地主義という最も深刻な形で個人の生命と自由を奪った罪を二度と繰り返さないために制定された。そのことを前文にしっかりと書き込むことで、立憲主義の根幹にある個人の尊厳を尊重する法を制定するという、歴史的に模索されてきた政治技法が引き継がれているといってよい。

ところで、日本国憲法の前文には、次のような一節がある。

そもそも国政は、国民の厳粛な信託によるものであつて、その権威は国民に由来し、その権力は国民の代表者がこれを行使し、その福利は国民がこれを享受する。これは人類普遍の原理であり、この憲法は、かかる原理に基くものである。われらは、これに反する一切の憲法、法令及び詔勅を排除する[強調は引用者]。

前段は、民主主義の原理を述べたものと解することができよう。つまり、主権者はいまや国民であり、国民の代表者が国政を行うとしても、それは「厳粛な信託」によるものであって、国民の「福利 benefits」——先ほどロックを引用して確認したように「公共の福祉」と言い換えてもいいだろう——のために国政が行われるべきである、と宣言されている。そして、民主主義こそが人類普遍の原理であることが宣言されたあと、「これに反する一切の憲法」は許されない、と憲法前文において規定されているのだ。

これはいったいどのように解すればよいのだろうか。主権者であるわれわれ日本国民が制定権力を担っているはずの憲法の一節で、普遍の原理に反する憲法を排除すると述べられているのだ。つまり、ここには、人類が長い歴史を経て、ようやくたどり着いた叡知が書き込まれていると解釈することができる。なんども繰り返したように、憲法は、個人の尊厳と自由を、主権者の権力の濫用によって侵害しないための基本的な仕組みを体現している——だから、憲法には、人権規定と統治機構規定が存在している——。たとえ主権者が君主から国民へと変わっても、主権という国内における至高の権力がなくなったわけではない。国政を行う代表者、つまり少数の権力者たちがその地位を利用して、自らに都合のよい法を制定することも容易に想像できるし、じっさいに可能だ。その危険で両義的な主権の力は、国家の最高法規をさらに支える「人類普遍の原理」に従って行使される必要があると説いているのだ。

もちろん、普遍の原理といってもなお、それは人類によって発見されるものであるかぎり、普遍の原理をいったい誰が発見するのか／したのか、といった反論も可能かもしれない。しかし、すでに幾度も述べたように、この人類普遍の原理とは、悲惨な人類の過去、国家の暴力装置によって命を奪われた大量の名もなき人びとの苦難の歴史から得られた知恵であることには違いない。それは、天空に輝いているような「真理」ではないだろう。むしろ、わたしたちが耳を澄ませ、目を凝らせば気づくはずの、暗く悲惨な負の遺産のうえに、〈二度と繰り返すな〉という命令として書き込まれているのだ。そして、その命に従おうという宣言が、前文のなかの、次の有名な一節であろう。

われらは、平和を維持し、専制と隷従、圧迫と偏狭を地上から永遠に除去しようと努めてゐる国際社会において、名誉ある地位を占めたいと思ふ。われらは、全世界の国民が、ひとしく恐怖と欠乏から免かれ、平和のうちに生存する権利を有することを確認する。

われら日本国民は、国際社会の一員である。この地球上に生きるあらゆる人びとが、平和に生きる権利がある。したがって、当然日本国憲法も、地球上に生きるあらゆる人びとの福祉に配慮することを基本精神にしているはずだ。日本国も地球の一部を占めるにすぎず、世界の人びととわたしたちをつなぐ土地、彼女たち・かれらと共有している土地なのだ。国際社会における「名誉ある地位」とは、世界と価値観を共有し、日本国を世界に向かって開き、地球上の人びとにも日本国を享受してもらう、日本国をも世界の共有価値へと高めていくことに他ならないのではないだろうか。

第3節　決定不可能な〈わたしたち〉

おそらく、日本国憲法のこの世界性、人類へと拓かれる可能性こそが、自民党をはじめとする憲法「改正」論者には邪魔なのだろう。たとえば、自民党草案の前文には、〈日本はわれわれ日本国民のものである〉、いやもっと正確にいえば、〈日本国は永久に存続するべきである、その日本国に寄与するためにこそ日本国民は存在する〉ことを宣言したものとなっている(4)。本書で繰り返し述べてきたように、〈国家のために国民は存在する〉という考え方は、個人の尊重に価値をおく人類の歩みに対する明らかな反動である。かれらによれば、目的自体である日本国の存続のために生きる日本国民が、日本国のためを思って自ら創設する憲法が必要なのだ。日本は、〈われわれ〉のモノでなければならない。〈われわれ〉以外の者たちと共有する必要など一切ないのだ。

しかし、現代の民主主義国家における〈わたしたち〉とはいったい誰なのだろうか。あるいは、どのような存在なのだろうか。そもそも、現代の民主主義国家が個人の尊厳を尊重するために存在しているのだとすれば、原理的には――それぞれの国籍法によって規定されているとはいえ――〈わたしたち〉は、尊厳ある諸個人すべてである、としかいえないのではないだろうか。おそらく潜在的には、〈わたしたち〉とは、すべての個人であるはずだ。

クロード・ルフォールは、政治哲学の現代的意義を説き、「政治的なるもの」とは何かを問い続けたフランスの哲学者である。かれはその民主主義論において、民主政における主権者の決定不可能性にこそ、自由の場、自由な政治の領域を見出そうとする独自の民主主義論を展開する。

かれは、フランスにおける絶対王政から近代の共和政への移行を考察する途上で、前代未聞の、そして解決不能の両義性が政治に持ち込まれたと考えるようになる。なぜならば、近代の革命によって、法に権威を与える神的な場、超越的な場が「空虚」になってしまったからだ。

ルフォールによれば、国政 government と訳されることになるギリシア語の *politeia* は、じっさいには政体 body politics と訳したほうがその意味を伝えやすい。なぜならば、*politeia* とは、文字通り身体について語っていたからだ。前近代における君主は、感覚世界と超感覚的な神的な世界の媒介としての役割をまさに「体」現しており、君主の身体において、実定法と同時に、法を支えている権威も象徴化されていた。神的な根拠をもち普遍的であるべき法が、特定の国家の法として提示されるのは、この君主の身体において実定法と権威というふたつの世界が体現されているからである。しかし、近代の革命によって君主がなきものとされた後、社会の同一性を表す身体が消滅し、その同一性を担保し得る参照点に君臨できる人物がいなくなった。

ルフォールの民主主義論の白眉は、その後に続く以下の重要な指摘である。すなわち、君主はいなくなったものの、かれが占めていた「場」は、空席のまま残り続け、そして、その「場」こそが「政治的なるもの」に相応しい場であり続ける、と。

近代民主主義において、あらゆる権力の源泉は「人民 the people」にある。だが、じっさいに、では〈人民とは誰か〉という問いは、同一性を担保する場に、その同一性を体現し得るいかなる人物 figure も存在しないがゆえに、つねに開かれたままである。つねにこの世を去る者がいて、かつ新しいひとを〈わたしたち〉が迎え入れているという日常の在り方に思い至るだけで、〈わたしたち〉とは誰であるかを決めるのは不可能であることが分かる。つまり、民主主義は自己同一性を確立できないし、〈人民とは誰か〉という、つねに先送りされる問いの決定不可能性が、民主主義に自由の領域をもたらす。その領域は、誰も独占できず、自由を求める諸個人の到来によって、つねに異論や反論を許す場所でもあるのだ。そこは、文字通りに、誰もいない場 no man's land である。

そのことは、人民の名において公布される法、自律的である autonomous 法の無根拠性をも暴いてしまう。民主主義の大原則であるはずの、自ら auto の法 nomos にのみ従う、自らが作成した法に従うからこそ自由である、という論理が、民主政であるゆえに確立し得ないのだ。なぜならば、法の源泉である場所には、もはや誰もいないからだ。

この民主主義的な不安定性は他方で、むしろもっと具体的な個別性によってその空虚さを埋めてしまおうという欲望も生む。〈わたしたちとは誰か〉という問いを、ある特定の人物(身体)、文化・伝統、あるいはイデオロギー等を、空席の権威の座につかせることによって閉じてしまう体制こそが、全体主義である[Lefort 1986]。したがって、全体主義の真の到来は、不安定なこの民主主義体制こそが誘発している、というのがかれの全体主義論である。

つまり、ルフォールにならえば、あらゆる権力の源泉が人民であると宣言することと、民主主義を支える法規範が、実体としての人民の経験や〈現在の人民〉の声から本当に発しているということは、同じではない。法規範の源泉には、誰もいない。「ルフォールが強烈に意識していたのは、法源を単なる経験上の源泉にもとめることは、法の正統性を破壊することに他ならないということである。というのも、経験レヴェルにおいては

――現実界の位相においては――、利害関心のみが存在し、利害関心によっては、自分自身はいうまでもなく、それ以外の誰にも義務を課すことができないからである」[Flynn 2005: 157. 強調は引用者]。

小括――憲法、領土、そして〈わたしたち〉

憲法も領土も、〈わたしたち〉のモノのように観念されがちである。いや、そう思い込みたい強い政治的欲望がいま、日本社会を覆いつくそうとしている。だが、普遍的原理を体現すると同時に、一国の最高法規範として提示される憲法は、国際社会において日本国という国家を他の国家と分け隔てる境界にすぎない、と考えてみたらどうだろう。国境もまた、本来はすべての地点とつながっている丸い地球、どこにも出発点も終着点もない地球の上で、ある一定の制度の下で〈わたしたち〉が安寧に生きるための、とりあえずの境界であると考えてみたらどうだろう。つまり、領土とは、本来は誰のモノでもない土地を、よりよく諸個人の尊厳を守る統治機構を保つために、リベラルな政治の技法が国家と教会を最初分け隔てたように、さまざまな生き方を模索する多様な人びとの自由を確保するための、技法のひとつとして確定されていると考えることができないだろうか。

法を意味するギリシア語 nomos は、配分する、(配分されたものを)所有する、住むなどを意味する nemein から来ている。nomos という言葉において法と垣根が結び付いているのはヘラクレイトスの断片のなかでまったく明らかである[Arendt 1958: 63/126]。

憲法も領土も誰のものでもない。誰のものでもない、ということの根拠が、不確定な〈わたしたち〉である。ひとつ屋根の下に暮らそうとも、食事をともに分かち合っていたとしても、わたしとあなたは、異なる存在で、同じ夢はけっしてみない。この単純な、わたしたちの自由な在り方をこの上なく大切にするならば、わたしたちは、現在の人類の普遍的原理に開かれた憲法を手放してはならない。そこではつねに、〈わたしたち〉とは誰かをめぐる争いが絶えないだろう。しかし、その争いこそが民主主義的な政治なのだ。立憲主義が保障する個人の尊厳と民主主義を、「天皇を戴く国民」となることで捨て去ってはならない。現在の日本で進行している憲法破壊の議論に対して、わたしたち一人ひとりが、自らの態度を問われている。

とりわけて政治的な行為の輪郭を描こうとすること、その結果、ひとつの舞台が立ちあがる。そこでは、あらゆるひとが目にし得る(すでに市民権は、一握りの人びとの特権ではないので)軋轢が上演され、そしてその軋轢は、必要であり、なにものにも還元できず、かつ正統なものとして表象される[Lefort 1988: 227]。

岩波現代文庫版追記　第Ⅱ部

ジェンダーと立憲主義

第Ⅱ部では、二一世紀への転換期に日本社会に吹き荒れたジェンダーフリー・バッシングと、個人の尊厳といった近代的な価値観や現行憲法が依拠する立憲主義に対する敵意とがどのように関連しているかを考察した。その後一〇年余りを経て、ジェンダーをめぐる議論状況は大きく変化したようにみえる。

そこで本書の立場を再確認しておこう。本書は、ジョーン・スコットのジェンダー理解に依拠している。彼女の周知の定義によれば、「ジェンダーとは両性間に認知された差異にもとづく社会関係の構成要素であり〔…〕権力の関係を表す第一義的な方法」である[Scott 1988: 42/103]。では、「認知された差異」と「権力」と、立憲主義とはいかなる関係にあるのだろう。

〈わたし〉は、ジェンダーによって構築される社会関係のなかで育てられ、そこには政治権力が作用している。この権力作用としてのジェンダーは、人間社会を構成している諸制度を通じて、両性間の差異は不変で永続的なもの、つまり〈自然〉であるかのように見せかける。しかし「見せかけ」とはいえ、自然のもつ規範性は、本書で繰り返し論じたように、わたしたちの経験世界を超えた本質・本性として、〈わたし〉の深奥からわたしを規定しているかのような強い力をもっている。

立憲主義、とくに現行憲法一三条に規定される「個人」、そして二四条に明記された「尊厳」といった理念は、人類が歴史的に築き上げてきた両性間の差異――これもまた、人類が認識してきたものにすぎない――に基づく社会関係に抗う力を〈わたし〉に与え、なお自身の力で新しい社会関係を築き上げながら、その潜在能力を育んでいくための防波堤である。防波堤と強調するのは、フェミニストたちが明らかにしてきたように、自然の名の下に政治権力はあまたの人びとの生きる力を剝脱し、ときには圧殺してきたからである。男性であれば国家のために死を選べ、女性であれば国家のために子をもうけよ。現在もなお続くこうした国家による不正義に抗うためにこそ、立憲主義が発明されたのであった。

現状では、国家による二元的な法的分類が、わたしたちをとりまく諸制度を貫いている。したがって、そこで生きている〈わたし〉もまた、その二元論が揺らぐことに不安を抱くことも当然であろう。しかし、そうした国家が強制する二元論は、数えきれない不正義をおかしてきた。シュクラーがかつて鋭く指摘したように、それを不運として看過せずに社会を変革することこそが民主主義の実践である[Shklar 1990: chap. 2]。

intermission　安全と安心のあいだ

1　安全保障を支える考え方

本書ですでに幾度となく触れてきた、一七世紀イギリスで国家の存在理由を説いたホッブズの主著『リヴァイアサン』の表紙、リヴァイアサンの絵を見たことがあるだろうか（次頁）。リヴァイアサンとは、そもそも旧約聖書に描かれる水棲の怪獣である。ホッブズは、かれが論じる国家をこの怪獣に喩えた。右手に剣、左手に正邪の基準を象徴する杖をもち、王冠を頭に載せている怪獣をよく見ると、鱗の一つひとつが人間からできていることに気づかされる。それまでの政治学の在り方を否定し、近代国家の基礎を作ったといわれるホッブズのリヴァイアサンの絵は、いったい何を表しているのだろうか。

『リヴァイアサン』に関するテクスト中心の分析は第Ⅲ部第九章で行うことにして、ここでは、国家の存在と安全との密接な関係について考えるために、ホッブズの思想に現れる人間像を簡単に摑んでおきたい。

『リヴァイアサン』は四部から構成されており、第一部のタイトルは「人間について」である。ホッブズの描く人間像は、現代のわたしたちからみてもとてもリアルであり、本

来人間はこうあるべきだ、と論じてきた哲学者たちに対する鋭い批判となっている。少しでも他人を出し抜いて、自分だけがより幸せになろうとする人間観を根本で支えているのが、自己保存という考えである。

　ホッブズによれば、人間の本質には動物と変わらない本能、つまり自己保存への衝動がある。その本能の下でひとは誰もが自分の生命を守ろうとする点で等しく、より多くの快楽を求め、苦痛を少しでもなくそうと、自分の思い通りに行動する。それが人間の本性なのだ。したがって、ホッブズは人間とは本来自由で、しかも体力の差や才能に差があったとしても、それは程度問題にすぎないという。じっさい最も弱いひとであっても、他人と共謀したり、武器を使えば強いひとを殺すことができるのだから、そう考えれば、力においてもひとは平等だという。そして、人間は強制力のある罰則が存在しないならば、他人のモノを奪ったり、他人を傷つけたりすることを厭わず、自分の幸福を追い求めようとするだろう、という。

古今東西を問わず、人間の本性については、性善説と性悪説のいずれであるのかをめぐって長らく論争が繰り広げられてきた。しかし、ホッブズは性善説を選ぶ人びとに対して、〈じゃあ、君は見知らぬ土地を旅するさい、身構えたりしないのか?〉、〈警察がいる今でも、家に鍵をかけるんじゃないのか?〉と問いかける。ホッブズのこの質問が鋭いのは、自分自身の性格を問うているのではなく、〈あなたは他者を信じ切れますか〉と問うている点である。いくら自分自身の善良さに自信があるとしても、自分以外のひとすべてについて、心からその善良さを信頼できるひとは、ほとんどいないだろう。ホッブズの人間観を貫くのは、自己保存の本能と他者に対する不信感なのだ。

ホッブズにとって人間は、個体としては快苦の原理によってできる限り幸せになろうと、自由に行動する。その一方で、集団としての人間は、幸福追求を妨害するかもしれない他者への警戒を怠らない。自己保存の本能とは、裏を返せば、人間はつねに「死の恐怖」にとりつかれ、他者を自己保存に対する脅威とみなしていることを意味している。正邪の基準をみなに知らしめ、その基準を逸脱する者を懲らしめてくれる強者が存在しないかぎり、ひとは安心しておちおち眠ることすらできない。

人びとの間で了解された決まり事と、その決まり事を皆が守るよう見張ってくれる強者が存在しない状態が自然状態である。それは、法制度、そして警察権力を備えた国家が存在する社会とは区別される。ホッブズによれば、自然状態で生きる人びとの間では争い事が絶えず、各人が各人に対して戦争を仕掛けているような惨めな状態である。そこで生きる人びとは孤独で貧しく、その人生は短い。

第九章でも触れるように、一七世紀イギリスにおける内戦状態を生き、自らを「恐怖との双生児」と称したホッブズは、死の恐怖の下で生きなければいけない状態から脱することこそ、国家の存在理由だと考えた。国家は、その下に生きる人びとの平和と安全のためにこそ存在するのだ。

しかしここで、安全保障こそを国家の存在理由と考えたホッブズの議論を何が支えていたのかについて、思い出しておこう。それは、自己保存を最高の価値とし、その欲求を満たすためには、他者を敵に回してでも闘おうとするような人間像である。したがって、約束事を守らないで攻撃を仕掛けてくるようなひとがひとりでもいるならば、やはり平穏には生きていけない。そこでホッブズは、国家はすべての国民が総力を挙げてもかなわないほどの強大な暴力装置でなければならないと考えた。

それが、人間の鱗をもつ大怪獣、ホッブズの言葉を使えば、「平和と防衛とを人間に保障する地上の神」、すなわち、国家である(『リヴァイアサン』一七章)。

ところで、安全保障という言葉について、その語源からも理解を深めておこう。英語の安全 security という言葉は、securitas というラテン語に由来している。この語を作っている cura は、英語の cure や care に相当し、世話、気遣い、あるいは、心配、不安といった意味をもつ。そして、接頭語の se は、「……のない」という否定語だ。したがって、安全な状態とは、心配や不安がない状態を意味している。これは、ホッブズが死の恐怖から自由になることこそを、安全と考えたこととも一致している。

ホッブズに戻れば、不安がない状態を保障するのに肝心なのは、予め不安材料を除去することである。国家が大怪獣と表現されるのは、その恐ろしいほどの威力が目にみえて存在しなければならないからだ。人間が国家の力を恐れるようにならなければならない。国家のもつ懲罰権力には抵抗することもできないし、そこから逃げることもできない。この権力に対する怯えから皆が約束を守るだろうと信じられることが、安全には必要なのだ。したがって、武力を行使しても法律に触れないのは国家だけであり、国民は武力の行使権だけでなく、武装する権利さえ放棄しなければならない。さらには、安全を保障するための国家の活動は、国民の総意であるとする国家観が誕生する。

2　安全保障の死角としての自然

ここまで、安全の意味を国家との関係から考えてきた。近代国家論の祖ともいえるホッブズの思想を遡ることでみえてきたのは、安全を重視する、とくに国家を中心に安全を保障しようとするさいの、特徴的な考え方だ。

まず、人間観については、ひとは自分の生命を第一に考え、生き延びるためには、他人を蹴落としてまで力を蓄えようとする、自己中心的な個人が前提である。自己中心的な人間は、したがって他者に対する不信感から自由になれない。

そこで、信頼し合えない人間を超えた、そして人間が総力を挙げても太刀打ちできないような、大怪獣リヴァイアサンと呼ばれる国家が、安全のためには必要となる。国家が存在する第一の理由は、人間に平和な社会を供給するための安全保障にこそある。

そして、国家の第一の存在理由は安全保障である、という考え方は、日々顧みることすらしないほど、わたしたちの日常生活に根づいている。たとえば、市民であるわたしたちは、銃刀法と呼ばれる法律によって、他者を傷つける危険のある刃物や銃を携帯したり所持したりすることを厳しく禁じられている。他方で、街角の警官が銃を所持していることを、不安に思わないでいる。大量殺戮が可能な戦闘機や実弾を大量に保持している自衛隊の存在を考えただけで、不安で夜も眠れなくなるひともほとんどいないだろう。

こうしてわたしたちは、強大な国家を頼りにしている。どこかで犯罪が行われようとも、必ずや国家が裁いてくれる、あるいは、国家の存在が犯罪を抑止し、平和が保たれていることを疑わない。

だが、国家を中心に考えられている安全は、実際のわたしたちの生活の一部分だけをみているにすぎない。安全保障という観点からみえなくなってしまうのは、ホッブズも自然状態（＝戦争状態）を克服するために国家が設立されると考えたように、自然に対する態度である。

ここでの自然には、ふたつの意味がある。第一の自然は、わたしたちを取り囲み、わたしたちの命を支えてくれている空気や水や大地、その他の動植物といった自然である。そして第二の自然とは、わたしたち自身に他ならない。

第二の自然から考えてみよう。じつはホッブズは自然状態を想定するにあたり、あるトリックを使っている。かれは、戦争状態として自然状態を仮定するさい、次のように読者に呼びかけている。〈まるで大地に生えてくるキノコのように成人となる人びとを想像してみよう〉と。つまり、自生するキノコのように、ひとりで大人になった人びとからなる集団を自然状態の住人と考えることにしようというのだ。

だが、これはあまりにわたしたちの「自然」に反している。多くの動物もそうだが、わたしたち人間はとくに、自分で自分の命を守れるようになる前に、誰かによって育てられなければならない。わたしたちは例外なく、母から生まれてくる。そして生まれたばかりのわたしたちは、自分を産んだひと、あるいは育ててくれるひとを親とし、親をはじめとする大人たちに世話されなければ生きていけない。ひとは、キノコのようには成長できず、無力で無防備な存在として生まれてくるのだ。さらに、無防備な形で世界に新しく誕生する子どもたちを、我が身のように、時には自分のやりたいことを脇においても世話してくれるひとがいなければ、人類は存続不可能なのだ。

ホッブズのトリックとは、母を大地へとすり替えることで、わたしたちのすべてが、誰かに世話をされてようやく生き延び、成長したことをみえなくすることだ。それはまた、自己保存に専心するひとではなく、時に利他的に子どもを世話するひとが、人類にとっては不可欠な存在であることをも隠している。

人間は最初、無力で誰かに依存しなければ生きていけない者として生まれてくる。自分で自分をコントロールできない者として、人間は誕生する。さらに、わたしたちが体をどんなに鍛えようとも、あるいは医療技術がどれほど発達しようとも、心身ともに衰え、誰かの世話になりながら一生を終える。もちろん、すべての成人がひとりで社会生活できるような健常者であるわけでもない。他者の手を借りてようやく、社会生活ができるひとも多く存在する。

第一の自然についても、予め不安を取り除いておく、といった安全の考え方は、自然は人智によってコントロール可能である、という信念に基づいている。ホッブズは、神が創造した自然を、人間は真似て作ることができると考えた。しかし、悠久の自然という表現があるように、わたしたちの生は短く、他方で自然は変化を遂げながらも、個々の人間の生死を超えて存在し続ける。人間がどう解釈し、手を加えようとも、わたしたちの意志を超えたところで、自然は存在している。

たとえば、わたしたちは自分の身体でさえ完全にはコントロールできない。誰も内臓の動きを意識的に調整できないことからも、それは明らかだろう。同じように外界は、わたしたちの意志とは別に存在する。安全のために、外界の動きをある程度予測することができたとしても、その動きを止めることはできないし、それが未来にどのような影響を与えるのかについては、どれくらい先の未来を想定するかによって、まったく答えも変わってくるはずだ。

3　安全な国家から安心できる社会へ

再度、安全の語源に戻ってみよう。securitasとは、文字通り訳せば、ケアレス、つまり不注意や怠慢という意味である。安全のもつこの両義性は、いったん不安から自由になると、ひとは注意を怠り、安全保障の責任は他人任せになる、といった危険性を示唆している。

安全確保のための労力の多くは、予防や予測に費やされる。たしかに、警察は防犯だけでなく、本来起こってはならない犯罪が生じてしまったさいには、犯人逮捕までは責任をもってくれる。しかし、不幸にも犯罪にあってしまった時、被害者やその家族には、その後のさまざまなケアが必要となる。傷害を被ったひとは、その一度の傷のために、身体的な傷が癒えたとしても、恐怖のためにひとりでいることに不安を感じるかもしれない。そんな時、誰かにそばに付き添ってもらって、〈大丈夫だよ〉と声をかけられ、支えてもらうことで、どんなに勇気づけられることだろう。あるいは、傷害を被った後、また迎え入れてくれる仲間や職場も必要だ。休んでいた間の遅れを取り戻すために、やはり誰かの助けがあったほうがいい。

わたしたちの安心感は、強大な権力が一手に不安を取り除こうとする安全が与えられただけでは、生まれてこない。

たとえば、普段わたしたちが〈心配しないで〉と日常会話で使う時、そこに込めようとする、あるいは聞き取ってしまう含意とは何かを考えてみよう。二〇一一年の三月一一日に起きた東北地方太平洋沖地震（東日本大震災）の後、多くの人が〈ひとりじゃないよ〉、〈わたしたちも一緒にいる〉という言葉を口にした。これらの言葉には、安全と安心の違いがよく表れていると考えられる。

震災後に報道されたニュースのひとつに、ミャンマーからの難民で、被災地でのボランティアに参加したひとのインタヴューがあった。かれは、津波にあったビルの清掃作業をしながら、〈ここにいるのは、日本人だけじゃないから〉と、涙に声を詰まらせながら語っていた。そうなのだ、ひとは誰かを安心させようとする時、〈そばにいるよ〉と知らせようとする。問題を抱え、不安でたまらない時、たとえその問題を解決することにならなくても、一緒に悩んでくれる友がいてくれる。何かに困っている時、途方に暮れている時、〈もう大丈夫、心配しなくていいよ〉という他人の言葉に、〈自分も一緒にいるから〉という言葉も聞き取ってしまう。それが、安心する時の経験ではないだろうか。

生活のなかで、予想もしなかった不幸に見舞われる。あるいは、現代の生活にはいろいろな所に危険が待ち受けている。いくら安全だと信じていても、いつ起こるか分からない危険のなかでわたしたちは生きている。だからこそ、万が一被害にあってしまった時は、被害から回復するためにわたしたちは多くのひとの支えを期待できなければならない。事前の予防も大切だが、被害の後もわたしたちは、安心できることが必要なのだ。自分が抱える問題を共有し、かつ回復しようとする自分に寄り添ってくれるような仲間と、その間必要な資源が手当てされるべきなのだ。

しかし安心の場合と異なり、安全が専門家の手にいったん任せられてしまうと、〈自分たちもここにいる〉といった安心の語りは影をひそめてしまう。東京電力福島第一原発事故の直後にあからさまとなったように、専門家集団が自分たちの言葉だけを信じろ、というメッセージを発し始める。専門家たちの声を前に、素人、とくに最も被害を受けるだろうと考えられている子どもたちと、その子どもたちの世話をしている多くの女性たちの声はかき消されてしまう。そして、最終的な責任者であるはずの者たちは、放射能汚染におびえるひとたちのそばに寄り添う形で、問題を共に解決しようとはしない。

不安から自由であることで満足させ、被害にあった後どうするのかは考えなくてよいと過信させるものが、「安全神話」である。わたしたちが安心するためには、何が必要なのだろうか。身近な経験の積み重ねを通じて、この問いを自分自身に向けて問い直してみることが、「安全神話」から脱却するための第一歩となるはずだ。そこで、第Ⅲ部では、他者が何を必要としているのか、そうした気遣いから始まるケアの倫理を核とした平和の構想がいかに可能なのかを論じてみたい。

第 III 部

第Ⅱ部では、九〇年代に日本社会で広がったジェンダーフリー・バッシングの草の根運動にまで遡りながら、哲学の起源とも密接に関係していた「自然」という理念の両義性にも触れつつ、個人の尊厳を守るための重要な考え方として立憲主義を論じてきた。

結党以来自主憲法の制定を党是としてきた自由民主党であるが、たとえば家族の捉え方、女性の生き方を国家のために制限しようとする態度、そして、戦争という政治の破綻に巻き込まれ死んでいった多くの人びとに対する記憶の政治的操作から浮き彫りにされるのは、立憲主義を逆立ちさせたような国家観である。すなわち、国家の存続のためにこそ国民は存在しなければならないという、強い政治的意志である。

そして二〇一五年現在、違憲だという多くの専門家たちの声、そして戦争には絶対に反対する、だからこそ憲法第九条を守れという多くの市民の声を無視して、集団的自衛権の行使を可能にする法律を安倍政権は強行採決した。だが第Ⅱ部で確認してきたように、立憲主義は、二〇一二年に発表された自民党憲法草案が明言するような、「日本国民は、良き伝統と我々の国家を末永く子孫に継承するために」存在しているという考えをこそ否定するために生み出されてきた人類の叡知である。

第Ⅲ部では、故安倍晋三の基本政策であった自主憲法の制定と、そこに含まれた集団的自衛権の行使を可能にしたいというかねてよりの持論について、国家の使命のひとつとも考えられてきた安全保障という考え方に遡り論じてみたい。そこで明らかになるのは、安全保障という考え方そのものに、無力な個人を圧殺してしまうような、軍事的な国家を絶対視する思想が埋め込まれていることである。

わたしたち市民が武装していないと互いに信頼し合えることで、安心した市民生活が送れるように、またカントが『永遠平和のために』で論じたように、武装しないことを国際社会において互いに約束し合うことで、殺し合いをすることのない世界がもたらされるのではないのか。

第Ⅲ部は、直感的ともいえるわたしたち市民の安心感と安全保障概念を比較したintermissionでの議論を前提に、立憲主義の歴史とも深くかかわる、そして現在の安全保障概念の原型ともなったホッブズに立ち戻りながら、安全ではなく平和を希求する、「反」暴力・「反」戦争の思想をいかに紡いでいくのかを論じていきたい。

第九章 「安全保障」を問い直す

はじめに 戦争観を再考する

本書ではここまで、二〇〇一年九月一一日に合衆国を襲った同時多発テロ(以下、9・11事件と表記)以降の暴力をめぐる議論、暴力以後の責任や正義はいかに実現されるべきか、そしてそうした国際的なテロや紛争の背景に棹差すように噴出してきた憲法破壊についていて論じてきた。

第九章では、二〇一二年、第二次安倍内閣を誕生させた総選挙時の、石原慎太郎の次の発言を出発点にしながら、わたしたちの戦争観、歴史的な戦争と安全保障の神話がどのようにして出来上がってきたかを、intermission を引き継ぐ形で論じてみよう。石原は選挙運動のあいだ、北朝鮮による拉致事件に関連して、次のように述べた。

憲法九条のおかげで同胞を見殺しにした。あんなものがなければ、日本は「とにかく返してくれないと戦争するぞ、攻めていくぞ」という姿勢で取り戻せた。[1]

ここでの議論は、現行憲法どころか、国際法上の戦争法規をも無視したかれの発言の是非を問うことを目的とはしない。そうではなく、ここで石原が言及している「戦争」という言葉に、かれが託したであろう喚起力とは何か、また、じっさいにこの発言を聞いたわたしたちにとって、「戦争」がどのようなイメージとして立ち現れてくるのかを問うてみたい。

現在の日本社会に生きるわたしたちの多くにとって、もはや戦争は生々しい記憶を想起させるものではない。むしろ戦争は、他国、とりわけ先進国以外の、政治体制や社会状況、そして文化や人びとの暮らし向きも違う《ディファレント》、いやもっといえば、わたしたちには異質《ストレインジ》の、遠い国の出来事であり、さらに、テレビなどの媒体を通じて映像で送られてくるイメージとして想起されるのではないだろうか。そうでなければ、わたしの年代にとっては親世代、若い読者にとっては祖父母たちといった、過去の苦労話として、少しは身近に感じたことがあるかもしれない。

「戦争」に対するイメージは、ひとそれぞれに違うだろう。たとえば、それは日本国内に限っても、本土にいるひと、沖縄にいるひと、第二次世界大戦後、大陸から引き揚げてきた者が家族や親戚にいるひと、そして旧植民地の出身者といったように、当事者性も、距離感も、どの戦争を具体的に想起するかによっても異なっている。しかしながらそのイメージは、乱暴だが大別すると、ふたつに分けることができるだろう。それは、「戦争するぞ、攻めていくぞ」という石原の発言からも容易に想像できるはずだ。つまり、「攻める者」と「攻められる者」からみた、ふたつの戦争観である。(2)

たとえば、国際法において、ようやく戦時の強かんや性被害、生殖能力に加えられる暴力が、人道に対する罪、戦争犯罪の類型として認められるようになったのは、一九九八年に制定された国際刑事裁判所のためのローマ規程においてであった。他方でわたしたちは、戦争や紛争において、女性たちが攻撃の標的にされてきた長い歴史を知っているし、(3)たとえば、西洋絵画を展示する美術館に行けば、女性を戦利品として強奪する男性兵士の絵を見る機会も多い。例外はあるものの兵士とはならない女性たちは、凌辱、強かん、略奪、殺害される標的として、戦争を体験してきた。しかし、女性に対する戦時性暴力が、戦争犯罪としてではなく、戦争につきものの副次的現象として考えられてきたことが示しているように、戦争を「攻める者」の側からイメージするのか、「攻められる者」の側からイメージするのかは、おそらく「平和」を構想しようとするさいにも大きな影響を与えているに違いない。

そこで、以下ではまず、西洋の政治思想史を簡単にではあるが振り返りながら、長きにわたって哲学者は、「攻める者」の側から戦争を考え、その戦争観から「平和」な社会を構築してきたことを明らかにしてみよう。

第1節　西洋政治思想における安全保障

歴史のなかの「戦争[4]」

大量の人びとが武器をとり、自らの主張の正しさを訴えるため、一定の領土内の支配権を打ち立てるため、あるいは、土地や作物、財産を奪うために、時に相手を殺害するに至る。残念ながら、人類の歴史はそうした殺戮や紛争の歴史であったといっても過言ではない。わたしたちの歴史は、非情で残酷な争いを経て、その反省と教訓のなかから一定のルールや規範、そして「平和」という理念を見出してきた歴史といってもよいかもしれない。

しかし第一に、ここで強調しておきたいのは、現在わたしたちが共有している「戦争」という考え方は、ある特定の時代背景のなかから生まれ、同様にそこから、主権国家が戦争の担い手として登場してきた、という事実である[5]。では、戦争とは国家間の紛争である、といった現在の一般通念はどのようにしてできあがったのか。そして、その時代背景は現在の国家観とどのように結びついているのだろうか。

まず、次の絵をみてもらいたい(図)。これは、一六世紀フランスで一五六二年から九

図　聖バルテルミの大虐殺(ローザンヌ美術館蔵)

八年まで、三六年間もつづいた内乱における、最も凄惨な虐殺が起こったその時を描いた、同時代の芸術家フランソワ・デュボワの有名な「聖バルテルミの大虐殺」である。一六世紀から一七世紀にかけての西ヨーロッパでは、マルティン・ルターによって着手された宗教改革によって、ほとんどの国で、国内を二分するような争いに明け暮れることになる。西ヨーロッパは、宗教的最高権威を保持する教皇権と世俗的な支配権力を掌握する帝権を中心に形成されてきたが、各地の諸侯を掌握し始める王権の権力伸長に伴い、領土内の権力争いがプロテスタント対カソリックという宗教上の争いとなって先鋭化したのが、当時の凄惨な宗教「戦争」であったとまとめることができよう[6]。

一五九八年まで続くフランスの内乱からは、国家主権の論理を提唱したジャン・ボダン(1529/30–1596)が登場するが[7]、海の向こうイギリスでは、トマス・ホッブズが登場し、現在にも通じる国家安全保障の論理をその主著『リヴァイアサン』において描き出した。エリザベス女王の統治下(在位1558–1603)に生まれたホッブズもまた、時代の騒乱のなかで、国内の宗教的・政治的抗争を治め、平和を確立する方法を模索した哲学者であった。熱烈なカソリック教徒だったメアリー女王(在位1553–1558)は、当時「流血のメアリー」と呼ばれたほどの恐怖政治を行い、英国国教会設立以降プロテスタント化が進んでいた市民たちから恐れられていた。他方で、一五五八年以降半世紀近く国家の安定に努め、国教会制度の確固たる基盤を整備したエリザベス女王の時代においてさえ、強大なカソリック王国スペインとの関係で、緊張を抱えていた。ホッブズはスペインの無敵艦隊のイギリス襲来のうわさを聞いた母が、その恐怖に慄き彼を産んだ、といったエピソードを自ら語ったと伝えられている。「母は大きな恐怖をはらんで私と恐怖との双生児を産んだ」と[永井 1979: 7]。

恐怖と不信に囚われた人間像

「恐怖との双生児」といった自らの言葉が象徴するように、ホッブズはアリストテレスに代表される伝統的な政治思想からの離脱を決定づけた哲学者である。ホッブズ以前の政治思想の主流は、理想としての善き国家体制、ひとがそこにおいて善き生き方を実践できるような政治形態が探求されていた。しかし、エリザベス一世の後継者であるジェームズ一世(在位1603–1625)の清教徒弾圧と王権神授説への傾倒、チャールズ一世(在位1625–1649)の議会の停止など、「政治的、社会的、宗教的、そして経済的な変革への要求が集まって、旧秩序を破壊する」ような混沌のなかから[ウォーリン 1994: 279]、新しい社会を創造する科学としての政治学を唱えたのが、ホッブズであった。

intermission で、有名な初版の挿絵から、リヴァイアサンというタイトルの由来を説明したが、そこで参照した怪獣リヴァイアサンの上には、旧約聖書のヨブ記から「地上にはかれとならぶものはなし」という言葉が引用されている。このなんとも恐ろしげな怪獣によって、当時「激しい政治革命と宗教闘争とを経験しており、その激しさは全社会を無に帰させるほどのものであった」英国の再生を、ホッブズはいかに企図したのだろうか[ibid.: 280–281]。

まず、ホッブズの人間観が最もよく表れている、有名な一節を読んでみよう。かれは、競争心、不信感、そして誇りが人間の三大特徴だとしたうえで、次のように続ける。

> これによってあきらかなのは、人びとが、かれらすべてを威圧しておく共通の権力なしに、生活しているときには、かれらは戦争とよばれる状態にあり、そういう戦争は、各人の各人に対する戦争である、ということである。すなわち、**戦争**は、たんに戦闘あるいは闘争行為にあるのではなく、戦闘によってあらそおうという意志が十分に知られている一連の時間にある[ホッブズ 1992a: 210. 傍点強調は引用者]。

かれによれば、人間は、競争心からひとを支配したいがために暴力に訴え、また、そうした人間に囲まれている恐怖心から、安全を確保するために暴力に訴え、さらには、自らの評判を落とすような言葉や嘲笑を避けるために暴力に訴えるのだ。そして、実際の戦闘行為が行われなくても、そうした状況に取り囲まれているとの不安に襲われているのであれば、すでに戦争状態であるという。したがって、誰もがその絶対的な力を認め、けっして抗うことのできないような圧倒的な暴力装置を背景にしたリヴァイアサンが確立されないかぎり、わたしたちが戦争状態に陥るのは必然だとする。

すでにわたしたちは、ホッブズの自然状態にはあるトリックが使われていることを確認した。そこでは、大地を母にたとえることで、無防備なままに他者の暴力の危険に晒されながらも殺されずに生きてきた、というわたしたち人類の歴史が抹消されている。そして、幾度も強調されるべきなのは、ホッブズの人間観には、自己保存の本能と他者に対する不信感、そして恐怖心が貫かれている、ということである。

平和を樹立する怪物「リヴァイアサン」

ホッブズのいうような、つねに死の恐怖に怯えていないといけない世界はあまりにも惨めだ。かれ自身も述べるように、「人間の生活は、孤独でまずしく、つらく残忍でみじかい」[ibid.: 211]。しかしホッブズの創造性は、こうした人間の本性自体を非難するのではなく、このあまりに人間的な情念から、平和を構築する装置としてのリヴァイアサンを構想した点にある。怪獣リヴァイアサンは、まさにかれが捉えた人間の本性が生み出した至高の創造物である。

キリスト教的な世界に住む人びとは、その教え〈自分の欲することを、他人にも為せ〉といった箴言に従っても生きていたであろう。しかし、繰り返すが、他者に対する恐怖心に囚われた人間は、他者もそのような教えに従っているなどと信じ切ることができない。実際に、同じキリスト教者でありながら、当時のヨーロッパでは多くの血が流されたのだ。いくら互いに約束を交わしたとしても、それが「剣をともなわなければ、語にすぎないし、人の安全を保障する強さをまったくもたない」のだ［ホッブズ 1992b: 28］。そこで、互いの不信感のなかからも、自らの平和を求めて、ひとは、ある絶対的な権力の下に集結し、誰も、どんな集団であっても抵抗できないほどの巨大な力をもった国家を建設する。国家の存在理由は戦争を避けること、安全保障 security にある。

ホッブズは、国家を創設しようとする人びとの最初の約束を注意深く定義する。それは、単なる同意や和合以上のものであり、リヴァイアサンの絵にあった、あの一つひとつの鱗にすぎない諸個人のすべての力を預けるような行為である。つまり、絶対的な力をもったリヴァイアサンを前に、個人は無力であり、だからこそ、リヴァイアサンは圧倒的な力を保持し、かれに従う臣民となった人びとを威嚇しながら、平和を維持する。

こうして、ホッブズによれば、主権国家とはあたかもひとつの人格のように統合されており、人びとの平和と共同防衛のためには、いかなる手段にも訴えることが可能である。戦争状態から抜け出すために主権国家を設立した者たちは、国家がいかなる(暴力的)手段に訴えようと、自らの意志の発露であるかのように従うほか生きる道はない。

第2節　安全保障神話

安全保障神話と暴力

ホッブズを中心に簡単に振り返ってきたように、近代国家は、西欧における中世的な世界、つまり宗教的主体(精神的力)と世俗的主体(物理的力)が併存し、前者が優位を保ちながら人間関係が組織化されていた世界が引き起こした宗教戦争を克服するための、最も有効な手段として成立した。近代国家は、一定の領土内における人びとを圧倒的な政治的権力によって支配し、それへの服従を求めることによって、領土内の平和を確立することを至上目的としている。そして、安全保障を効率的に遂行するために保持される政治的・物理的権力が、主権と呼ばれるようになる。それは、一方では、平和の確立に大きく貢献した。なぜなら、国内においては、圧倒的な暴力装置を背景にした力の恐怖の下に、いかなる対立も調停され、最終的解決が図られる。また、国内における主権を互いに尊重しあうことを原則として、諸国家はすべて平等な権力をもつことを前提とする対外的なルールが国際秩序としてできあがったからだ。

しかし他方で、この近代的な政治理解、世界理解は、皮肉なことに、暴力が支配する世界を招来することにも加担した。つまり、国内の紛争・内戦・宗教「戦争」は地上の神リヴァイアサンたる主権国家によって、その根を断たれることとなったが、その根を断つために圧倒的な暴力装置となった近代国家は、今度は戦争の遂行者として登場してくるのだ。そしてここにおいて、主権国家が主体である武力紛争、という現代のわたしたちの戦争観が生まれる[8]。

ホッブズが唱えたように、たしかに、国家だけが合法的に圧倒的な暴力装置を備え、その領土に生きる諸個人を威嚇しているかぎり、すなわち、〈国家の法を破るとどうなるか、わかっているのか〉と、その存在を誇示しているかぎり、わたしたちの安全は保障されている、ようにみえる。そして、そうした地上の神のような主権国家が確固として君臨しているかぎり、戦争はここではない、どこか遠くの破綻国家の出来事のように感じることができる。あるいは、本章冒頭の石原のいうように、〈わたしたち〉国民の安全を守るために、国家がしかける、相手国への攻撃と想定してしまうかもしれない。あるいは、集団的自衛権の行使は他国からの攻撃を抑止するためのものである、と考える人たちが想定するように、無法な他国から安全なわが国に戦争はしかけられるものだと想定されているのかもしれない。

しかし、いかに現在のわたしたちの生活が安全だと思いなすことができたとしても、国家が剣や銃を常時構えている現実に違いはない。ここに、暴力装置に裏打ちされた安全保障こそが平和を獲得する唯一の手段であり、暴力こそが平和への道である、といったいびつな安全保障神話が生まれる。

さらに、ホッブズに戻れば、不安がない状態を保障するのに肝心なのは、予め不安材料を除去しておくことである。国家が大怪獣と表現されるのは、その恐ろしいほどの威力が目にみえて存在しなければならないからだ。人間が国家の力を恐れるようにならなければならない。国家のもつ懲罰権力には抵抗することもできないし、そこから逃げることもできない。この権力に対する怯えから皆が約束を守るだろうと信じられることが、安全には必要なのだ。したがって、武力を行使しても法律に触れないのは国家だけであり、国民は武力の行使権だけでなく、武装する権利さえ放棄しなければならない。さらには、安全を保障するための国家の活動は、国民の総意であるとする国家観が誕生する。

安全保障の矛盾

しかし、ホッブズの議論からもう少し想像力を働かせてみると、わたしたちは安心してよいどころか、暴力の脅しの下で生きることを強制されているようにも感じられないだろうか。じっさいに、安全保障という考え方には、いくつかの矛盾が孕まれている。たとえば、①暴力を阻止するためには、より強大な暴力が必要となり、結局は暴力につぐ暴力といった暴力の連鎖をつくりだす。②暴力はあくまで平和を維持する、あるいは平和を構築するための「手段」であったとしても、これもまた競争心を人間の本性とみていたホッブズが的確に指摘しているように[ホッブズ 1992a: 169]、現在手にしている手段は、相手の手段より少しでも劣っていれば、意味がない。したがって、あくなき手段の増大競争、終わりなき競争それ自体が目的となる、といった手段と目的の逆転が生じる。これが、軍拡競争である。さらに、深刻なのは、③兵士以外の戦争被害者への補償が考えられない、という点だ。なぜならば、安全保障の核心は、そもそもの不安の種を根こそぎにしておくことであり、国内の戦争はそもそも生じてはならないものと想定されている。したがって、戦争による被害が考慮されるとしたら、それは、戦闘に行く兵士が被る危害であって、国内において攻撃された一般市民は補償の対象とはならない。④つまり、暴力によって安全を保障しようとする結果、まさに care のない、とりわけ、戦争によって傷ついた、自ら身を守る手段をもたない者たちに対しては、非常に無責任な態度を育ててしまうことにもなりかねない[10]。安全保障さえしっかりしていれば、あとは知ったことではない、"I don't care" と。

カナダのフェミニスト国際関係学者のフィオナ・ロビンソンは、オックスフォード英語辞典の定義を参照しながら、安全secureという言葉のもつ、「失敗したり、負けたりしない、という確かさ、信念」という意味に注意を向ける。すなわち、「個別のアクターによって達成される状態として、表層的に安全保障を理解することは、社会関係のネットワークを覆い隠してしまうだろう。そのネットワークこそが、継続的に人びとを支援し、そのニーズを注視しているというのに」[Robinson 2011: 7]。つまり、わたしたちが安心だと感じられるのは、巨大な軍事力に守られていることではなく、むしろ、他者に見守られ、そばでわたしたちのニーズを充たそうとしてくれる、そして傷ついた身体や心をケアしてくれる、そうした他者の存在である。にもかかわらず、安全保障概念は、そうした大切な他者の存在の有り難さ、さらには、いったん傷ついてしまった存在への配慮careに、あまりにも欠けているのだ。

第3節　軍隊は本当に市民を守ってくれるのか?

ブッシュ・ドクトリンと集団的自衛権

ホッブズの恐怖と不信感に囚われた人間観から構想された安全保障概念は、暴力の後に市民や兵士がどのように傷つくか、そうした想定をしない論理をそもそも抱え込んでしまっている。そこで、現在の集団的自衛権をめぐる議論を大きく勢いづけた「国際情勢の変化」の発端のひとつと考えられる9・11事件を事例として、軍隊は市民を本当に守ってくれるのかを考えてみよう。

二〇〇一年、直接的な被害を受けた合衆国だけでなく国際社会全体を震撼させた9・11事件は、国際紛争に関するいくつかの「常識」をわたしたちに確認させたと同時に、その「常識」に孕まれた国家主権をめぐる矛盾をわたしたちに見せつけた事件でもあった。すでに第一章でも確認したように、多くの論者が9・11事件について論じているが[ex. Butler 2004a, 2009; Cornell 2004; シンガー 2004]、ここで改めて9・11事件をめぐる議論を振り返っておくことは、安倍政権の「安全保障」観、さらには一般的にイメージされている「安全保障」観に批判的な視点をわたしたちに与えてくれる。そこでここでは、国際社会において他の追随を許さない軍事超大国である合衆国への同時多発テロによって、明らかになったことを振り返ってみよう。

まず、当時のジョージ・W・ブッシュ政権は、9・11事件以後、アフガニスタン攻撃（二〇〇一年一〇月開始）、そしてイラク戦争という「テロに対する戦争」に突入した（二〇〇三年三月宣戦布告）。ブッシュ大統領は、9・11事件直後、「文明と進歩のすべてを憎むやからは〔…〕無視することも、譲歩することもできない。彼らとは戦わなければならないのだ」と主張し、翌年二月には「来るべき時代に、世界をより平和なものにしうる戦争を遂行する、歴史的なチャンス」と語った[Brown 2006a: 179/243-244. 強調は引用者]。その後、二〇〇九年まで二期大統領を務めることになるブッシュ大統領は、世界を合衆国に味方する文明国と、「自由と機会のもっとも輝ける篝火」である合衆国に敵対する非文明国という形で、世界を敵と味方に二分する態度を示し続けた。

ウェンディ・ブラウンは、こうしたブッシュの世界観を次のように論じる。文化に対して中立で、自律的な主体として文化を選択できる合理性をもち、他者に自らの選択を押しつけない存在だと自認しているリベラルな寛容の精神は、その寛容の精神に同一化できない「他者」を集団の内部に対して抑圧的な存在、そして、いや正確にいえば、だからこそ外的には危険な存在だと考える。したがって、アフガニスタン攻撃も、イラク戦争も、その集団内で抑圧されている者たちを解放するという名目によって、正当化されてしまうのだった。

> 寛容な存在がこうした〈他者〉を扱うとき、自らの文明的な原理、たとえば、政治的な自己決定や国民国家の主権から、合理的な熟議、法的および国際的な説明責任、理性的な正当化にいたる原理を停止するのを合法化する[ibid.: 203-204/277-278]。

ブッシュ政権が敵を「ならず者国家」「悪の枢軸」と呼んだことからも明らかな、こうした世界観は、平和を名目に先制攻撃が許されるとするブッシュ・ドクトリンへと結実していく。なぜならば、合法的な国際秩序を乱す者たちには、合法な手段、すなわち非軍事的な手段では対抗し得ないし、かれらの存在こそが、国際社会はいまだホッブズ的な自然状態、すなわち、敵に弱さをみせれば攻撃に晒される「各人の各人に対する戦争状態」であることを証明していると考えられたからだ。

ここでわたしたちは、当時のアフガニスタン攻撃について、合衆国では知識人も含めた一般世論には、ほとんど反対がなかったことも思いだしておこう。[11] 思いがけない攻撃に晒され、「身の毛もよだつような光景が人びとの脳裏に鮮明に焼きついて」いるときに[シンガー 2004: 200]、敵に対して攻撃しないことは選択肢としてありえない、と反応した結果かもしれない。たしかに、当時の合衆国の軍事行動はわたしたちの多くの直観に訴える行動だった。ここに、安全保障概念をめぐる、わたしたちを捉えて離さない「常識」が明らかになる。

第一に、わたしたち国民がいかに合法的にふるまっていても、いやそうであるがゆえに、国際社会の秩序に従わない集団や国家からの攻撃に晒されやすい。

第二に、国内的な法的秩序、市民社会の存立を根底において支えているのは、国際的な法秩序ではなく、そうした集団に対抗できるだけの暴力装置、すなわち軍事力である。

第三に、わたしたちに敵対的な集団や国家からわたしたちの生命や財産を守ってくれる最後の砦は、軍事力である。敵から身を守る手段として軍事力は手放すことができない。

したがって、わたしたちの安全に対する不安を解消してくれるのは、軍事力に他ならない。

じっさい日本では、9・11事件以後小泉首相が「備えあれば憂いなし」として、武力攻撃事態法を二〇〇三年に成立させている。そこには、武力攻撃にあった――それだけでなく、いまにもあいそうな――場合には、武力による排除が可能であると明記されている。

安全保障の担い手である国家から、戦争の主体としての国家へ

しかしながらここで、ピーター・シンガーがすでに批判しているように[12]、当時の合衆国の軍事行動について問い返してみよう。9・11事件以降のアフガニスタン攻撃、そしてイラク戦争は、合衆国が集団的自衛権の行使を主張し、フランスなどの反対があったものの、同盟国にも軍事行動を共にするよう呼びかけた事例である。しかし、合衆国はその後の軍事行動によって、いったい誰を助けたのか。じっさいには、合衆国がその軍事力によって解放すると主張したアフガニスタン人やイラク人はいうまでもなく、米軍兵士の命も失われた。それだけでなく、命を落とさないで帰還した兵士のなかには、市民生活に復帰できない程の傷を負う者たちが数多くいる[13]。合衆国への敵意を根こそぎに

するために、ブッシュは戦争に訴えた。しかしながら、ジュディス・バトラーが9・11事件直後に発表した論文ですでに疑問を呈していたように、テロルの根源は、9・11事件に直接責任ある者たちを見つければその根を断つことができたのだろうか。わたしたちが問わなければならないのは、この暴力の連鎖を断ち切るための知恵と手段、そして国際的な制度をいかに見出していくか、ということなのではなかったのか。「倫理的な観点からいえば、私たちにはこうした暴力がさらに広がることを止める義務が」ある[Butler 2004a: 8/30]。

バトラーがいち早く指摘したように、アフガニスタンとイラクはともに、いまだ頻発するテロに怯え、きわめて不安定な情勢が続いている。目の前でなんの罪もない市民が殺戮され、合衆国こそがテロリストだと考える市民の敵意はよりいっそう深まっている。それだけではない、最終章でさらに詳しくみるように、そもそも軍事超大国の合衆国は、9・11事件の被害を未然に防ぐことができなかった。そして、実際にテロが起こってしまった直後にしても、救済に赴いた人びとは、兵士ではなく消防士であったし、軍事力はいったん被害にあった後、その被害をどのように癒すか、他国からの攻撃をじっさいに受けてしまった場合、どのような救済策がありうるのか、といった点については、まったく無防備なのだ。

ここで、先ほど触れた、ホッブズ的な自然状態＝「各人の各人に対する戦争」というアナロジーが、なぜ9・11事件以降、合衆国の好戦的な政治家や知識人たちに好まれるにいたったのかについて、確認しておこう。

ホッブズによれば、誰もがその絶対的な力を認め、けっして抗うことのできないような圧倒的な暴力装置を背景にしたリヴァイアサン(=主権国家)が確立されないかぎり、わたしたちが戦争状態に陥るのは、必然であった。だからこそかれは、国民が束となって立ち向かおうとも太刀打ちできないような、圧倒的な暴力装置を備えた国家が必要だと考えた。

しかしながらここに、近代主権国家の大きなパラドクスが存在していた。つまり、人びとが「継続的な恐怖と暴力による死の危険」を前に、「孤独でまずしく、つらく残忍でみじかい」生活から解放されたとはいえ[ホッブズ 1992a: 211]、そのことは、恐怖の根源となっている暴力からわたしたちが完全に解放されたことを意味しない。むしろ、遍在していた暴力を一極、すなわち国家主権に集中させることによって、一般市民のあいだの暴力の行使に歯止めをかけただけなのだ。この場合の平和とは、絶対的な暴力を背景とした懲罰という恐怖の下にある平和だ。

ホッブズ的な人間観によれば、平和は力の存在しないところには維持し得ない。一七世紀のキリスト教西洋世界においては、国内に宗教戦争の嵐が吹き荒れ、ホッブズの平和論は、内戦が絶えなかった当時の「平和」確立に貢献した。しかし、競争・不信・誇りを特徴とする人間の争いを力によって抑止する働きを政治とみなすことは、逆に、十分な抑止力が存在しないところでは、暴力が蔓延すると観念することに直結している。

国内平和の確立には確かに有効に働いたホッブズ的な国家は、ここにおいて、安全保障の装置から、戦争する主体に変貌する。近代主権国家から編成される現在の国際社会には「正義は力である」とする認識が根づいてしまっている。本書で「自然」という理念の両義性を論じるために参照してきたレオ・シュトラウス研究者の石崎嘉彦によれば、9・11事件以降の世界とは、次のような世界である。

> そこでは、物理的な力や暴力としての「力」、欲望という意志の「力」が主役を演じているだけである。それは、むき出しの「力」の世界、それも純然たる力学的力と欲望する意志の力が同時に作用している世界となる。〔…〕こうして、「正義」さえ純然たる「力」に変じてしまう新たな自然状態が到来する［石崎 2008: 21–22］。

第4節　他者に依存する存在からの出発

安全保障からケアの倫理へ

ホッブズは「各人の各人に対する戦争」状態を抜け出すために、圧倒的な主権国家の暴力に訴えた。そしていまや、国際的なテロが吹き荒れるなかで、グローバルな超大国として合衆国が暴力に訴え、そこに日本が集団的自衛権の行使によって、合衆国と行動をともにしようとしている。だからこそ、今わたしたちに問われているのは、「こうした暴力がさらに広がることを止める義務がないのか」という倫理的な問いではないのか。

そこで、安全保障体制においては〈なくてよい〉と考えられてしまうケア(=配慮・気遣い)は、その実践のなかでどのような倫理をわたしたちに要請しているのかを考えてみよう。ホッブズは、人びとが死の恐怖や他者に対する不安から自由になるために、強大な暴力装置である国家に訴えた。しかし、ロビンソンが指摘しているように、安全保障が、個々のアクターの(暴)力によって確立すると考えることは、わたしたちが人びとに囲まれ、他者に応答される、という信頼感のなかで生きていることによって、平和や安心が得られるという事実を見失うことにもつながっている。

ケアという実践はさまざまに定義されてきたが、たとえば、サラ・ラディックは、母親業に着目しながら、保護する、慈しむ、育成する、といった実践だと定義する。母子が一体となって、以心伝心で子が必要としているニーズを母は〈自然に〉読み取っているかのように思われがちな母親業だが、彼女は、母子は一体なのではなく、むしろ異なるニーズを抱え、異なる時間と身体性を生きる子とのつきあいは、時に悲劇的な暴力をも引き起こしかねない、むしろ葛藤を抱えたものだと考えている。つまり、圧倒的な強者で生殺与奪の力をもつ「母」は、だからこそ、「暴力的なコントロールというやり方を否定しながら、他者への暴力に抵抗することを学んでいる」と強調する[Ruddick 1989: xix: cf. 岡野 2012: 38-39]。つまり、力をもつ者が、無力あるいは、自分より弱い他者に対して、いかに暴力に訴えないように振る舞うのか。これが、ケアの倫理の中心にあり、〈他者を傷つけないこと〉〈危害を避けること〉がその倫理の中心的な価値である。

しかし、〈他者を傷つけない〉というのであれば、むしろ他者と距離をとることで、交わりを避けるほうが、よりよくその倫理を実現できるのではないか。ここで、ケアの倫理に着目するフェミニスト思想家たちが、母子関係に着目することによって、母親業を担う人たちの考え方や実践のなかから、ケアをめぐる行動規範を編み出してきたことを強調しておきたい。つまり、彼女たちの人間理解の端緒には、放っておかれれば、つまり他者のケアがないならば、生存できない存在との関係性が存在しているのだ。したがって、ケアの倫理に対して関心が高まる嚆矢ともなったキャロル・ギリガンの『もうひとつの声で』もまた、次のように述べるのだ。

自分と他者は、たとえ力の違いがあったとしても、同じ価値をもった存在として扱われなければならないのです。〔…〕すべてのひとは、応答されるでしょうし、わたしたちのなかのひとりとして含まれていなければなりません。誰ひとりとして、放っておかれたり、放っておかれることで、傷つけられたりしてはならないのです[Gilligan 1982: 63/173–174]。

安全保障の論理と、ケアの論理との違い

たしかに、ホッブズに始まる〈自然状態とは戦争状態である〉という表象は、国際政治において強い影響力をいまなお維持している。しかしここで、もうひとつの流れもたしかに国際社会に存在していること、そして国連憲章にはその精神が流れていることも思い出さなければならない。それは、9・11事件以後、ブッシュ政権の基盤となった新保守主義(ネオコン)の論客ロバート・ケーガンがアメリカ的世界観と対照的に論じた、カント的な国際秩序観である[ケーガン 2003]。

> 将来の戦争の原因を含む平和条約は、そもそも平和条約とみなしてはならない。／その理由は、この条約はたんなる停戦条約にすぎず、敵対的な状態を延長しただけであり、平和をもたらすものではないからである。平和とはすべての敵意をなくすことであるから、永遠のという言葉をつけるのさえ、そもそも余計なことなのである[カント 2006: 149. 強調は原文]。

ケーガンはカント的世界観を「古いヨーロッパ」的思想だと考えたが、第二次世界大戦という人類史上最悪の経験に対して、国連憲章は、カントに代表される平和思想にも依拠しながら、第二次世界大戦時にみられた宣戦布告を経ない武力行使への反省から、「戦争の禁止」ではなく、むしろ「武力行使の禁止」を原則としている(第二条第四項)。国連憲章の第一条を読めば分かるように、国際平和の維持を目的とする憲章の原則は、国際的紛争が平和を脅かすような深刻なものに至らないためにも、「平和的手段」をもって集団的な措置をとろうというものであった。安倍政権が主張する「集団的自衛権」については、合衆国がラテンアメリカ諸国とのあいだで結んでいたチャプルテペック協定が、国連憲章によって無効にならないために、自衛権のひとつとして認めるよう強く働きかけたことが知られている。つまり、合衆国主導で、「各国が国連の決議を経ずに地域紛争に対して集団的に対応できる制度を作り出した」のである[毛利 2014: 52]。さらに、アメリカ外交史の専門家である西崎文子によれば、「加盟国が安全保障理事会の承認をうけずに単独行動をとったとしても、その行動は憲章違反ではなく、また国連の平和維持機能への挑戦ともみなされないことを約束した第五一条は、大国一致の原則を根底から揺るがす可能性を持っていた(14)」[西崎 1992: 37]。

現在、焦点化されている「集団的自衛権」は、合衆国の世界戦略と密接に関係し、そして、ブッシュ政権時の「先制攻撃」もまた、合衆国の好戦的な世界戦略の延長線上にあるといってよい。少なくとも、安倍自身は、「ブッシュ政権がアメリカの歴史のなかで、きわだって特異な政権であるとは思われない」と考えている[安倍 2013: 115]。

集団的自衛権の行使の必要性を唱える自民党の政治家たちがその理由を、新しい安全保障状況という形で、中国や北朝鮮といった隣国との関係の不安定さに求めているが、その裏にある人間観・国家観は、ホッブズが見出した争いの原因を体現していることに注目しなければならない。安倍が現行憲法の前文を「へりくだった、いじましい文言」[ibid.: 127]、「あなた任せのようで恥ずかしい」と述べるのは[舛添 2014: 67]、かれの世界観がいまだにホッブズの時代のような競争や不信を当然視し、誇りを手放そうとしない、世界の支配者たろうとする精神を合衆国と共有しているからではないだろうか。

ここで、安全保障とケアの違いをまとめておこう。ホッブズの思想から抽出される安全保障の特徴とは、予防であり、危険をあらかじめ摘み取ろうとする態度であり、さらにいえば、どのような危機が生じるかは予測可能であるという過信である。そして、こうした自信に満ちた力への過信を支えているのは、じつは、ケアの実践が特徴的に表れる母子関係に対する徹底した無視である。

たしかに、いっけんすると、ホッブズが描くような「各人の各人に対する戦争」といった状況は説得的かもしれない。つまり、警察や軍隊がなければ、法律を誰も守らず、誰も殺し合いが始まる、といった恐怖にわたしたちの多くが駆られるだろう。しかし、誰もが他者を支配したい、自分よりも弱い人につけこみたい、自分だけが幸せになりたいと願っているといった人間観は、人類の来歴を異なる観点からみれば、誤りであるともいえるのだ。つまり、わたしたちはまったくの無力で、他者の助けを借りることなく生き延びることができない新生児として生まれ、そして誰かが、自らのニーズを少しわきに置いてでも、わたしたちの生存に関わるようなニーズに応えてくれたはずなのである。そうでなければ、わたしたちは生き延びることさえできなかったはずなのだ。

じっさい、ここまで何度も触れてきたが、ホッブズの社会契約論では、人間はあたかもキノコのように地上に突然、独力で生えてきたかのように、いっさい関わりをもたずに成長したかのように捉えられている。しかし、この仮定はあまりにわたしたちの現実から程遠い。つまり、不幸なケースももちろんあるが、わたしたちが現にこうして存在している事実が、弱い者を支配し、つねに自分の幸福を最大化するために行為するというホッブズの人間観があまりに偏っていることを物語っている。

他方で、ケアの倫理からわたしたちが学ぶのは、ひとは傷つけられやすく、一定期間は必ず、放っておかれると生きていけないほどの弱い存在であったし、いつ他者に頼らなければ生きていけない状態になるかも知れないこと、そしてだからこそ、自分の傷やニーズに他者から応えてもらうことが大切である、ということである。繰り返すが、ケアの実践は、力も能力も背景も異なる他者との関係性——母子関係はまさにそうだ——

のなかで行われるので、そこにはケアされる・ケアする者のあいだに、つねに「軋轢」が存在している。そして、力の違いがあるからこそ、強者の立場にあるものは、弱い立場の者を傷つけやすい。したがって、非暴力的な応答をすべきである、といった強い倫理が働くのだ。

人間の条件としての傷つけられやすさに敏感であるということ、そして、ひとは他者との信頼関係や承認関係にあるからこそ平和に生きることができる、という認識は、物理的であれ、精神的であれひとが傷つけられ問題を抱えるという事態が、そうした関係性から排除されている状態である、という気づきへと繋がっている。すなわち、安全保障の論理とは異なり、ケアの論理は、あってはならない危害が生じてしまった場合もまた、いや、その時にこそなおいっそう、ひとは他者からの応答やケアを必要としているということに、相当な配慮を示すことができるのだ。

小括——ケアの倫理と「反」暴力

再度本章冒頭の石原発言にもどってみよう。わたしたちは、戦争をどこか〈ここではない〉場所にしかけにいくものと考えがちではないだろうか。しかし、アジア太平洋戦争では日本国内でも多くの被害があり、東アジアでは広範囲にわたり、多くの殺戮が行われ、膨大な被害者がいたし、現在もその傷を抱えて生きざるを得ないひとたちがいる。そして、ギリガンの定義するケアの倫理のように、すべてのひとがケアされ・ケアするという呼応関係のなかに含まれているべきだという規範は、平和な状態とはどのような状態かについてだけでなく、暴力とは何かについても再考を迫っている。それは、戦争に傷つけられた者たちが現に存在しているにもかかわらず、傍観者でいることもまた、暴力のひとつの形であることを伝えているのだ。

たとえば、ケアの倫理からすれば、ニーズがあり、それを自分の力で賄えないにもかかわらず、放置された状態は、危害が加えられていることになる。また、誰かのケアを一手に担っているために、自分自身のケアがおろそかになっている状態のひとにも、やはり同じように危害が加えられている。あるいは、そもそもケア関係を築けない、誰も自分のニーズに応えてくれない状態、さらにいえば、市民に経済的な自立を求めながら、教育環境その他の社会保障制度を整えることをせず、自立のための基礎的な土台や資源を供給してくれない社会も、暴力的な社会だといえる。そして、さらに深刻なのは、現在のグローバルな社会において、どんな細いつながりであっても、必ずどこかですべてのひととわたしたちはつながっているはずなのに、固定的な家族観や国家観によって、そうしたつながりの事実が隠されてしまっていることだ。

フェミニストの平和教育研究者の第一人者であるベティ・リアドンは、平和教育に必要な理念のひとつに、「道徳的包摂」をあげている［リアドン、カベスード 2005: 63］。それは、既存の安全保障が前提とする国境を越えて、あらゆるひとの人権が尊重に値すること、そして、ケアされる・応答されるに値するひとであることが尊重されることである。わたしたちがあたかも、戦争は〈どこか他の場所〉で行われている、あるいは〈どこか他の場所〉からしかけられるものと考えることは、多くのこれまでの被害者たち、現在被害に苦しんでいる人びとを放置し、まさに今ここで危害に加担することに他ならないのだ。

第一〇章　戦争に抗する——身体性／具体性から発する社会の構想へ

ブッシュ政権が専念したのは、ひとつの異なる宇宙、すなわちアメリカの行政部に対するいっさいの法的拘束力をもたない別世界を創造することであった。このような宇宙を創造するためには、核兵器をめぐるでっちあげの報告、アルカイダとイラクとの関係を創作し、そして、この作り話の情報元や関係書類の捏造といった物語や詳細な情報を偽造することが必要だった[Scarry 2010: 151]。

はじめに　戦争の本質

二〇一四年五月一五日、当時の安倍晋三首相は総理大臣記者会見のなかで、集団的自衛権の行使容認によって、「抑止力が高まり、紛争が回避され、わが国が戦争に巻き込まれることがなくなる」と言い切った。この会見において、「いかなる事態においても、国民の命と暮らしは、断固として守り抜く」と拳を振り上げた安倍首相は(1)、それに先立つ二月三日の衆院予算委員会で、立憲主義は「王権が絶対権力を持っていた時代の主流的な考え方」と持論を展開し、(2) それどころか——本人は、この支離滅裂さに思いも寄らないのだろう——自分は政府の最高責任者であるのだから、憲法解釈の最高責任者も自分であるかのような答弁をした。(3)

国家の繁栄に国民が貢献しなければならないことを前文に掲げる草案を、二〇一二年に自由民主党は発表し、その後、改憲を掲げて自民党の総裁になった安倍の下で、さまざまな角度から、戦争をめぐる議論が大きく争点となってきたことは必然である。

そして、以下にみるように着々と集団的自衛権の行使のために準備が進められてきた今、市民であるわたしたちは、戦争について立ち止まって考えると同時に、戦争国家に抗する構想を自らもまた編み出していかなければいけないという切迫した状態にある。

自民党憲法草案では、現行憲法第九条の戦争放棄規定が安全保障規定へと書き換えられた。二〇一三年一二月には、「特定秘密保護法」が強行採決で可決、成立し、一九五七年来の「国防の基本方針について」に取って代わる「国家安全保障戦略」が閣議決定された。そして二〇一四年四月になると、国民的議論のないままに、日本がこれまで世界に誇ってきた「武器輸出三原則」を撤廃して「防衛装備移転三原則」を策定し、同年七月には集団的自衛権の「限定的容認」が閣議決定され、行政権が最高法規を侮蔑した状況が続いている。そして、合衆国においてはオバマ政権が、集団的自衛権に訴えイラク、シリアで勢力を増し始めた「イスラム国」を攻撃し始めた。

二〇一五年に入ると、もはや安倍内閣は憲法の縛りから解き放たれてしまったかのように暴走している。「イスラム国」によって二人の日本人が殺害されると、安倍首相は「世界は変わったのに日本人の頭は七〇年前と同じ。それでは大きく変わる世界のなかで身を守ることができない」と衆院予算委員会で発言した。そして、合衆国のグローバルな軍事展開に呼応することを約束するかのように、自衛隊の米軍協力を質量とも拡大する方向へとガイドラインを見直した。さらに、安倍首相は国会での審議を経る前に、自衛隊もまた米軍とともにグローバルに展開できるようにすると、合衆国議会で宣言してしまう。二〇一五年の第一八九回国会で審議された安全保障関連法は、すでに改定された日米ガイドラインを実現するための国内法の整備にすぎないかのようだ。

第二次安倍政権下の〈いのちを守るために戦争ができる国をつくろう〉、〈武器を輸出して平和を促進しよう〉というかのようなメッセージや、いつの間にか閣議決定された「国家安全保障戦略」での「積極的平和主義」の提唱は、ジョージ・オーウェル『一九八四』の世界を彷彿とさせる二重思考をわたしたちに強いている。つまり、安倍政権下でいま生じていることは、わたしたち市民の生活において育まれてきた常識 common sense を大きく歪める破壊力をもっている。カントを参照するまでもなく[4]、そもそも戦争というものは、わたしたちの日常生活、生の営み、そして人間そのものを破壊するものなのだから、戦争を準備する国家は、わたしたちの生の根拠(としての、わたしたちの共通感覚 common sense）を限りなく脅かすものであっても不思議ではない。

しかし他方で、戦争をめぐってわたしたちは、その本質をみることをしないで、戦争が市民の生とは相容れない、市民生活には存在してはならないものであるとして、戦争を意識の外に追いやってはいないだろうか。市民の生とは相容れないのだから、わたしたちの思考の外にあるのも、当然なのかもしれない。だが、本章では、戦争をめぐる議論、すなわち正戦論や安全保障論、そして戦争を遂行している者たちの言説や戦争の表象が、わたしたちから戦争の本質を隠してしまっているのではないかと問い返してみたい。戦争に抗うことは、戦争の本質を見極める思考力と、具体的な生の営みから市民であるわたしたちが紡ぎだしてきた知によって、戦争を遂行したい者たちが実際に何を為しているのかをしっかりと理解することから始まるに違いないからだ。(5)

以上の問題意識から、本章では次のように論じていく。第1節では、現在の日本社会における集団的自衛権と憲法破壊に関する議論に非常に有益な示唆を与えてくれると思われる、イレイン・スキャリーの、米軍によるアフガニスタン攻撃・イラク戦争遂行と法をめぐる論考の要点を描き出してみたい。そこでわたしたちは、日本における集団的自衛権の行使が争点化され始めたきっかけを作った一九九一年の湾岸戦争、そして二〇〇一年の9・11事件に端を発する合衆国の戦争状態が(6)、法の支配にどのような危害を与えているのかを概観するだろう。第2節では、スキャリーが警鐘をならす「ネオ絶対主義者」たちは、いかに法の支配を破壊し、その法の支配の破壊が、人間／人類 humanityという理念をも死に至らしめることを、アーレントを援用しながら考えたい。そして、「ネオ絶対主義者」たちの安全保障観は、けっして具体的な市民の生を守ることができないことを、9・11事件のさい、実際に何が起こっていたのかを詳細にしながら明らかにする。最終節では、暴力によって構築された近代国家以後に生きるわたしたちは、それではどこから思考を始めればよいのかについて考えてみたい。暴力(の可能性)に晒され、そこで湧き上がる倫理的問いかけに葛藤することが、根絶することのできない暴力(の可能性)に抗するための、わたしたちの思考を鍛えてくれるだろう。

第1節　戦時に法は沈黙する *inter arma silent leges*

非身体的な戦争

イレイン・スキャリーは、その主著『苦痛のなかの身体』において、世界を破壊する unmaking 行為と形成する making 行為がもつ構造、意味連関を、受苦する身体に着目することで詳らかにするという、画期的な著作を世に問うた合衆国の文学研究者である。その第二章「戦争の構造」で彼女は、「戦争の主な意図とその目的が、ひとを傷つけることである War is injuring」という事実は[Scarry 1985: 63]、あまりに自明で圧倒的な事実であるために、これまで直接的には批判されることはなかったが、しかし、間接的な形で、戦争がわたしたち市民を傷つけるという事実は、さまざまな抵抗にあい、歪められてきたと論じた。

戦争については、あの手この手の方法でわたしたち市民たちの目からその現実が覆い隠される。攻撃を受けたひとの損傷した身体や苦痛にのたうち回る姿が報道されなかったり、歴史記述から戦闘による残忍で卑劣な危害は削除され、英雄的な行為にことさら光が当てられたり、あるいは兵士自身の身体的・精神的苦痛、トラウマについては、あたかも戦闘外の出来事のように取り扱われたりと、戦争の本質に迫ることをわたしたち市民の多くは阻まれている。

さらに、わたしたちが戦争を理解することを妨げられている大きな理由のひとつに、戦時は例外状態であり、市民法の下で尊厳を尊重され、身体・生命・自由・財産を保護されているのとはまったく異なる世界だ、というわたしたち自身の常識が働いていることが挙げられる。それは、「戦時に法は沈黙する」という古代ローマ時代からの格言にも現れているし、たとえば現在の日本社会における「慰安婦」をめぐる議論の一部にもみられるように、〈たしかに慰安婦にされた女性たちは同情に値するが、戦時においてはしかたなかった〉といった受け流し方にも現れている。(7)

スキャリーがとりわけ着目するのは、戦争に身体が巻き込まれ、傷つけられ、最終的にその命を絶たれるという事実が軍事用語によって隠されていることである。たとえば、爆弾や作戦上の用語に植物に関係することばが使用され[8]、殺傷や危害を引き起こす行為については、その意味が「無効化されてしまう／殺されてしまう neutralized」。戦争において使用される「「軍隊を無力化する／敵を殺すこと neutralization」や「力を奪う neuter」といった用語は――あるいは、その他「片付ける cleaning」、「一掃する cleaning out」、「やっつける cleaning up」などの多くの例のように〔…〕――、身体に対する危害を言い換えるために使用される主な用語である」[ibid.: 66]。また、兵士の身体はむしろ武器 arms の延長として捉えられるために、敵から受けた危害については、武器が受けた危害として認識され、身体が受けた被害は、付随的損害 collateral damage でしかない。[9]こうして、ひとを殺傷することは、軍事的思考においては道徳的な意味合いを失っていく[ibid.: 67–69]。

ネオ絶対主義の誕生

ところで、「戦時に法は沈黙する」といった無差別戦争観、つまり戦時においては法だけでなく、あらゆる道徳的判断さえ停止すると考える戦争観に対して、たとえば自衛の戦争といった担うべき戦争があり、そのため捕虜に対する取り扱い規定や拷問禁止規範、非戦闘員の保護などの戦争法規に従って戦争も遂行されるべきだという国際規範は、一九世紀にその原型が形成される。その後、国際人道法の分野のなかで戦闘方法に対する規制は洗練されてくるのだが[10]、スキャリーは9・11事件に対するブッシュ政権の戦闘に、無差別戦争観へと退行したかのような、「法の支配を、ひとによる無制約の命令dictatesに取って替えようとする意志」を見出している[Scarry 2010: 64]。つまり、そこに独裁者dictatorの誕生を彼女はみた。二一世紀における独裁者の誕生を論証するために彼女が参照するのは、一九九八年に合衆国空軍士官学校が公刊する法学雑誌に掲載された「野蛮な世界における、徳ある兵士」と題された論考である[Dunlap 1998]。

ダンラップによるこの論考は、合衆国の軍事力が他の地域・諸国に比べ群を抜いてしまったために、その非対称性から近い将来、これまでにない戦闘が繰り広げられることを予想したものであった。合衆国の敵は、合衆国と同様の戦い方では戦闘に勝利することは不可能である。そこで、合衆国の敵は「ネオ絶対主義的な」交戦方法、つまり、通常兵器を使用せず、国際法で禁止された手段に訴える、あらゆる手段を利用した絶対的な戦争を仕掛けてくるだろう、と[Scarry 2010: 57]。

ネオ絶対主義という言葉は、交戦方法の新奇性のみを表すのではなく、神聖で侵すべきでない法規に違反する行為、つまり、国際法ほか、合衆国の軍規や軍法によって、絶対的に禁止されている戦闘行為を形容するためにも使用されている。著者であるダンラップは、将来の「ネオ絶対主義的な」敵に対して、いわゆる「騎士道精神」を保ち、国際法を遵守しつつ、なお敵に勝利することを唱えているのだが、ダンラップの警鐘もむなしく、9・11事件以後の合衆国は、まさにダンラップが警戒していた「ネオ絶対主義」の領域へと躊躇することなく突き進んでいく。ところで、スキャリーがダンラップの論考を重要視するのは、それが絶対主義とはどのような体制なのか、その核心を突く議論だったからであり、かつ、ブッシュ政権におけるネオ絶対主義化を正しく予測していたからである。

> しばしば、君主や専制君主に適用されてきたが、「絶対主義」という用語は、過去四世紀にわたり、規則や限界に拘束されることのない執行権力を指し示すために、政治的文脈において使用されてきたのだ[ibid.: 60. 強調は引用者]。

9・11事件以降、ブッシュ政権がアブグレイブ刑務所やグアンタナモ基地の収容所において組織的な虐待を繰り返してきていることは、すでに周知の事実である[ex. 阿部2010: 24-30; アムネスティ・インターナショナル日本(編) 2007]。かつて『苦痛のなかの身体』第一章「拷問の構造」において、ことばから織り成される人間世界を破壊する最たる行為が拷問であると分析したスキャリーは、拷問を遂行する権力があると自ら宣言するブッシュ大統領は、文字通りの絶対主義者であると批判する。ブッシュ大統領の行為は、単に個別の法に違反したのではなく、法の支配そのものに対する侵害だからだ。

国際法学者の阿部浩己によれば、「国際人権法における拷問禁止規範は、死刑を許す生命権規範とは異なり、あらゆる例外を排除した絶対的な規範である。人間が人間である限りにおいて、拷問は許されない」[阿部 2010: 27. 強調は引用者]。しかしながら、当時のブッシュ大統領は、拷問等を禁じた「ジュネーヴ条約の効力を一時停止する権力を、かれその人が *personally* もっている」と宣言した[Scarry 2010: 62. 強調は原文]。後に公開された、ブッシュ大統領から渡された政権担当大臣へのメモには、自分にはジュネーヴ条約を停止する権威が、合衆国憲法の下に与えられており、その権威をいつ遂行するかを決定するのは、かれ固有の権利であると書かれていたのだ。

ブッシュ政権下で毎日のように国際法と国内法への侮蔑的態度が示されたことは、スキャリーによれば、今後に予測不可能なほどの道徳的損害を合衆国に与えた。なぜならば、ブッシュ政権を担った政治家たちの行為とは、わたしたち人間の生を形作るための根源的なセーフティネットである法の支配に対する、これまでにない攻撃だったからである。すなわち、「その予測を超えた危害によって、今後の大統領による法に対するいかなる忠誠も、個人的な好み personal preference の問題へと矮小化されるかもしれない」からだ[ibid.: 114]。

戦争遂行による法外地域の形成へ

スキャリーによれば、合衆国は第二次世界大戦後、憲法上の規定である国会による宣戦布告を一度も行っていない。朝鮮戦争に始まり、旧ユーゴスラヴィア戦争、そしていうまでもなくアフガニスタン攻撃とイラクとの戦争においても、すべて大統領命令によって宣戦布告されている。戦争状態に突入するという非常事態を市民に強いる決定は、憲法において国会の審議を経ること、すなわち民主的な議論を経て決定するよう定められているにもかかわらず、パナマやグレナダ、ハイチへの侵攻と同様、すべて行政府の命令によって遂行されている。

立憲民主主義国家にとって、憲法に従い民主主義的な手続きを経て決定を下すことは、その体制と市民の生活を支える根本原理である。しかし、憲法を迂回し、大統領の決断に任せることによって「わたしたちは、倫理的にも、法的にも、そして憲法上も、どんどんと自治という民主主義の構造から、軍事政策やその方針を遠ざけてしまっている」という反論に対して、繰り返し持ち出された正当化根拠は、即決性、すなわちスピード感ある決断である(11)[Scarry 2003: 5]。

憲法上の規定を無視して、すなわち国会における審議に付すことなく、緊急事態だという名目で行政府(＝大統領)が決定を下すそのスピードが、民主主義的価値よりも、政治的に重要視されてしまっている。たしかに、市民の代表たる国会議員がさまざまな立場を代表し、国家における有事に市民生活を守りながらいかに対処するのかについて、異なる意見と利害を抱えた市民を説得するために、十分な情報を開示しながら行われる審議は、いかにも時間がかかりそうである。

合衆国での宣戦布告における、大統領ひとりの決断への「反」民主主義的な一任は、国際社会の不均等な権力関係を如実に表す核兵器を所持している――いうまでもなく、合衆国が率先して開発してきた――諸国が存在していることから、長きにわたり容認されてきた。非戦闘員であろうが無差別に殺害する大量虐殺破壊兵器であり、市民生活をいっさい不可能にするほどの威力をもち、国際人道法の原則を遵守するならその使用が認められない核兵器という、現代の戦争が生み出した非人道的兵器の存在こそが、立憲民主主義の手続きを宙吊りにする原因なのだ。兵器のハイスピード化と非人道性を前に、民主主義が死んでいる。

音速より速く戦闘機や武器がやってくるというのに、耳を傾ける時間もないような多くの言葉を並べ立てることに、なんの意味があるというのか[ibid.: 5]。

現代的な武器を理由に、国会ではなく、執行権をもつにすぎないはずの行政府に憲法を超える決定権を与えているのが合衆国の現状だとすると、前述したブッシュ大統領が許可する拷問の遂行は、より深く、広大なインパクトを国際社会に与えている。大統領命令による宣戦布告同様、合衆国が第二次世界大戦後、拷問をはじめとした非人道的な手法を使いながら、南米諸国の政変を企ててきたことは、いまでは周知の事実である[Klein 2008]。しかし、「テロとの戦い」は、その正式名称が「テロとのグローバル戦争」であることからも分かるように、その規模においても、また戦闘の質においても、「まったく異なる宇宙を創造した」[Scarry 2010: 151]。

アフガニスタンへの攻撃、そしてイラクとの戦争において、米軍は数限りない戦争法規違反を犯すのだが、「テロとの戦い」が法外な戦争として遂行されるなかで、法外に追いやられたひとが「まったく異なる宇宙」の住人であるかのごとく構築されていく。

ブッシュ大統領は、テロとの戦いの戦闘地は、あらゆる場所だと幾度も繰り返した。そのことが意味するのは、どこでテロが起きるか予測できないために、どこも戦闘地であると確定できないということであり、したがって、戦闘地で適用されるべき法を、テロとの戦いには適用しなくてよい、ということであった。

また、9・11事件の実行犯たち一八人中一五人がサウジアラビア人であったことも、いったいどこの国が合衆国に戦闘をしかけているのかを曖昧にした。テロの首謀者とみなされたサウジアラビア人のビン・ラディンはどこかの国家のエージェントでもなければ、サウジアラビアはいうまでもなく一国として合衆国に宣戦布告した国家もなかった。

つまり、多くの批判が指摘していたように、本事件は通常の犯罪行為として、刑法上の手続きにしたがって実行犯や計画した者たちを裁くべきであった。しかし、ブッシュ政権は、テロリストたちを国家ではなく個人とみなす一方で、テロとの戦いを戦争とみなすことで、「どんどんと悪質になっていく権力の下、政権があらゆる国内外の拘束を取り払っていくことを可能」にした[ibid.: 82]。

つまり、あたかも国際法と国内法の裂け目を押し広げるかのように、人間が人間である限りけっして許されることのない拷問を可能にする空間を、つまり法外な空間をあらゆる場所／どこにもない場所に形成してきたのが、現在も進行形の9・11事件以降の合衆国を中心とするテロとの戦い、ネオ絶対主義的な戦争なのだ。

第2節　立憲民主主義を否定する戦争は、市民を守るのか？

法の支配からひとの支配へ——民主主義の死からひとの死へ

ここまでスキャリーの議論を中心にみてきたように、戦争行為はわたしたち市民の具体的な身体性を押し潰すものでありながら、さまざまな手法が駆使され、戦争行為の内実については、身をもって感じることが妨げられている。さらに、市民生活から逸脱した兵器の性能や、それに応じて求められる決断のスピードは、市民の生活を支えている立憲民主主義体制を圧殺するものである。スキャリーは、戦争遂行と引き換えにされる民主主義の死を、無拘束な執行権の誕生、法外な空間の形成のなかに見出した。そしてスキャリーは、9・11事件以後のブッシュ政権の動きを、政治思想の伝統にしたがって、「ネオ絶対主義」と名づける。

立憲民主主義国家の最高機関である国会を軽視し、国内法のみならず国際法への侮蔑感を露にする行政府の長、大統領への権限の集中は、かつてハンナ・アーレントが『全体主義の起原』において分析したように、法の支配を原則とする国民国家の崩壊と人権の破綻を引き起こす。アーレントの分析は、第一次世界大戦後大量に生じた無国籍者を論じたものだが、彼女もまた、行政権の突出に無法地帯の形成をみていた。拷問禁止をめぐる合衆国の詭弁と同様に、第一次世界大戦後の西欧諸国も、行政命令だけで無国籍者——外国人には国内法を適用しなくてもよいから——を国外追放し、それまでの慣習法上保障されていた庇護権を——無国籍者であって外国人ではないから——避難民に与えないことで、法の埒外に放擲される大量のひとを生み出した[Arendt 1966, vol. 2]。アーレントはその事態に、そのひとの権利を保障してくれる法治国家が存在しないかぎり人権はじっさいには存在しない、という人権のアポリアを看取した[ex. 岡野 2012: 319–331]。そして、法の埒外に多くの人びとを放擲し、「無実の人びとが蒙った前代未聞の危難の見本を示すことによって、不可侵の人権などというものは単なるお喋りに過ぎず、民主主義諸国の抗議は偽善でしかないことを、実際に証明することにも成功」した、と結論づけたのだ[Arendt 1966, vol. 2: 269/239]。

民主主義を「単なるお喋り」へと変えてしまう行政権の突出は、その後ヨーロッパでは強制収容所へと結実する。アーレントが「家庭の父 paterfamilias」と名づけた[Arendt 1994a: 128-129/174-175]、アイヒマンに代表されるような人びとが、通常業務の一こまのようにして、ユダヤ人の大量虐殺に加担し得たのは、ユダヤ人を自分たちと同等のひとと感じることがなかったからだ。アーレントによれば、全体主義体制における最終的解決のための中核的な装置である強制収容所は、収容者に対する三重の破壊（「法的人格の破壊」、「道徳的人格の破壊」、「個体性の破壊」）を加えることによって、ある特定のひと――ユダヤ人のほか、同性愛者など――がひととして存在していたという事実をこの世界から抹消するための装置であった[Arendt 1966, vol. 3: 437-459/230-267]。

では、合衆国がオバマ政権となっても手放そうとしない、アブグレイブやグアンタナモ基地の収容所はどうだろう。拷問は、国際人道法の根幹にかかわる、絶対的に禁止された行為である。最も効果的に戦争犯罪から免れる方法は、拷問に加担しないことであるのはいうまでもない。しかし、拷問を拷問でないと主張するブッシュ政権がとった手続きとは、あたかもナチス政権における三重の破壊を真似るかのように、「破壊の三乗」とでも呼べる手続きであった[Scarry 2010: 100]。すなわち、第一に、じっさいの危害を遂行するその実践において、規則を破ること。第二に、規則そのものを歪めることによって、理論的に規則を破ること。最後に、裁判所から侵害を裁く権限を奪うことによって、実践のメタ・レヴェルにおいて、つまりその実践を判断する審級において規則を破ること。こうして、いまもなお収容されている拘留者たちは、あたかもどこにも存在しないひとであるかのように、世界から葬り去られようとしている[アムネスティ・インターナショナル日本(編)2007]。

かつてナチ・ドイツにおいて、強制収容所が最終的解決のための最重要施設であったように、グアンタナモもまた、グローバルな戦争を展開する合衆国にとっては欠かせない施設となった。あらゆる場所が戦闘地となる可能性があり、あらゆるひとがテロリストであり得る状況は、敵地も敵もみえなくしてしまった。そこで、「みえない「敵」を目にみえるかたちにするために、徹底的に支配し、痛めつけるべき人びとが作り出されなければならず、そのために不可欠な道具が「拷問」である[ibid.: 15]。人間が人間である限り無条件に禁止された拷問を必要とする対テロ戦争は、こうして人間というカテゴリーに入らない存在を作り出し、人間／人類 humanity というわたしたちの理念に死を宣告するのだ。

誰が国家を守るのか?

わたしたち市民の生活基盤としての法の支配を、ひとの支配へと変質させる戦争行為は、いったいなぜ、そこまでして遂行されなければならないのか、と問うてみたくなるかもしれない。自衛のため、集団的自衛権のため、あるいは安倍首相の言葉のように、「いかなる事態においても、国民の命と暮らしは、断固として守り抜く」ためであろうか。それとも、ブッシュ政権時のチェイニー副大統領が、イラクの復興にかかわり高額の利潤をあげた多国籍企業ハリバートンのCEOであったという事実が示すように、ガスや石油といった資源をめぐるグローバル企業の利潤を追求するために、戦争は欠かせないのだろうか。

だが、ここでは、戦争の目的を問うのとは異なる視点から、もう少し当時の合衆国の軍事行動について問い返してみよう。第九章でも述べたように、9・11事件以降のアフガニスタン攻撃、そしてイラク戦争は、合衆国が集団的自衛権の行使を主張し、フランスなどの反対があったものの、同盟国にも軍事行動を共にするよう呼びかけた、小国に対する非常に大きな軍事行動であった。しかし、合衆国はじっさいにその後の軍事行動によって、いったい誰を助けたのか。

相当数のムスリム人口がいる主権国を侵略すること、〔…〕人びとを殺害し村や家や病院を破壊すること、そうしたことがアメリカ合衆国に対する憎悪をより広範にまきちらし、反アメリカ的な組織をより強固にするとは想像できないのだろうか？　戦略的にいっても、こうした暴力を手なずけたほうが私たちの利益になるのではないか？　倫理的な観点からいえば、私たちにはこうした暴力がさらに広がることを止める義務がないのか。それをたきつけている自分の役割を考えなくていいのか？
[Butler 2004a: 8/30. 強調は引用者]

バトラーがいち早く指摘したように、イラクでもアフガニスタンでも、いまだ頻発するテロにより目の前で罪もない市民が殺戮され、合衆国こそがテロリストだと考える人びとが増えている。「イスラム国」国家宣言から一年を経た二〇一五年六月二六日には、北アフリカ、中東、そして欧州で無差別テロが遂行された。それだけではない、そもそも合衆国は、9・11事件の被害を未然に防ぐことができなかった。ダンラップの論文に明らかなように、これまでにない形での戦争が起きうる危険性を、かなり以前から合衆国政府は把握していた。にもかかわらず、テロリスト、つまり個人による本土攻撃を阻止することすらできなかったのだ。

本書では第一章以降、幾度も触れてきたバトラーが批判しているように、9・11事件直後合衆国のリベラル派や左派とみなされていた多くの研究者は、正戦論を唱え、自由のために闘うという名の下にアフガニスタンに対する攻撃を支持した[ibid.: 9/31-32]。

アフガニスタンへの攻撃に反対する人びとを「無責任な平和主義者」呼ばわりし[ex. Elshtain 2003, Walzer 2002]、より現実的な平和構築を主張した。だが、より現実主義的な彼女たち／かれらは、軍事超大国である米軍の実力によってテロを阻止できなかったことについて、米軍の現実的な能力を問い返しさえしなかった。米軍ははたして、合衆国本土に生きている市民を守ることができるのか。その能力に対して根本的な疑義を唱えたのも、やはりスキャリーである。

世界経済の中心を象徴していたニューヨーク市マンハッタン島にあるワールド・トレード・センターに対する一般旅客機による攻撃は、世界中に報道されたこともあり、その光景は人びとを震撼させた。しかし、スキャリーが読み解こうとするのは、その被害について一般にはあまり関心を惹かなかった——関心を抱かせないような力が働いていたことは確かであろう——、合衆国国防総省の本庁舎ペンタゴンを攻撃したアメリカン航空(AA)旅客機77便と、ホワイトハウスか国会議事堂のいずれかが攻撃対象だったと考えられる、乗客たちの抵抗によってペンシルヴァニアに墜落したユナイテッド航空(UA)旅客機93便の比較である。

スキャリーによれば、このふたつの旅客機に何が起こったのかを比較することで、ふたつのまったくことなる防衛に対する考え方が現れてくるという。ひとつは、「権威的で、集権化され、トップダウン式」の防衛、そして他方は、「市民法の枠組みのなかで遂行され、分有された、平等主義的な」防衛である[Scarry 2003: 6–7]。

ペンタゴンを攻撃したAA77便は、ペンタゴンを攻撃する一時間二一分前に、米連邦航空局によって、通信が途絶えている複数の旅客機のひとつであることが把握されていた。そして、五八分前には、ワールド・トレード・センターへの最初の攻撃が起こった。五五分前に米軍はすでに、複数の旅客機がハイジャックされたこと、ハイジャック犯は多くの被害が出る地上に対する攻撃を目的としていること、そして、77便は通信が途絶えていることから、そのなかの一機である可能性が高いことを認識していた。

合衆国には、国家警備隊の制空戦闘機が一四機存在し、そのなかの五機が九月一一日、軍事行動を命じられた(12)。二機はニューヨークに向かい、レーガン空港が標的のはずだと伝えられた三機が、ワシントンDCに向かうことになったが、結局ペンタゴン攻撃には間に合わず、上空から炎上するペンタゴンを見下ろすことになった。

もちろん、ペンタゴンを攻撃した旅客機を阻止することは、いくつもの理由から不可能に近い。しかし、スキャリーが論じるのは、不可能な理由の一つひとつは、これまで政府が万全を期していると市民に説明してきた軍事能力があれば、反駁されるはずだということだ。たとえば、77便の送受信機が切られていたために空路が追跡しづらかったこと(しかし、敵のミサイルであれば送受信機を使用しないどころか、レーダー網にかからないよう装備しているはずだ)、77便が確実にハイジャックされた旅客機かどうかが分からなかったこと(敵が攻撃するさいは、レーダー探知妨害用のおとりを何百と飛行させるだろう)などは、これまで政府が軍事開発のために市民を納得させてきた説明からすれば、阻止できなかった理由とはならない。

しかし、もうひとつの理由はどうであろう。つまり、77便を地上の被害がより少ないだろう場所で迎撃し、その犠牲として、一般市民である乗客を殺してもよいかどうかを判断できない、という理由だ。スキャリーは、そのような計算をするべきだといおうとしているのではない。だが他方で、第二次世界大戦後、国民の同意を得ることなく、大統領ひとりが敵とみなした相手に核爆弾を落とす決断を任され、敵国の全国民の命を危機に晒してもよいという判断を、政府が取り続けているのも事実なのだ。

9・11事件以後、七カ月ものあいだ、ニューヨーク市とワシントンDC上空には空対空ミサイルを装備したF15戦闘機とF16戦闘機が二四時間飛行していた。しかし、かれらがもし、再度ハイジャックされた旅客機を発見したとして、どのような作戦によってその攻撃を阻止することになっていたのだろうか。衛星通信機能の進化によって、ミサイル迎撃は瞬時に可能であると喧伝される一方で、たとえば9・11事件以後のイギリスでは、原子力発電施設への上空からの攻撃は防ぎようがないと報告された[13]。いったい国家の防衛とは、何なのか。攻撃に対する抑止という口実の下に多大な予算を毎年執行しながら、国家は誰を、何を守っているのか。

じっさい、合衆国の広大な領土に対する攻撃から本土を防衛するための戦闘機は一四機しかなく、その他の数知れない合衆国が保有する戦闘機はすべて、他国を攻撃するための戦闘機である。しかしそもそも、戦闘機によって本土防衛などできるのだろうか。傷つけられやすい身体、攻撃を受けやすい身体を、武力によって守るというその発想こそ、わたしたちに二重思考を強いてきたのではないだろうか。わたしたちに、そこに孕まれた矛盾を二重思考とすら感じなくさせるほどに。

それでは、スキャリーが「平等主義的な」防衛の例としてとりあげる、ＵＡ93便では何が起こったのか。スキャリーが分析するのは、乗客たちが電話によって家族らに伝え、残していったことばである。ＡＡ77便との大きな違いは、「自分たちの直接的な五感によって」危険を察知し、自らの命を守るためにできる範囲で、数多くの異なる情報を電話を通じて集め、それぞれの判断によって、ハイジャック犯と闘ったという点である[ibid.: 20–21]。

乗客によって二四件もの電話通信がなされた時間は、わずか二三分。その間、①同時に起こっているテロの様子を外部のひとに聞き、②確かめたテロの情報を乗客同士で共有し、③自分たちが今から何を為すべきか、為そうとしている行為について、電話相手に相談し、④乗客同士で、どう行動すべきかについて採決をとり、⑤死をもたらすであろう行為に備え、⑥電話の向こうにいる会話の相手に最後の言葉を残し、⑦行為にいたった。

電話による会話からスキャリーが再現した93便内でのハイジャック犯への抵抗行動が、当初の計画どおり標的を攻撃した他の二機と比べてみた場合、93便の計画が阻止されたという結果にどれほどの影響を与えたのかは、判別しがたいかもしれない。93便の乗客たちの行為が、スキャリーが見出そうとしたような、民主主義的で平等な採決による一致団結した行為であったかどうかも、疑問視されよう。しかし、スキャリーも注記しているように、「ハイジャック犯自身も、かれらのミッションに対する脅威は、乗客(「市民兵」)であり、ハイジャックした飛行機に対する外部からの軍事行動ではないと、正しくも予測していた」[ibid.: 25]。かれらが残した、ミッションを遂行するためのマニュアルには、目の前にいる乗客をその手で殺す必要が出た場合に、いかにしてやり遂げるかが詳細に記されていたのだ。

以下のことは少なくとも明らかだと、スキャリーはいう。

テロリストによって旅客機が乗っ取られるとき、外部からの(たとえば、戦闘機による)防衛は、時間という観点からすれば、論理的に非現実的であり、同意という観点からすれば、構造上不可能だと分かる[ibid.: 29]。

第3節　身体に根ざした社会の構想へ

暴力のあとで

9・11事件以後を注視するなかで、スキャリーが描き出そうとしたのは、突出した行政権による武力行使が民主主義を破壊し、その末に人間という理念を死に至らしめる現実である。第1節で触れたように、第二次世界大戦後の合衆国の武力行使はすべて、憲法上定められた手続きである国会の審議を経ておらず、行政府の長である大統領に、国民の命をすべて預けるかのような権力と権威を集中させ、かれの命令によって遂行された。行政権の突出を許すものこそが、戦争という行為なのだ。戦争は、国家の存立基盤である法の外にあるばかりか、戦争遂行によって法外な空間が国内外を問わず作り上げられていく。

他方で、彼女がネオ絶対主義的な戦争に対置する形で光を当てるのが、合衆国建国期に定められた、戦争遂行に関するふたつの憲法上の規定である。それらふたつは、戦争開始の決定を、より開かれた分権的なプロセスのなかで行うためのしくみであった。ひとつは、すでに幾度も触れたように、国会による宣戦布告であり、もうひとつは、合衆国独自の民兵組織の確立である。

スキャリーは、民主主義的に防衛を考えるのであれば、合衆国の建国期の理念を表した民兵組織の意義について立ち返るべきだと考える。「かつて、民主主義は各地に分散した民兵なしに不可能だと議論された。というのも、自己防衛 self-defense なしに自治 self-govern は論理的に不可能だと考えられていたからだ」[ibid.: 21]。

しかしながら、だれもが敵であるかのように描かれる現代のグローバル社会で、暴力に抗する道は、市民自身が自らの命を守ることでしか拓かれないのだろうか。たしかにスキャリーは、行政権による権力の集中と市民の身体と命を守ることが両立しないことを明らかにしたという意味で、重要な論点をわたしたちに提示してくれた。つまり、国防軍が率いる武力では市民社会を防衛できないし、暴力を受けた後、戦争に訴えることでは、けっしてわたしたちの傷つけられやすい身体を守ることはできないということを、明らかにした。だが、バトラーがやはり9・11事件後に問うたように、「暴力がさらに広がることを止める義務がないのか。それをたきつけている自分の役割を考えなくていいのか」といった問いに答えるためには、暴力と、暴力に晒され傷つけられやすいわたしたちの身体との関係性をめぐって、自己防衛とは異なる方向性を考えていく必要があるはずだ。というのも、本書ですでに確認してきたように、ホッブズ『リヴァイアサン』に立ち戻るまでもなく、自己防衛への執着がむしろ、暴力国家を生み出し、国家による巨大暴力の独占を許してきたし、現在もそうであるからだ。

暴力の存在と、その暴力に晒されやすく傷つけられやすい身体という前提から、わたしたちは、果たして暴力に抗する思考を獲得することができるのだろうか。もっといえば、暴力独占装置として近代国民国家が建設され、その国家が要求するような形で主体が構築されているのだとしたら[14]、わたしたちは、果たして暴力そのものから逃れることができるのだろうか。先の引用のなかでバトラーが、「暴力を手なずける ameliorating this violence」といったように、暴力の原因を根こそぎにするのではなく、むしろ、数限りない暴力の事例と、そこに巻き込まれた身体の苦痛と苦悶を見つめ、傷ついた身体の苦痛を和らげる方途を模索するさいの葛藤や、他者の失った命を嘆き悲しむなかで見出す、暴力への抵抗の在り方があるのではないか。自らの喪失感の大きさを表明し、暴力の誘惑に葛藤しながらもことばを紡ぎ、わたしたちの脆い世界を豊かに記述していくなかでしか、暴力に抗する思考と実践は生まれてこないのではないだろうか。

具体的な生からみえてくるもの

非暴力はまさしく美徳でもなければ立場でもなく、ましてや普遍的に適用されるべき一連の原則でもない。それは、傷つき、怒りくるい、暴力的な報復にむかいやすく、にもかかわらずそのような行動をするまいと葛藤する（そしてしばしばみずからに対する憤怒をつくりだす）ような、暴力にまみれ葛藤をかかえた主体の位置を示しているのだ。暴力に対抗するためのたたかいは、暴力が自分自身の可能性だということを受け入れる(15)[Butler 2009: 171/207. 強調は引用者]。

バトラーは、イラク戦争をめぐる思索を、自らのコントロールを離れたところで否応なく他者に晒される身体の社会性についての考察から始めている。身体の傷つけられやすさ、暴力を蒙る危険性に取り囲まれていることと、わたしたちの社会性とは切り離せない。「最初から他者の世界に差し出されたものとしての私の身体は、他者の痕跡を刻まれ、社会生活のるつぼのなかで形成されている」のだから[Butler 2004a: 26/59]。彼女が論じるように、身体がそもそも、他者の世界に差し出されたものであるかぎり、他者とともに在ることを余儀なくされた身体性から発せられる、依存性、傷つけられやすさ、そして、複数性といった人間の条件をわたしたちは受け入れざるを得ない。この事実は抗いようがないはずだが、近代的な主体は、他者を潜在的な敵とみなすことによって、この事実と闘おうとしてきた。しかし、すでにここまでみてきたように、身体の傷つけられやすさを守るために武力に訴えることは、皮肉なことに、身体の傷つけられやすさからわたしたちの目を逸らしてしまう。

むしろ、わたしたちが注視するべきは、人類の数限りない暴力の歴史を前に、具体的な存在として生きるわたしたちの誰もが、暴力に加担する可能性があること、そして、その暴力(の可能性)に自らどう応えるか、という問いかけにつねに試されているということだ。それはたしかに、逃れようのない問いかけである。だが、暴力に晒されやすい vulnerable という事実は、暴力を避けることもできる状態にいかに応えるのかといった、葛藤と不安を抱えた人びとにとっての「可能性」でもある。(16)

たとえば、現在の〈わたし〉の記憶の彼方で、〈わたし〉の無力な身体が他者に差し出されていた、という事実は、暴力の可能性を秘めつつも、その力を発動せずに〈わたし〉の圧倒的な受動性を支えてくれた他者が、どこかにいたことを証明している。すなわち、一方に歴然とした暴力の連鎖があり、わたしたちの記憶の彼方に、非‐暴力の痕跡がある。わたしたちは、後者の痕跡を前景化させることで、暴力に晒されながらも非‐暴力を模索する道を、自らの可能性として見出せるのではないだろうか。

その出発点は、わたしたちが圧倒的に依存的な存在である、という事実を受け止めることである。個人の身体と生の始まりは、他者の前にもたらされる。あらゆる者の生存が、他者の存在に左右され、さらには、生は具体的であるからこそ、ある場所を占め、刻々と身体は環境の影響を受けてしまう。「他者の世界に差し出された」身体は、受動的でかつ、文脈に埋め込まれている、という二重の意味において、依存的な存在である。

そうであるがゆえに、個々の具体的な生は、それぞれ固有の傷つけられやすさに晒されている。「他者の世界」は一様ではない。身体性という共有性は、別個独立した場に位置づけられるがゆえに、共約不可能な個別性として具現化される。身体が差し出された「他者の世界」における位置づけによって、傷つけられやすさは左右される。死と隣り合わせの〈わたし〉の傷つけられやすさは、他者の存在に委ねられていたのである。

その意味で、身体の傷つけられやすさを根こそぎにすることは不可能である。「人間の生のあやうさという問題を完全に「解決する」ことのできるような諸条件は存在しない」[Butler 2009: 29-30/42]。身体は始まりと終わりをもった限定された存在であり、存在するあいだは、それ自身以外のものに頼らざるを得ない。つねに、身体は、外界の危険に晒され、突然その存在を抹消されるかもしれない。

とするならば、他者に晒されているからこそ傷つけられやすい身体性、意志の力でコントロール不可能な生の不確かさは、自衛という形の暴力に訴えることで、その不確かさを軽減するしかないのだろうか。他者への依存を余儀なくさせる具体的な生は、わたしたちが、相互に依存しあう存在であると同時に、選択の幅を拡げつつ、自らの生の方向性を整えていく、という意味で自由であることも可能にする。あるいは、互恵的にはけっしてなり得ない他者への依存こそが、自由を保障してくれてもいる。なぜだろうか。

わたしたちの前に開かれた選択肢は、抽象的な選択肢ではない。それは、わたしたちが他者と出会うことによって、開かれてくる選択肢である。その選択肢には、もちろんわたしたち自身が暴力の主体となることも含まれてはいる。しかし、そうした暴力の可能性を孕んだ他者の世界との接触が存在しないならば、わたしたちは自らにとっての既知の世界に閉じ込められたままであろう。他者が、あるいは世界が示す、わたしが具体的には経験したことのないさまざまな実践が、わたしの目の前に開けているからこそ、未知の選択肢へと開かれる自由が存在する。他者はわたしたちにとっての可能性なのだ。

したがって、哲学がいかに心身二元論のなかで身体性に対する侮蔑を養ってきたかを批判するジェームズ・メンシュは、自由は個人に内在するものでも、私的なものでもないという。むしろ、経験知を頼りにした未来予測、あるいは意図した行為が、他者からなる世界によって裏切られるとき、積極的な言い方をすれば、「各人が、出会う他者から人間の可能性を気づかされる、自らの限定的な潜在能力を超える覚醒を得るという事実」に自由は宿る[Mensch 2009: 95]。

他者と出会い、自らの限界と「私的なるもの」の存在に気づかされ、そのことによって、わたしたちが、それぞれの具体性のなかで別個の存在、かつ、異なる立場におかれた存在であることを認めあえること。そして、限定づけられた自己が、同じことを繰り返すよりむしろ、今まで気づきさえしなかった未来の選択肢へと開かれること。メンシュによれば、それこそが自由であり、かれは、それを「わたしたちにとっての他者からの贈り物」とさえ呼ぶのである。「わたしたちは、ただ生きるためだけに他者を必要としていいるのではない。自由になるためにもまた、他者を必要としているのだ」[ibid.: 12]。

おわりに　戦後を生き続ける

二〇一一年一二月一四日、ソウル日本大使館前で元「慰安婦」にされた女性たちが第一〇〇〇回目となる「水曜日デモ」を開催した(17)。その日は一〇〇〇回を記念して平和の碑の除幕式も執り行われ、「戦争犯罪を認めよ」、「法的に賠償せよ」、「歴史教科書に記録せよ」といった訴えがなされた。日本軍性奴隷制度の被害者を代表し、現在ソウル近郊にあるナヌムの家に住んでいる金福童《キムボクトン》さんが次のように述べた。

みなさんのおかげで、平和が誕生しました。昔の諺にあるように、わたしたちが力を集めれば、できないことはありません。昔の韓国では、多くの青年たちが日本に徴兵され、外国で亡くなりました。この過去の事実をどれくらい若い人が知っているでしょうか。李明博《イミョンバク》大統領は、わたしたちの悲痛な叫び声を聞いていないはずはありません。日本政府に対して、過去の犯罪について公式に謝罪し、賠償しないといけないことは賠償するよう強くいってほしい。わたしは、半島が統一されて、韓国が平和な国になるように祈っています。日本大使は、平和の道が開かれていると、

日本政府に伝えてほしい。一日も早く解決してほしい。大使よ、聞いているか。(18)

二〇一四年八月五・六両日にわたり『朝日新聞』における吉田清治証言を検証する記事が発表されて以来、慰安所制度自体を否定する者まで登場し始めた。軍事的「性奴隷制度」の被害者であった金学順《キムハクスン》さんの一九九一年の告発に始まる「慰安婦」問題をめぐっては、戦後責任論をはじめ、これまで数多くの議論が重ねられてきた[ex. 高橋 2005]。しかし現在明らかとなったのは、本章冒頭で述べた現状をかんがみれば、戦時何が起こったのかを否定し、戦時で傷つくであろう身体には目を向けまいとする勢力と、戦争に備えようとする勢力がいかに一致しているかということである。

バトラーは、非暴力が出現するのは、「自分が結びつけられている他者の生とのかかわりにおいてみずから暴力的にふるまう可能性を理解することからはじまる」という[Butler 2009: 179/215]。金学順さんの告発以前には、わたしたちの生が、日本軍性奴隷制度の被害者のひとたちと結ばれていることなど、想像もできなかった。初めての告発以来すでに二〇年以上が経過し、学順さんは亡くなられたが、しかしなお、福童さんのように、自分たちの声が聞こえるかと、わたしたちに呼びかけてくれている被害者の方がいる。

他方で、たとえば国連自由権規約委員会からやはり二〇一四年七月に出された勧告が懸念するように、「公人によるものおよび締約国の曖昧な態度によって助長されたものを含め、元「慰安婦」の社会的評価に対する攻撃によって、彼女たちが再度被害を受ける」状態を、(19)日本政府と日本社会は許してしまっている。かつての暴力とその被害について否定することが、暴力を準備するどころか、現在もなお引き続き危害を加えているのだ。

皮肉なことに思えるかもしれないが、元日本軍「慰安婦」にされた女性たちがこうして声を上げてくれているおかげで、つまり「聞いているか！」と語りかけてくれるおかげで、わたしたち日本社会に生きる者たちは、つねに暴力にまみれ、暴力のあとに建設された日本社会に生きていることを忘れないでいられるのだ。その声にどう応えるかは、わたしたちの自由である。

戦後七〇年が経過した今、わたしたちは誰になるのか、戦争の可能性が現実性を帯びるなか、わたしたち自身の自由が問われている。戦争による加害と被害のあとで、数え切れない死と傷と悲しみと怒りと、そしておそらく絶望のあとで、けっして二度と繰り返さないと未来に向かった約束として、廃墟の中から生まれた日本国憲法を捨て去るのか。それとも、戦争のあとで、暴力の可能性を見つめつつ、なお「反」暴力を生きようとするのか。

ただ、これだけははっきりしている。暴力のあとでさらに高まる責任への要請——暴力がさらに広がることを止める義務を果たせ——のなかで、武力行使の準備をすることでは何も解決しないことは、9・11事件以後の合衆国の行動をみれば明らかなのだ。

軍事超大国となった合衆国の世界戦略に、憲法もろとも巻き込まれようとしている日本社会に生きるわたしたち市民の力はいかにも無力だ。しかし、戦争がただ敵を殲滅するだけでなく、民主主義のしくみを無視し、法の支配を破壊し、立憲主義の原則を歪め、わたしたちの道徳的な判断基準を覆しつつ、ついには人類という理念に死をもたらす、というそのプロセスをしっかりと見極めるならば、戦争に抗することとは、わたしたち一人ひとりが、民主主義的な活動を広げ、わたしたちの手に、政治の価値を取り戻すことであることが分かる。

戦争に抗すること、それは、立憲民主主義の原点にわたしたちが集結し、一人ひとりの具体的な生の傷つけられやすさの経験から、ひとの支配、ネオ絶対主義的な権力にしっかりと異議を唱えることなのだ。そして、わたしたちの具体的な生を代表するような政治のしくみを、市民の力で組み立てていくことが求められている。

岩波現代文庫版追記　第Ⅲ部

人間が人間である限り……

文学研究者イレイン・スキャリーは、９・11事件以降の合衆国における安全保障体制をネオ絶対主義として批判した。かつてのスキャリーの議論と、現在の日本の政治家たちの戦争に関する言説とを重ね合わせ、いまわたしは文字通り言葉を失っている。

性奴隷制を「慰安所」と呼び、戦後七〇年に強行採決された戦争法が「安全保障関連法」とされたように、安全保障体制とは、人間と政治にとっての生命線である言葉の力を奪う。言葉の力を奪われた人間は、異なる他者とのつながりを築き難い。言葉を介した交流の回路が絶たれれば、他者の異質性を理解する方途が閉ざされ、より直感的な同質性を求めることになりかねない。言葉の力を奪われた／奪った政治は、この一〇年間わたしたちが見てきた――あるいは、見えなくされてきた――政治の姿だ。一人ひとりの生を左右する法案を審議する国会が軽視され、そうした政治の姿を報道すべきメディアも沈黙し、二〇二二年一二月に安保関連三文書が閣議決定されるにいたり、日本の民主主義はとどめを刺されたかのようだ。

「戦争に巻き込まれることがなくなる」と、当時の安倍首相がやはり閣議決定をした集団的自衛権の行使容認(二〇一四年七月)は、スキャリーが論じたように、行政権の突出と法外な領域をますますこの日本でも押し広げることになった。敵基地攻撃能力を「反撃能力」と言い換える日本政府は、わたしたち市民の肌感覚や言語能力、そして記憶力すら歪ませるように、かつて最も多くの被害にあい、いまだ性暴力をはじめ軍事基地がもたらす暴力被害にあっている沖縄を軍事要塞化し、米軍との大規模な実習演習を県内各地で始めている。こうした大規模な演習は隣国を刺激し、さらなる緊張を高め、軍事衝突を招来する危険性もが高まることは、安全保障のディレンマとして知られる歴史的事実である。

9・11事件後のテロとの戦いにおいて当時のブッシュ大統領は、「人間が人間である限りにおいて」絶対に許されない拷問を認め(本書二六九頁)、世界における暴力をさらに拡散させた。現在わたしたちは、ウクライナへの侵略戦争、パレスチナ虐殺において、人間を人間として扱わない暴力行為を目の当たりにしている。憲法や国際法を「個人的な好み」のように無視することがいったん許されるならば(同右)、いや、許されてしまった後に生きるわたしたちに、「人間である限りにおいて」なにが可能なのか、どのような言葉や思考が実行力をもつのだろうか。再度バトラーを参照するならば、暴力が充満し出口がみえない状況でこそ、その暴力を抑止するための責任ある生き方が、わたしたち人間すべてに求められていることは確かである。

注

第一章

（1）近代主権国家と近代的な自律的個人の密接な関係については[岡野 2012]ですでに詳細に論じている。とくに、主権国家の似せ絵として自律的個人が理想化された思想的経緯については、故ジーン・エルシュテインの『主権――神・国家・自己』[Elshtain 2008]に言及しつつ論じた、以下を参照。「理念としての自律的主体――自らの意志を貫徹し、身体をコントロールし、なにものにも依存しない存在――が、主権国家論以前に存在し、あたかもいかなる政治的な効果からも自由な自律した主体こそが主権国家を建設する、といった理解がまず覆されなければならない。思想史を振り返れば、むしろ近代に登場する主権国家論のアナロジーの結果として、近代的主体が構築された」[岡野 2012: 270–271. 強調は原文]。

（2）vulnerabilityとは、傷つけられやすい、脆いといった意味だが、守られていないために攻撃に晒されやすい、という意味も含まれている。

（3）合衆国がいかに国際法を無視した軍事行動をとったか、そのなかでも、拷問という国際法が最も厳しく禁じている手段にさえ訴えた事実については、第Ⅲ部第一〇章において詳しく論じる。

（4）ここで念頭においている「メジャー」なフェミニストたちとは、リベラル・フェミニズムの立場をとる故スーザン・オゥキン、マーサ・ヌスバウム、さらに九〇年代からアフガニスタンにおける女性に対する暴力や抑圧に対して抗議するようクリントン政権に強力な圧力をかけるキャンペーンを展開し、現在もなおアフガン女性に対する合衆国政府の援助を訴え続けている女性運動団体のフェミニスト・マジョリティである。フェミニスト・マジョリティの活動については、http://www.feminist.org を参照。現在引き続き行われているアフガン女性に対する支援キャンペーンについては、http://www.feminist.org/afghan/aboutcampaign.asp を参照（二〇一五年二月二〇日最終閲覧）。

（5）　わたしは二〇〇二年九月から〇四年二月まで厳戒体制ともいえるようなニューヨーク・マンハッタンに滞在し、ドゥルシラ・コーネルやアン・スニトーらが主催する「未来を取り戻せ Take Back the Future」という反戦市民運動に参加していた。ニューヨーク市内での反戦デモのさいに、街頭の市民から受けた「テロの共犯者」、「裏切り者」といった批判は今でも忘れられない。他方で、9・11事件によって直接攻撃を受けたマンハッタンの市民だからこそ、傷つけられた人びとに対する悲しみと攻撃に対する不安を共有するなかで、武力攻撃は絶対に許されないといった声が上がったことも注記しておきたい。合衆国の当時のメディア状況については、[チョムスキー 2003]を参照。

（6）　同書には、当時アフガニスタン攻撃を支持する声明を出し、その声明に署名した研究者たちの名前が付記されている。現在この署名は、http://americanvalues.org/catalog/pdfs/what-are-we-fighting-for.pdf から読むことができる（二〇一五年二月二〇日最終閲覧）。なお、エルシュテインは二〇一三年に亡くなった。

（7）アフガニスタン女性革命協会（RAWA）がどのような社会情勢、国際情勢のなかで結成されたのかについては、[チャビス 2005]を参照。

（8）9・11事件直後の二〇〇一年九月一四日付、RAWAによる合衆国政府に向けての声明文。RAWAの現在の活動については、公式ウェブサイト http://www.rawa.org/index.php を参照（二〇一五年五月二一日最終閲覧）。

（9）彼女が批判するのは、たとえば女性に対するさまざまな抑圧はタリバーン政権下での平和に対する小さな代償にすぎず、アムネスティ・インターナショナルによる状況報告は誇張がすぎるのではないかという、一九九六年の『ニューヨーク・タイムズ』の記事である[Okin 2000: 31]。

（10）RAWAは、フェミニスト・マジョリティが出資する雑誌 *Ms.* の二〇〇二年春号に掲載された記事「希望の連帯 A Coalition of Hope」は、「*Ms.* が覇権主義的で、自己中心的で、企業的なフェミニズムの単なる代弁者にすぎない、という恐れを確かなものとした」と批判した。じっさいに、*Ms.* の記事のなかでは、あたかも西洋フェミニストとアフガニスタンを離れた亡命女性だけの手によってアフガン女性の解放が可能となったかのように描かれ、二〇年以上にもわたってアフガニスタンとパキスタンにとどまり、女性の教育や医療に対する活動を行ってきたRAWAにはまったく言及されていない。また、その記事は、合衆国がタリバーン政権を倒すために支援した北部同盟の女性に対する残虐な行為についてもまた、いっさい触れていない。*Ms.* に対するRAWAからの批判に関しては、[Farrell and McDermott 2005]を参照。

（11）コーネルについては、[岡野 2003b]で詳しく論じている。

（12）　その後、本論文は、［Social Text 2002］で発表され、後に加筆訂正が加えられ、［Butler 2004a］に再録される。

（13）　9・11事件のさいに露呈した、〈わたしたち〉と〈かれら〉を峻別する主体の論理について、たとえば、ブラウンもまた、「文明」と「野蛮」といった二項対立軸の作用の在り方を分析することで明らかにしようとしている。たとえば、次のようなブラウンの議論を参照。「文化からのリベラルな法体系の自律性、そして文化からの自発的かつ主権的な主体の自律性という二重の想定のもとで、リベラルな法体系は寛容を唯一促進するものとして、またリベラルな政体は寛容の対象を唯一仲介しうるものとして位置づけられる。〔…〕この論理は、リベラルな秩序のすべての法的実践から野蛮という標識を剝ぎとり、不寛容と思われる非西洋的な慣習や体制にたいするリベラルの攻撃を正当化するのに効果的である」［Brown 2006a: 171/232］。このブラウンの分析から、わたしたちは、安倍晋三首相が国内では憲法を破壊する政治を行いながら、海外で中国の軍事化を牽制するさい、法の支配を強調するという矛盾は、いったい日本のどのような行為を正当化しようとしているのか、考えることができよう。

（14）　たとえば、アイリス・ヤングもまた、主に刑法に代表されるような個別の犯罪に対する責任のとり方である帰責モデルと、構造的不正義に応えるための、集団で実践される責任の社会的つながりモデルを区別して考えようとする。前者は、行為の因果連関を重視し、個人あるいは集団を特定し、その他の者たちの責任を免除する。後者は、ある不正が生じている社会構造に参加しているすべての者に、責任の程度やとり方は異なるけれども、分有されるべき責任の在り方を提起する［Young 2011］。

(15) バトラーは、現代世界におけるレヴィナスの倫理の重要性は、ふたつあるという。ひとつは、「顔」というメタファーをめぐって、表象と人間化 humanization の関係性について考える術を与えている点であり、もうひとつは、倫理と暴力の関係を説明している点である[Butler 2004a: 140/223]。やはり法的な帰責モデルと対置して、社会的なつながりのなかでこそ生まれる政治的責任の重要性を説くアイリス・ヤングもまた、レヴィナスを参照している[Young 2011: chap. 6]。また、日本におけるレヴィナスの倫理の重要性は、日本軍「慰安婦」問題をめぐってすでに多くの論考で指摘されている[cf. 高橋 1995]。

(16) たとえば、人権派フェミニストたちや国際人権活動家たちの描写とは異なって、アフリカ人フェミニストたちはＦＧＭを施す者たちがいかに、受ける者の苦痛に関して配慮しているかを伝えている[cf. Lewis 1995: 29. n. 133]。

(17) たとえば、個人の心理と国家は同じとはいえないとしながらも、９・11事件以後、ある主体が国家レヴェルでその自己中心的で暴力的な意志を剝き出しにしていることを、バトラーは次のように説明している。「それは、自らを補強し、自らが想像する全体性を再建しようとするが、そうできるのは、自身の傷つけられやすさ、依存、晒されていることを否定するという代償を払っているからであって、さらには、自らが否定したのと同じ特徴をもった他者を搾取し、しかもそうすることで、そのような特徴を自らの「他者」とするのである」[Butler 2004a: 41/82-83. 強調は引用者]。

(18) バトラーはこの状態をエクスタシーの状態 ec-static と読みかえ、承認への欲望もまた、エクスタシーの状態にあることを重視している。バトラーにとってヘーゲルの承認論が重要なのは、「いかなる自意識・自己であれ、別のなにものかにおける反省を通じて、それ自身を見出すであろう。それ自身になるためには、それは自己喪失を経なければならず、それを成し遂げるときは、それはかつてあったところのものには、けっして「戻れない」」という自己に対する「他者」の圧倒性を伝えているからである[Butler 2004b: 147]。

(19)〈わたし〉が大切な〈あなた〉を失った lost とき、〈わたし〉は〈あなた〉という人格のなかに何が含まれていたかを本当には知らないがゆえに、何をいったい失ったのかが分からない。悼みのなかには、この何かが失われている missing/hiding というなぞめいた側面が存在している。それゆえに、〈わたし〉が〈あなた〉を悼む時、「わたしは、その喪失を悼んでいるだけでなく、わたしにとってわたし自身が不可解な存在となる。あなたなしで、いったいわたしとはいったい誰であるのか？」[Butler 2004a: 22/52]。

(20)「倫理的責任」、「集合的責任」、自己と他者との「反」暴力的な関係の模索は、「自己保存」を基点とする現在の政治理論とは異なる論理によって、政治を構想することへとつながっている。それは、いまだ国際政治理論に根強く残るホッブズ的世界観に対する批判を提起することになるだろう。たとえば、以下を参照。「わたしは自分の命を守るために自己防衛する、それには違いない。しかしレヴィナスの説明によれば、自己保存の名の下での殺人は正当化されない。自己保存は暴力を倫理的に正当化する十分な条件とはけっしていえないのだ。〔…〕わたしが殺人者になってしまうかもしれないという自分の不安に終止符を打てるのは、そうした状況で暴力や死を他者にもたらすことを倫理的に正当化することに自分を納得させることによってのみである」[Butler 2004a: esp. 136-137/217-218]。

(21) この考察は、次のバトラーによる批判に基づいている。「アカデミズムのなかで最近、英米型のフェミニズムが盛り返しているが（オゥキン、ヌスバウム）、女性の条件や権利について普遍的な主張をすることが重要だとふたたび述べようとするさいに、局所的な文化の規範を考慮しなかったり、また文化翻訳の労をとらなかったりしている。〔…〕またそれは、局所的な第二世界、第三世界の文化を抹消し、破壊することによって、形式的な礼儀規範を押しつけようとする合衆国の植民地主義の意図に、フェミニズムが完全に共謀していることに気づいていない」[Butler, Laclau, and Žižek 2000: 35/55]。

第二章

(1) わたしは、日本軍「慰安所」制度を軍事性奴隷制度と考えているが、当時、軍「慰安所」において繰り返しレイプされることになる女性たちを「慰安婦」と呼んだその婉曲語法の卑劣さを強調するためにも、以後「慰安婦」問題と呼ぶ。なお、わたしがなぜ、「慰安所」制度を軍事性「奴隷」制度であると考えているかについては、[岡野 2014]を参照。

(2) 宋連玉は次のように主張する。「「国民基金」とそれを支持する人びとから、韓国の運動団体が正義の暴力を振りかざし、日本の償い金を受け取ることを反対している、と本末転倒した批難がなされるが、当事者のさまざまな要求を都合よく選別して応えようとするのはむしろ「国民基金」側の人びとである。当事者の思いを大切にしたいと言いながら、その思いの核心ともいえる「日本の民主化」要求には応えようとしないばかりか、早々と断念したと言い放つ」[宋 2009: 233. 強調は引用者]。

（3）　もちろん、ハーバーマスの言葉を援用するならば、民主主義とは未完のプロジェクトに他ならない。つまり、民主主義とは永久運動にも等しく、民主的であることを目指すならば、つねに現在の制度的な不備に対して批判的、改良的であらざるを得ないという意味では、現存するどの国家も、いまだ〈完全な〉民主国家ではない。しかし、本章で日本を民主国家ではない、というのは、日本は、〈構成員内外からの制度的不備に対する批判に対して応答責任を果たす〉という民主主義の本質を裏切っている、という意味である。すなわち、日本は完全には民主的ではない、という主張ではなく、民主主義の本質と照らし合わすならば、とくに日本軍「慰安婦」問題に対する政府の対応は、日本は非民主的な国家である、ということを示しているという主張である。

たとえば、立憲主義思想史を読みなおすなかで、日本の平和憲法を「未完の革命」として捉えようとする、[千葉 2009]も参照。そこでは、民主主義の行き過ぎを統制する機能を、立憲主義の議論にみようとする法学的理論に対して、民衆の「構成的権力」は「憲法的規範化に抗う」という機能も果たしていることが積極的に評価されている。すなわち、「構成的権力は、自ら樹立した憲法体制との弁証法的緊張を常に保持しつつ、民主主義を将来にむけて具現化していく制度上の規範概念として理解されている」[ibid.: 74]。

（4）　こうした本章における立場は、国民基金の呼びかけに応答し、募金活動を行った市民、さらには、戦後五〇年を迎えて日本の植民地主義をどのように反省するかをめぐる激しい攻防が続くなか、真摯な政治的判断で、国民基金を発足させようとした方々の意志そのものを批判するものではない。とくに、日本政府の謝罪の誠意が感じられないという「批判は理解できましたが、私は、保守の逆流の動きに一層の危機をみていました」という和田春樹は、わたしたちは現在の政治状況についていかなる行動を起こすべきなのか、といった示唆に富む議論を展開している［和田 2015］。しかし、国民基金の活動の帰結が、いまどのような政治的効果を及ぼすにいたっているのかが、本章で論じられることである。

（5）　しかし、それ以前にも、沖縄に住む朝鮮半島出身の裵奉奇《ペポンギ》さんへの聞き取りに基づいた［川田 1987］が公刊されていたことも、強調しておかなければならない。

（6）　そうした意見の代表的なものとして、［西野 2008］がある。詳しくは第三章七二—七三頁を参照。

（7）　一九九四年一二月に発表された、「与党戦後五〇年プロジェクト従軍慰安婦問題等小委員会　第一次報告」から引用。政府はこの報告書を受けて、政府と国民が協力して、国民基金を設立することを決定した。なお、当時は、自由民主党、日本社会党、新党さきがけの連立政権であった。「デジタル記念館　慰安婦問題とアジア女性基金」http://www.awf.or.jp/2/foundation.html を参照（二〇二四年一一月二〇日最終閲覧）。

（8）　たとえば、基金の一員として事業を当初より支えてきた大沼は、政府の「不作為」について次のように批判している。「アジア女性基金は、日本政府が日本国の責任をはたすためにつくった組織であるにもかかわらず、制度的には一財団法人とされた」［大沼 2007: 119］。また、大沼のように「基金と政府による償いを国民参加の国家総体の償いとして積極的に意義づける考え」［ibid.］は、基金内ではむしろ少数派であり、むしろ国家補償が望ましいが、それが不可能だからせめて民間の基金で償い事業をする、という消極的な意見が多数派であった。大沼は、基金の失敗の第一の原因として、「基金の理念と被害者の実像を伝える広報活動の致命的な弱さ」を挙げている[ibid.: 111]。

(9) 呼びかけ文の一部を引用しておく。「基金は、これらの方々[「慰安婦」制度の被害者――引用者補]への償いを示すため、国民のみなさまから拠金を受けて彼女たちにこれをお届けすると共に、女性への暴力の廃絶など今日的な問題への支援も行うものです。私たちは、政府による謝罪と共に、全国民規模の拠金による「慰安婦」制度の犠牲者への償いが今どうしても必要だ、という信念の下にこの基金の呼びかけ人となりました」。http://www.awf.or.jp/6/statement-08.html(二〇二四年一一月二〇日最終閲覧)。

(10) さらに国民基金の創設に尽力した者たちの危機感をかきたてたのは、一九九四年一二月の奥野誠亮《せいすけ》会長の終戦五〇周年国会議員連盟の誕生であった。和田の言葉を参照すれば、それは、「先の戦争についていかなる謝罪も反省もしてはならない、そのような国会決議は許さないという議連」である[和田 2015: 10]。たとえば、一九九三年に国会議員になったばかりの安倍晋三は、ここで事務局次長を務め、その後「明るい日本・国会議員連盟」事務局長代理を経て、「日本の前途と歴史教育を考える若手議員の会」の事務局長に就任し(九七年)、その後「慰安婦」問題に関わる記述を歴史教科書から抹消させるための政治活動を率先して行うことになる。

(11) こうした理解については、[大沼 2007: esp. 7–19]を参照。大沼の当時の判断によれば、「将来、村山内閣以上にこの問題に好意的に取り組む内閣ができるとは思えない。せっかく村山内閣の下でぎりぎり取り付けたこの案を拒否すれば、元「慰安婦」への償いを実現する機会は二度とめぐってこないだろう」[ibid.: 16–17]。

(12)　安倍晋三については、「新しい歴史教科書をつくる会」を支援してきた議員連盟「日本の前途と歴史教育を考える若手議員の会」の初代事務局長を務めたことからも分かるように、「慰安婦」問題に対しては、つねに否定的・攻撃的であった。安倍の「慰安婦」問題に対する基本的な認識は、かれもメンバーのひとりである日本会議編『首相の靖国神社参拝は当然です！』のなかでの、「朝鮮人慰安婦や労働者の「強制連行」はなかった」という主張と同様だとみなしてよいであろう。そこでの記述によれば、「そもそも慰安所はあくまで民間業者の経営で、軍の関与は性病の予防や慰安婦の募集に強制がないよう指導するなどの点に限られていた」。また、朝鮮半島からの「強制連行」については、「かつて白人がアフリカで黒人に対して行った人間狩りのようなものではなく、全国民(日本人・朝鮮人・台湾人)が整然と動員に応じた」[日本会議(編) 2005: 41]。なお、同書は、「韓国は日本と戦争したことがないのに、何故靖国問題で厳しく日本を追及するのですか？」という問いを立て、日韓併合し当時ひとつの国家であったため、「韓国と日本は戦争していたわけでもなく」、「当時の韓国人が日本人として、共に連合国軍と戦ったのはまぎれもない歴史的事実です」と論じている[ibid.: 30]。なお、歴史教育、教科書問題をめぐる安倍の政治的スタンスについては、[金 2006]に詳しい。

(13)　松井やよりは、朝日新聞記者時代から市民活動家としてNGOを立ち上げ、アジアにおける日本人男性買春ツアー問題などをとりあげたジャーナリストである。彼女の活動記録については、ｗａｍ館内にて閲覧できる。

(14)　たとえば、和田によれば、国民基金の歴史資料出版記念事業についても日本政府は協力を拒んでいる。「河野談話をまとめる過程で獲得された資料が内閣府には残っているのではないかと考えて、交渉しましたが、まったく出してもらえませんでした」[和田 2015: 171]。
(15) 政府調査によって明らかにされた文書は、『「従軍慰安婦」関係資料集成』として一九九七年に全五巻本として公刊されるが、現在はすべてデジタル記念館からダウンロード可能となっている。http://www.awf.or.jp/6/document.html(二〇二四年一一月二〇日最終閲覧)。
(16) http://www.awf.or.jp/3/oralhistory-05.html より、そのまま引用(二〇二四年一一月二〇日最終閲覧)。
(17) 注(14)を参照。
(18) 「アジア女性基金解散記者会見　理事長発言要旨」より。http://www.awf.or.jp/3/dissolution.html(二〇二四年一一月二〇日最終閲覧)。なお、[和田 2015: 176-177]に基金の会計報告の概略が示されている。支出合計は、五一億七五〇〇万円、そのなかでフィリピン・韓国・台湾への償い金は、五億七〇〇〇万円、事務経費・償い事業実施、女性尊厳事実実施経費が三五億五〇〇〇万円などであり、収入の合計は五一億九〇〇〇万円で、国民からの募金は、五億六五〇〇万円、政府からの事務事業経費補助金が三五億五〇〇〇万円などである。
(19) 注(18)のウェブサイトより、そのまま引用(二〇二四年一一月二〇日最終閲覧)。
(20) https://wam-peace.org/ianfu-mondai/un からの引用(二〇二四年一一月二〇日最終閲覧。強調は引用者)。
(21) デジタル記念館サイト上「アジア女性基金の解散とその後」(注18)を参照。
(22) 大沼に対する批判については、より詳しく[岡野 2009b]において論じている。
(23) 民主主義のひとつの捉え方として、本書第八章では、クロード・ルフォールを参照しながら、民主主義が専制へと陥らないためには、開かれた〈われわれ〉を維持していくことが肝要であると論じる。

(24) 条約上解決済み、という政府の見解も、民法上の請求権としては時効や除斥期間によってそうした訴えは無効であるという見解も、法理論上すでに批判されている。実定法は国境と時間の制約を超えて正義を実現することが可能か、という理論的な問いかけについては、［高木・南・松本・水島 2004］を参照。

(25) 民法の専門家の立場から、戦後補償問題の司法的解決に立ちはだかる時効や除斥期間の難問に理論的に果敢な挑戦をしているものとしては、［松本 2003］を参照のこと。

(26) 大沼はこの後、次のように続けている。「［…］反発の強さは、一般の市民には見えない。多くのNGOや学者にもほとんど見えない。こうして、国家補償派の学者やNGOは、「もうすこし時間があれば」といった希望的観測にもとづく批判を基金に浴びせ、実現の見込みのない目的を掲げて突き進んだのである」［大沼 2007: 112］。かれのNGOや国家補償を唱える研究者に対する見解に、わたしは強く反論したい。政府内・政治家たちの国家補償に対する反対がいかに強固であるかについては、一九九一年以降、政府に訴え、政治家たちの妄言を浴びせられ続けてきた、「慰安婦」にされた被害者たちこそが実感してきたのではなかったか。日本軍「慰安婦」問題に対して政治家たちの反発が強いからこそ、それに対して研究上も運動としても、強く反論が加えられてきたのである。

(27) 主体の一貫性のなさが、ドイツと日本の戦後補償の在り方の最大の相違点である。大沼は、ドイツの「記憶・責任・未来」基金よりも、法的請求の放棄を求めないという点で、「国民基金」のほうが「優れたものとなった」と判断しているのだが[大沼 2007: 49-50]、むしろそのことは、償いの主体が日本政府ではないことの証左である。ドイツの「記憶・責任・未来」基金は、基金設立のための法律を制定し(二〇〇〇年)、その基本法の前文には、ドイツ連邦議会が政治的・道義的責任を自覚していることが明記されている。すなわち、ドイツの基金は法に基づいて施行されている国家補償を為すのだから、被害者に国家補償をめぐる請求権を放棄するよう求めることは、道理に適っている。翻って、大沼自身、法的解決は現実的でないとの判断を繰り返し述べているにもかかわらず、「国民基金」を受け取っても、「日本政府の法的責任を追及する裁判は続行できるから、被害者自身の利益のために受け取ってはどうですか、という助言を行ってきた」基金を評価することに[ibid.: 142]、わたしは、かれが考える道義的責任とはいったいどんな責任なのかと、混乱するばかりである。

第三章

(1)　わたしは、朴裕河が『和解のために——教科書・慰安婦・靖国・独島』[朴 2006]や、『帝国の慰安婦——植民地支配と記憶の闘い』[朴 2014]において批判する、韓国における「慰安婦」問題の運動を支えてきた挺対協の常任代表である尹美香さんに幾度かインタヴューを行った。また、二〇一三年一〇月には、「女性・戦争・人権」学会(於同志社大学)において、彼女の報告のコメンテータを務めた。そのなかで、尹美香さんは、「慰安婦」問題の解決を求めた女性たちの運動を最も妨げたのは家父長制であるとはっきり指摘している。社会運動史的に振り返り、かつての日本軍「慰安所」制度の被害者を支援する韓国内の運動が、韓国における家父長制と国家権力の結びつきを厳しく批判する八〇年代以降の女性運動の延長線上にあることを考えると、朴のこうした評価は一面的にすぎるといえよう。むしろ、日本と韓国の「慰安婦」問題の解決をめざす連帯運動は、国境を越えた国際的な人権運動へと発展し、狭隘でナショナリズム的な政治的駆け引きにこの問題が利用されることに、最も強く反対してきたというのが、わたしの理解である。

（2）デリダの「正義とは脱構築である」というテーゼに関しては、[高橋 1998][守中 1999]を参照。なお、正義と国家の実定法という狭義の法との違いについては、第四章で論じる。

（3）この点に関するリベラリスト理解についてのわたしの見解は、[岡野 2012: 第一部第三章]を参照。

（4）たとえば、この点についてかつてわたしは以下のように論じた。「応報的な正義は、社会構成のなかでも重要な部分を占める法が破られた場合、違法行為を犯した者を罰することで、社会の中の法の権威と権力を回復する。しかし、そこでは、同じ社会構成のなかでも重要なはずの、その行為によって傷ついた者、破壊された様々な関係性に対する注意は喚起されない」[岡野 2012: 299]。

（5）たとえば、日本軍「慰安婦」の四〇％を占めていたと推定される朝鮮半島の女性たちが、植民地支配の下でどのような状況に置かれていたかについては[宋 2014]を参照。宋によれば、記録に残る、あるいは「名乗りでた女性たちに、共通して言えることは、被害女性たちは狭い日常生活圏から一歩出ただけで簡単に騙されるほど疎外され、知識と情報、帝国の言語を解せず、経済的にも社会的にもまったく無力だったということだ」[ibid.: 24-25]。

（6）国連総会決議 A/RES/60/147. 二〇〇六年三月二一日。

第四章

（1）ただし、センは不正義を特定することはあくまで出発点であり、そこから公的な理由づけ、批判的な熟考を通じて、なにが矯正されるべき不正義なのかを精緻に論じていく必要があると説く。本章は、センにとって正義論の出発点である、不正義の感覚をもつこととはどのようなことなのか、不正義の特定をめぐる困難について考え、その困難が逆説的に拓く可能性がグローバルな正義論へとつながっていく可能性を探ってみたい。

（2）民主主義の実践と正義の理論とを架橋する試みは、正義をむしろ司法モデルで論じようとするリベラリズムに対する一定の批判を提供している。そのような試みとして、「ロールズとかれの後継者たちは、配分的正義に焦点を当てることによって、あまりに多くの支配をめぐる論争点に対しては目隠しをされ続けているのだ」と批判する、[Shapiro 1999: 232]を参照。

（3）この点について、既存の正義に対する強烈な批判をなしたものとして、プラトン『国家』に登場するソクラテスの強敵、トラシュマコスの次の言葉も参照されたい。「支配階級というものは、それぞれ自分の利益に合わせて法律を制定する。たとえば、民主制の場合ならば民衆中心の法律を制定し、僭主独裁制の場合ならば独裁僭主中心の法律を制定し、その他の政治形態の場合もこれと同様である。そしてそういうふうに法律を制定したうえで、この、自分たちの利益になることこそが被支配者たちにとって〈正しいこと〉なのだと宣言し、これを踏みはずした者を法律違反者、不正な犯罪人として懲罰する。／さあ、これでおわかりかね？　私の言うのはこのように、〈正しいこと〉とはすべての国において同一の事柄を意味している、すなわちそれは、現存する支配階級の利益になることにほかならない、ということなのだ」[プラトン 1979: 50-51. 338E-339A]。トラシュマコスに関する議論としては、[長尾 1966]を参照。

（4）センもまた、不正義の感覚とは、「わたしたちを動かす動機《シグ》・前兆《ナル》」だと捉えている[Sen 2009: viii/2]。

（5）本章の立場はむしろ、合衆国のフェミニスト哲学者エヴァ・キテイが論じる「みな誰かお母さんの子ども」という主張に依拠している。キテイ哲学のフェミニスト的試みとは、男性を中心に生殖を考えるがゆえに、生と闘争を結びつける男性中心主義的な歴史観・社会観・人間観に対抗し、むしろ、放置されれば生存することができない脆弱な生を、誰かが、時に自らのニーズを措いても、ケアしてくれたその稀有な非－暴力的なケア関係から、社会構造を再編成する試みである[Kittay 1999; cf. 岡野 2012]。

（6）Henry Sidgwick, *The Methods of Ethics*, seventh edition (London: Macmillan, 1907), p. 246 からの引用。

（7）たしかに、シュトラウスもまた、自然を「母の母」と呼び表すように、女性を母と等値し自然へと還元していくことで、無尽蔵な大地のように、つまり男性市民にとっての物的対象として女性をみる視線は、西洋政治思想史に貫かれている。そのことは、現代もやむことがない女性に対する暴力を考えるうえで重要な問題を提起しているが、ここでは詳細に論じることはしない[cf. 岡野 2012: 第二部第二章]。

（8）プラトン『国家』におけるソクラテスが、現代的なジェンダー論からみても、画期的な議論を提供していたにもかかわらず、かれに続く哲学者、そして研究者たちによって、いかに過小評価され、無視されるに至ったかについては、[Okin 1979]を参照されたい。

(9) 昭和一七年(一九四二年)九月三日の陸軍省恩賞課長の報告では、「将校以下の慰安施設を次の通り作りたり。北支一〇〇ヶ、中支一四〇、南支四〇、南方一〇〇、南海一〇、樺太一〇、計四〇〇ヶ所」とある。「デジタル記念館　慰安婦問題とアジア女性基金」HPより。http://www.awf.or.jp/1/facts-07.html(二〇二四年一一月二〇日最終閲覧)。

第五章

(1) どのような批判が存在するかについて、さらに詳しいリストについては、[細谷 2005: 51–53]を参照。

(2) たとえば、近代日本社会の形成期において、家族制度がいかに新たな政治体制・社会構造を支える戦略の中心を占めていたかについては、[牟田 1996]を参照。歴史社会学的アプローチによって牟田は、日本における近代家族について、「明治期の家族が当初から産業化、国家的近代化の要請と不可分で、「公」と「私」の距離が限りなく近く、外部、とくに国家に対して閉鎖性がない」という特徴を指摘している[ibid.: 71]。

(3) 参画局内におかれた専門調査会は、「「社会的・文化的に形成された性別」(ジェンダー)の表現等についての整理」を二〇〇五年一〇月三一日に発表している。そこにおいて確認されているように、基本法によって宣言されているのは、「ジェンダー」という概念で捉えられる対象のうち、男女が共に参画しうる社会形成を阻害するもの、に対して見直しを行うことである。

したがって、男女の服装差等については、見直しの対象にならないと述べられている。http://www.gender.go.jp/kaigi/senmon/keikaku/pdf/genderhyougen.pdf#page=1（二〇二四年一一月二一日最終閲覧。強調は引用者）。

（4）あえて「後進性」という言葉を使用したが、統計上、女性の社会進出が進んでいない日本社会の現状のことをここでは意味している。この点については、男女共同参画社会が何故必要かについて参画局が提示している、さまざまな統計を参照。http://www.gender.go.jp/about_danjo/whitepaper/h19/gaiyou/html/honpen/chap01_00.html（二〇二四年一一月二一日最終閲覧）。

（5）たとえば、『自由論』の次の一節を参照。「或る人がともかくも普通の常識と経験とをもっているならば、彼自身の生活を自分で設計する独自のやり方が最善のものであるが、その理由は、その設計が本来最善のものであるからではなくて、それが彼独自のやり方であるからである」[Mill 1989: 67/136. 強調は引用者]。

（6）テイラーの真意は、そうした〈ほんものという倫理〉に息づいていた理想が、現代社会において形骸化し、何が選択されたのかという内容と社会的文脈を切り離してしまう傾向が助長されていることへの批判にある。本書ではそうした批判には立ち入らないが、テイラーによる自己の自由な選択能力をめぐる批判については、[岡野 2009a: 第三章第三節]を参照。

（7）この点については、第六章第2節にてさらに詳しく論じる。

（8）現在、多くのフェミニストがケアの倫理に注目しつつ、新たな政治理論を構想しようとするのは、既存の政治理論は、個の確立以後の世界にのみ着目していることを批判し、他者に一方的に依存しなければならない存在として生まれてくるわたしたちの生全体を直視し、そこから政治理論を構築しようとするためである。この点については、［岡野 2012］を参照されたい。

第六章

（1）オークショットによれば、ホッブズにおける人間本性とは「孤立者の性格である。孤立者はおのれ自身の感覚作用と想像力、欲求と嫌悪、慎慮、理性、宗教の世界に生きている。自分の思考と行動の責任を自分自身のほかには誰にも負わない。自分に一定の力があることを自覚しており、その行使の権威はその力があるということでしかなく、しかもこの権威は絶対的である」［オークショット 2007: 39］。

（2）たとえば、ホッブズは、自然状態におけるひとを、突然大地に現れ、互いにいっさいの関わりをもたずに成長した「マッシュルーム」に喩えている［Hobbes 2007: 109］。母＝自然という等式の下に、近代社会契約論がいかに女性（性）を消去していくかについては、［Benhabib 1987］を参照。

（3）合衆国の憲法研究者、ジェレミー・ウォルドロンを援用しながら、かつてわたしは、［岡野 2009a］において次のように論じた。「ウォルドロンがルソーを例に挙げながら説明するように、「依存」が否定的に捉えられるのは、他者に依存することは、自らの意志が無視され、他者によって支配される危険を生むからである。すなわち〔…〕、現在の市民たちの社会を支えている「平等」や「自由」といった理念を崩壊させかねない危険を、「依存」に見て取っているからなのである」［ibid.: 257］。

（4）　自律的自己の想定がいかに、排他的であるだけでなく、他者に対する暴力を自己防衛の名の下に正当化するかについては、［Benjamin 1988］を参照。彼女によれば、「自律的個人」という概念は、「自分が現実に行っている依存と社会的従属を否認する、捨象の行為によって作り出されて」おり、「その結果、この人物の自由とは、他者の統制や侵入に対する防衛だけで構成されることになる」［ibid.: 187-188/255］。彼女と同じように精神分析に依拠するバトラーも、「自律性とは否認された依存の論理的帰結である」として自律的主体を幻想だと批判する［Butler 1995: 45-46/258］。

（5）　わたしにそうした構成原理を検討するひとつの契機を与えてくれたのは、［Goodin 1985］における契約論批判である。

（6）　舛添要一は、本ＰＴのメンバーのひとりとして、二〇〇五年の草案をまとめた立場から、二〇一二年の自民党憲法草案を厳しく批判している。しかしながら、本書では、かつてのＰＴの議論にみられる自民党議員の数々の発言に、二〇一二年草案につながる立憲主義を破壊しようとする思想が存在していたという立場をとっている［ex. 舛添 2014］。

（7）　松山市議会において採択された請願書についてはhttp://www.againstgfb.com/matsuyama_city.html（二〇二四年一一月二一日最終閲覧）。なお、ジェンダー法学会が採択を批判する理事会声明を出している［ジェンダー法学会（編）2008: 125-127］。声明はこちらから読むことができる。https://jagl.jp/?page_id=98（二〇二四年一一月二一日最終閲覧）。

（8）　自由民主党は、結党時に党の使命を宣言するさい、次のように論じている。「国内の現状を見るに、祖国愛と自主独立の精神は失われ、政治は昏迷を続け、経済は自立になお遠く、民生は不安の域を脱せず、独立体制は未だ十分整わず、加えて独裁を目ざす階級闘争は益々熾烈となりつつある。／思うに、ここに至った一半の原因は、敗戦の初期の占領政策の過誤にある。占領下強調された民主主義、自由主義は新しい日本の指導理念として尊重し擁護すべきであるが、初期の占領政策の方向が、主としてわが国の弱体化に置かれていたため、憲法を始め教育制度その他の諸制度の改革に当り、不当に国家観念と愛国心を抑圧し、また国権を過度に分裂弱化させたものが少なくない」https://www.jimin.jp/aboutus/declaration/（二〇二四年一一月二一日最終閲覧。強調は引用者）。

（9）論点整理については、［全国憲法研究会（編）2005: 363-368］。またこちらからも読める。http://www.shugiin.go.jp/internet/itdb_kenpou.nsf/html/kenpou/chosa/160805jimin.pdf/$File/160805jimin.pdf（二〇二四年一一月二一日最終閲覧）。なお、ＰＴにおける議論の詳しい内容は、自民党ＨＰの改訂のため残念ながら現在では読めなくなっている。本節で参照されるのは、たとえば以下のような当時の森岡正宏衆議院議員の発言である。「いまの日本国憲法を見ておりますと、あまりにも個人が優先しすぎで、公というものがないがしろになってきている。個人優先、家族を無視する、そして地域社会とか国家というものを考えないような日本人になってきたことを非常に憂えている。夫婦別姓が出てくるような日本になったということは大変情けないことで、家族が基本、家族を大切にして、家庭と家族を守っていくことが、この国を安泰に導いていくもとなんだということを、しっかりと憲法でも位置づけてもらわなければならない」。あるいは、熊代昭彦衆議院議員（当時）は次のようにも発言している。「よい家族こそ、よい国の礎である。とくに、女性の家庭をよくしようというその気持ちが日本の国をこれまでまじめに支えてきたと思う」[以上、岡野手元資料]。また、[植野 2005b]においても、論点整理にみられる議論は、家族と公共性を強引に一体化させ「「国家のための家族」の保護」を目論む議論として批判されている。また、小泉政権下における改憲論議に対する憲法学からの批判としては、[全国憲法研究会（編）2005]を参照。とくに、与党自民党の改憲論は、国民の権利を縮減させ、国家安全保障と国益のために、国家が国民にその役割を命じるような「憲法」を新たに創造する政治意志の表れと考える、[石村 2005][西原 2005]を参照。石村によれば、「日本国憲法に関わる人権・改憲論が、一貫して人権制限の必要性の主張（「公共の福祉」による制限の強化）をしてきたように、これが国家の名によって人権を侵食する意欲をもって現れてきていることは確かである」[石村 2005: 15]。

(10)　この点に関しては、[牟田 1996]を参照した、第五章注(2)を参照されたい。

(11)　戦後日本が独立国として国際社会に認められることになる過程においてすでに、いかに現行憲法の精神が踏みにじられていたかについては、戦後体制における政治状況を、一次資料を網羅しながら新たな視点において徹底的に考察した、[豊下 2008]を参照。豊下によれば、戦後憲法の下で象徴天皇制が確立した後もなお、天皇の政治的介入は続いており、「天皇にとって安保体制こそが戦後の「国体」として位置づけられた」[ibid.: 128. 強調は引用者]。たとえば、講和条約交渉時には、当時の総理大臣吉田茂は天皇に「節目節目に「内奏」に赴いて」おり、戦前の外務大臣が交渉の仔細を報告しているような状態であった[ibid.: 169]。豊下が述べるには、「天皇は新憲法が施行され「象徴天皇」になって以降も、事実上の「二重外交」に踏み込み、吉田に強い圧力を加えてまでも、「自発的なオファ」による米軍への無条件的な基地提供という方向に突き進んだのである」[ibid.: 175]。

　同書において豊下は、日本の戦後民主主義について次のように論じているのだが、日本の戦後政治に対する重要な指摘として重く受け止めなければならない。「日本の政治の持つ病根は限りなく深く、日本の民主主義は救いがたく未成熟である」[ibid.: 129]。

(12)　近代立憲主義に関する憲法学、法哲学、政治思想からの理論的考察については、すでに多くの論考が存在している。本節では、第3節での議論への補助線として立憲主義について触れるので、数多くの先行研究について言及はしない。ただし、憲法の基本的な理解については、[長谷部・土井・井上・杉田・西原・阪口(編) 2007]に多くを負っていることを断っておく。また、ロックと立憲主義の関係については、[愛敬 2003]を参照した。

(13)　ちなみに、ウォルツァーが国家「と」教会との間にある境界線以外に挙げているのは、学者の自由を創造する、宗教国家「と」大学、市場の自由・自由競争を創造する市民社会「と」政治的共同体、出自からの自由を創造する、国家「と」家族、プライヴァシーの自由・個人・家族の自由・性の自由を創造する、公的生活「と」私的生活の間に引かれている境界線である[Walzer 1984: 315-317]。

(14)　立法権は国家における最高権力であるが、あくまで「信託権力」にすぎず、国家設立の目的、すなわち各人が「所有物を安全に享有し、社会外の人に対してより大きな安全性を保つ」という目的によって制限されている[ロック 1980: 252, 286]。したがって、立法権は国民である各個人に由来しており、「法をつくるという権力にすぎず、立法者をつくる権力ではない」とロックは論じている[ibid.: 283]。

（15） カントは、理性が命じる法則の遵守と、幸福への配慮を峻別するべきだと唱え、「道徳とは、われわれはいかにして幸福になるかを教えるのではなく、われわれはいかにして幸福に値するようになるかを教える学問の序論になる」と論じている［カント 2000: 168］。

（16） こうしたカントの知見を学んだ現代社会において、立法権を託された一議員の次の発言に垣間見られる人権感覚には震撼させられる。「多くの国民は自由を求めているようでいながら、じつは自由から逃れたいと密かに思っている。この国の国民はこういうふうにものを考えれば幸せになれるんですよということをおおまかな国のなかで規定してほしいというのは、潜在的にマジョリティーの国民が持っている願望ではないか」［「国民の権利および義務」についての伊藤信太郎衆議院議員（当時）発言。岡野手元資料より］。こうしたパターナリスティックな権力の在り様が個人の自由に対立することを承知したうえでの発言だけに、日本における政治の荒廃ぶりが、いっそう際立つ。

（17） 自民党の憲法破壊論者は、近代個人主義がこうした「新しい絆」として作用しうることに気づいているようである。たとえば、「論点整理」における次の発言を見よ。「この分野における本プロジェクトチーム内の議論の根底にある考え方は、近代憲法が立脚する「個人主義」が戦後のわが国においては正確に理解されず、「利己主義」に変質させられた結果、家族や共同体の破壊につながってしまったのではないか、ということへの懸念である。権利が義務を伴い、自由が責任を伴うことは自明の理であり、われわれとしては、家族・共同体における責務を明確にする方向で、新憲法における規定ぶりを考えていくべきではないか」［全国憲法研究会（編）2005: 366. 強調は引用者］。

（18）日本における「公私概念」については、[水林 2002]を参照。

（19）この点については、第二四条と第九条の破壊を連動して捉える[中里見 2005a]、[若尾 2004]を参照されたい。

（20）社会学においてはすでに二〇年前に江原由美子が、なぜ近代において女性の身体が政治的に焦点化されるのか、と問いかけ、次のように答えている。少々長くなるが、現代のフェミニズム理論において重要な指摘なので、ここに引用しておく。「私生活領域こそが近代社会システムにとってのかくれた前提である以上、それは「安んじて労働者の本能」にまかせておかれはしなかった。次世代の産出と養育は何としても果たされねばならない課題であったのだから。しかしそれはあくまで個人の自由として実現されねばならなかった。それこそが近代社会システムの正当性イデオロギーであったから。／それゆえ女性身体は、近代におけるもっとも中心的なイデオロギーの場、闘争の場となった。すなわち女性は、自らすすんで、私生活の領域に追いやられた次世代の産出と養育の役割を担わねばならない、しかもそれゆえに公的領域における不利益を被ることを正当として承認せねばならない位置におかれたのである」[江原 1988: 113. 強調は原文]。

（21）この点については、本章の注(3)を参照されたい。

第七章

（1）『朝日新聞』二〇一三年八月一六日朝刊、二面。強調は引用者。

（2）第六章、注(8)を参照。

第八章

（1）立憲主義に関して、社民党党首・福島瑞穂の質問に、安倍首相は以下のように答えたと伝えられている。「まず、立憲主義については、「憲法というのは権力を縛るものだ」と、確かにそういう側面があります。しかし、いわばすべての権力を縛るものであるという考え方としては、王権の時代、専制主義的な政府に対する憲法という考え方であってですね、今は民主主義の国家であります」。本章では、「民主主義の国家」であるからこそ、むしろ、厳しく、そして巧みに立憲主義によって権力を縛る技法を見出さなければならない、と論じたい。

（2）この点について、自民党草案において、前文や第二四条に「互いに助け合わねばならない」家族像が書き込まれていることが、政治権力の濫用を許すだけでなく、いかに立憲主義の歴史を踏みにじるものかが分かるであろう。

（3）現在多くの憲法改正反対論者が指摘しているように、自民党は現行第一三条の個人の尊重を、「人として尊重される」にとって替えようとしている。個人からひとへの改定を批判するものとして、［樋口 2013: 26-31, 106-109］をとくに参照。

（4）たとえば、草案の前文にある「日本国民は、国と郷土を誇りと気概を持って自ら守り、基本的人権を尊重するとともに、和を尊び、家族や社会全体が互いに助け合って国家を形成する」をみよ。憲法とは、多様な価値観をもつ異なる個人を緩やかにまとめあげる、国家の基本法である。すでにロックが『寛容論』で論じたように、力で真理、良心、信仰など内心に関わることをひとに教え込むことは不可能である。それをすることは、拷問に他ならない。しかしながら、そのようなことを規範とする国家が存在するとしたら、そこでは、〈われこそが国民である！〉と唱える者たちにより、〈国民らしからぬ〉人びとを弾圧、抹殺せんとする悲惨な暴力行為が繰り広げられるであろう。この前文にわたしは、近代国家を滅ぼし、人民を奴隷化しようとする一部の者たちの権力欲しか見出せない。

第九章

（1）二〇一二年一二月一〇日、東京都内での街頭演説にて。

（2）この場合は、戦場において敵と味方が対峙しているような場面というよりも、攻める兵士と攻められる一般市民、といった非対称的な関係を想定している。ただし、第二次世界大戦中、南洋諸島の前線で玉砕を至上命令として戦わされた兵士たちなど、攻める立場とは言い切れない存在があることも確かだが、ここでは、議論のために単純化している。

（3）たとえば、第四章第2節で参照した、ピーター・シンガーの議論を参照。

（4）政治思想史における「戦争」を通史的にコンパクトにまとめた論考として、［内藤 2007］を参照。

（5）弘文堂『政治学事典』において、国際政治学者の猪口邦子は、次のように「戦争」を定義している。「戦争の主体は基本的には国家であって、戦争の特殊な形態である内戦においてさえも、政権奪取を狙う諸集団が互いに競い合いながら公権力と対峙する以上、国家はやはり戦いの中心軸を成している。〔…〕従って戦争の規模は近代国家の形成と発展とともに拡大してきたのであった。近代初頭の「ヨーロッパ大戦」とも称される三十年戦争（一六一八―四八）は、新教・旧教の対立と絡んでヨーロッパ社会を根底から揺さぶり〔…〕近代主権国家中心システム」を生み出した。本書で扱っている「戦争」とはまさに、猪口が指摘するような、一七世紀に西ヨーロッパで誕生した、近代主権国家中心システムのなかで生じてくる「戦争」である［猪口孝ほか（編）2000: 655］。

（6）一六世紀から一七世紀にかけて、西ヨーロッパから主権国家が台頭してくる複雑な背景を分かりやすくまとめたものとして、［高澤 1997］を参照。

（7）ボダンは、まさにこうしたフランス国内宗教戦争の暗黒時代に、「統治の実践をめぐる非常に数多くの伝統的制約との折り合いをつけながらも、王室の至高の権力の絶対主義的理論を展開した」［Franklin 1992: x］。ボダンによれば、「主権は、国家の絶対的で永続的な権力であって、ラテン人がマジェスタと呼ぶもの」である［Bodin 1992: 1］。ここで重要なのは、一六世紀にはまだ、ボダンが定義しようとした、絶対的で至高の統一された唯一の権力が国家内に存在していなかった、ということである。

（8）ここで再度、注（5）の猪口邦子による戦争の定義を参照されたい。

（9）「かれが現在もっている、よく生きるための力と手段を確保しうるためには、それ以上を獲得しなければならない」。

（10）安全保障概念が抱え込むこうした矛盾については、［岡野 2012: 第三部第二章］で詳しく論じている。

（11）アフガニスタン攻撃直後、倫理学者のピーター・シンガーは、リチャード・フォークやマイケル・ウォルツァーなど左派から右派まで著名な研究者を招いて、アフガニスタンへの攻撃がテロリズムに対する正当な応答なのかを考えるフォーラムを主催した。かれいわく、「私が驚いたことに〔…〕、四人すべてが、アフガニスタンへの攻撃は、九月十一日の事件を考えると正戦であると考えていた」［シンガー 2004: 199］。

（12）たとえば、ブッシュの正義がいかに、現在の国連憲章とは相容れないものであるかは、［シンガー 2004］に詳しい。「国連憲章――合衆国が署名している条約――の第七章は、平和への脅威と侵略行為とにかんする安全保障理事会の役割を定め、「もし武力による攻撃が行なわれた場合に」ある国が自衛する固有の権利を害するような規定を本憲章はなんら含んでいないと規定している――このことは、憲章の諸条文は、武力による攻撃が行なわれなかった場合には、いかなるかたちでの「自衛の権利」にたいしても「害する」ことがあることを含意している」［ibid.: 245］。安倍は「集団的自衛権」を自然権と称し、国連憲章第五一条に「集団的自衛権がある」と明記されていると主張するが、シンガーがここでいみじくも指摘するように、武力による攻撃が行われた場合には、自衛のための固有の権利を「害するものではない」と規定しているのだ。安倍はまた、「向こうから何らかの攻撃がないかぎり、こちらから武力を行使して、相手を排除することはできない」ことを安全保障と憲法の乖離と考えるが、国連憲章の精神から安倍の安全保障観が乖離している［安倍 2013: 138］。

（13）9・11事件以後の「テロとの戦い」からの帰還兵の多くがいかに外傷性脳損傷（Traumatic Brain Injury = TBI）に苦しんでいるかについては［大治 2012］に詳しい。「〇九年三月四日、国防総省はイラクやアフガニスタンに派遣された米兵一八〇万人余りのうち、約一～二割（一八万～三六万人）の兵士がＴＢＩを発症するとの推計を発表」し、その治療費が国防予算に占める割合は、年々増加している[ibid.: 34]。

(14) さらに、安倍の「積極的平和主義」は、米国への追随に他ならないと考える西崎は、集団的自衛権について、次のように端的に指摘している。「国連の安全保障体制にとって、個別的・集団的自衛権を認めた憲章五一条はそもそも例外的な条項であり、悪くすれば対立的存在になり得たということである」[西崎 2014: 238]。

第一〇章

(1) 首相官邸HP参照。https://warp.ndl.go.jp/info:ndljp/pid/8833367/www.kantei.go.jp/jp/96_abe/statement/2014/0515kaiken.html(二〇一四年一二月六日最終閲覧)。

(2) ここでは便宜上、安倍首相の「持論」と表現しているが、かれの憲法に関する理解は、ほぼ[西 2013]の繰り返しである。たとえば、「憲法とは何か。わが国ではもっぱら「国家権力を制限する最高の法規範」と定義づけられている。「国家権力を縛る法が憲法である」という憲法観が多くみられる。しかし、このような憲法観は、絶対王制からの解放をめざした一八〜一九世紀の初期立憲主義型の古い考え方だ」[ibid.: 134]。西＝安倍の考え方はすでに、国会でも多くの批判を浴びているのでその誤りを正すことは本書ではしないが、本書第Ⅱ部で繰り返し確認してきた立憲主義への無理解と侮蔑は、本章で今から論じていくように、〈新しい国家建設〉をめざす、「ネオ絶対主義」の特徴である。したがって、西の議論は皮肉な形で的を射ている。つまり、これまでの憲法論議にはみられなかったほどに、現在日本で立憲主義が焦点化されているのは、この「ネオ絶対主義者」たち、つまり、法の支配からひとの支配へと国家の基本原則を変更させようとしている権力者たちに対する抵抗の表れである。

（3）安倍晋三首相が、立憲民主主義を理解できず、自らを最高権力者として位置づける発言は、安保関連法が強行採決された第一八九回国会における審議のなかでも、何度も見受けられた。

（4）カントの『永遠平和のために』における次の一節を参照。「常備軍の兵士は、人を殺害するため、または人に殺害されるために雇われるのであり、これは他者（国家）が自由に使うことのできる機械や道具として人間を使用するということである。これはわれわれの人格における人間性の権利と一致しないことだろう」[カント 2006: 153]。

（5）たとえば、市民から兵士へと改造されていく様子を、聞き取りと、豊富な資料によって再現した[水島 2013]を参照。水島は、徴兵検査を「車検」のようであったとし、兵士より歩兵銃を大切にする「兵器の物神化」を厳しく批判している[ibid.: 34–58]。

（6）二〇〇三年から〇四年にかけて、自民党立党五〇周年を記念する事業である「憲法改正プロジェクト」に参加した舛添要一によれば、自民党内の憲法調査会における第九条に関する議論では、一九八二年の段階まではなお、戦争の放棄をうたう第九条は変えるべきではないという意見も根強かった。一九八二年の「自民党憲法調査会報告」では、第九条第二項改正案として、「わが国の平和と独立を守り、国の安全を保つため、自衛隊をおく」とされたが、「これに対し、憲法第九条について①現憲法がわが国の平和と繁栄に果たしてきた役割は大きく、すでに国民の意識の中に定着している」、あるいは日本の軍事大国化を国際社会から警戒される恐れがあるとして改正する必要がないという付言がついた[舛添 2014: 19–20]。しかし、その後三〇年以上を経て、「米ソ冷戦の終焉、湾岸戦争、国際テロリズムの蔓延、中国の台頭など」

国際情勢が大きく変わったため、二一世紀に入り第九条改正、とりわけ集団的自衛権の行使が「改憲の最大の眼目」とされるようになった[高作 2005: 127]。

（7）この点については、戦争犯罪研究の理論的課題として、個々の事案の特殊性のなかからいかに普遍性を導き出すか、といった課題を掲げながら、日本人の戦争観が「人道的な憤怒が起きないようになっている」ことを指摘する吉田裕の議論を参照[吉田 2014]。吉田によれば、「戦争末期における戦意の低下、国際法に関する知識の欠如といった要因があるにしてもここには、戦時の残虐行為を「戦争だから仕方がない」として、消極的にせよ、受容する意識が確実に存在するように思われる」[ibid.: 55]。

（8）たとえば、合衆国のミサイルの発射整備塔は、「さくらんぼ収穫機 cherrypicker」と名づけられ、ベトナム戦争中には、「シャーウッドの森」、「ピンクのバラ」などといった作戦名がつけられた。他にもスキャリーは、日本軍の七三一部隊によって人体実験された捕虜が「丸太」と呼ばれた例も挙げている[Scarry 1985: 66]。

（9）後に言及するメンシュもまた、戦時にいかに兵士の身体が軽視されているかを、イラク戦争時における次のような驚くべき事実から論じ始めている。「イラクにおける戦争で明らかとなった、驚くべきパラドクスのひとつは、軍部が兵士たちに、充分な防護服を与えていなかった、という戦争初期におけるミスである。人間の活動のなかで、戦争における実践ほど身体的なものはほとんどない。〔…〕人間の身体こそが、暴力の対象となることを考えれば、十分な防護服を準備するのに何年もかかったという事実は、何か考慮し忘れているもの、人間の本性についての軍事的な考え方が見失っている何かを示している。すなわち、この事実は、戦争の作戦を練る者たちの側には、兵士たちが身体をもっていること、その肉体は傷つけられやすい／攻撃にさらされやすい、ということを忘却している、ということを示しているのだ」[Mensch 2009: 3]。

(10) 国際法の根底に流れる西洋中心主義の暴力、より正確にいえば、植民地主義と人種差別主義の暴力については、「戦争法規は、非欧米圏(非キリスト教圏)での戦闘には適用がないものとして産み落とされた。植民地支配のさなかに振るわれた欧米列強の大規模な暴力行為は、国際法の射程外におかれた」と厳しく批判する、[阿部 2010: 4]を参照。

(11) ここで、二〇一二年の自民党総裁選当初より、憲法第九六条を改正することによって憲法改正を容易になそうと企てていた安倍首相が、第九六条の改正にも時間がかかる、という理由で、行政府である閣議の決定によって日本国憲法の三大原理のひとつである平和主義を根底から覆したことを思い出してもよい。さらには、二〇一二年に公表された自民党改憲草案には、現行憲法にはない第九章「緊急事態」が追加されており、緊急事態宣言を「国会の事前又は事後承認」のみで行うことができると規定されている。いうまでもなく、事後承認のみでよい、という点に眼目がおかれ、緊急事態宣言が発せられれば、内閣には、民主主義的手続きを経ない政令、つまり政府の命令を法律と同様の効力をもつものとして市民に課す権力が与えられる。

(12) ペンタゴンが攻撃されたさい、二〇六機の空軍機が合衆国の領空内を飛行中で、領土の防衛とは関連のない、通常訓練をしていた。即時に連邦航空局から着陸を命じられるが、九〇機は飛行禁止令が出た後も、なんらかの理由で領空にとどまっていた[Scarry 2003: 15]。

(13) 同じことは、日本ですでに指摘されている。たとえば、次の豊下楢彦の分析をみよ。「仮に、報復攻撃を無意味とし、自らが壊滅することを覚悟して、北朝鮮が保持するノドンのすべてをもって攻撃してくる場合を想定するならば、日本海沿いの原子力発電所が最大のターゲットとして狙われることになるであろう。日本の原発は、震度八の地震にも耐えうる設計と言われるが、二〇〇六年度の資源エネルギー庁の「原子力広報ページ」によれば、「原子力発電所に対するミサイルなどの兵器による攻撃についての設計基準は設けられておりません」とのことである。さらに同年末の経済産業省の「有事における原子力施設防衛対策懇談会報告書」によれば、「弾道ミサイルに有効に対処し得るシステムは未整備」と明記されている。つまり、完全な無防備状態なのであり、ノドンが直撃した場合の惨禍は想像を絶するものであろう。ところが実に奇妙なことに、すでに配備が完了したと言われる沖縄の嘉手納基地と埼玉県の入間基地を含め、ＰＡＣ－３の配備計画によれば、霞ヶ浦、習志野、武山など米軍や自衛隊の基地が対象であって、原発周辺への配備は全く計画されていないのである」［豊下 2007: 128. 強調は引用者］。

(14)　かつてわたしは、以下のように論じた。「中世の多元的な権力関係は、十七世紀から十八世紀にかけて登場する全一的な支配権を行使する主権国家の下で消滅する。そして、新しく誕生した主権国家の論理が個人へと投影され——けっしてその逆ではない——、強い意志に貫徹された、主権的な主体が誕生する」［岡野 2012: 255］。

(15)　かつてわたしは、暴力に訴えたくなるにもかかわらず、暴力に訴える可能性に抗う実践知が、母的なケア実践のなかから紡ぎだされており、そうした実践知を分節化することがいま求められていると論じた［岡野 2012］。

(16)　たとえば、以下のようなバトラーの議論を参照。「暴力の歴史的連鎖のなかで、私たちにはどんな役割が与えられるのか、そのような応答をなすなかで私たちは何者となるのか」[Butler 2004a: 16/42-43]。

(17)　当日の様子をわたしが撮影し、編集を加えたビデオを以下のサイトで配信している。http://wan.or.jp/topic/?p=208。

(18)　岡野八代「水曜日デモ――ソウルでの一〇〇〇回」https://wan.or.jp/article/show/3394を参照(二〇二四年一一月二六日最終閲覧)。

(19)　自由権規約委員会からの「慰安婦」問題に対する最終所見については、以下を参照。https://wam-peace.org/ianfu-mondai/un(二〇二四年一一月二六日最終閲覧)。

対談　戦争に抗する思想

――フェミニズムから平和を構想する

岡野八代
三牧聖子

9・11からガザへ

岡野　二〇〇一年に起こった9・11同時多発テロ事件をめぐって最も衝撃を受けたのは、フェミニストがこれほど好戦的なのかということでした。わたしは9・11のちょうど一年後、二〇〇二年九月からニューヨークのマンハッタンで在外研究に入りました。ユダヤ系の研究者が集まっているニュースクール・フォー・ソーシャル・リサーチ（現ニュースクール大学）で客員研究員として過ごしました。二〇〇一年はハンナ・アーレントの『全体主義の起原』刊行五〇周年で、9・11のあとユダヤ系の研究者たちのあいだでもアフガニスタン批判が高まり、攻撃やむなしという空気が高まっていました。アーレントの教え子のエリザベス・ヤング゠ブルーエルだけが、刊行五〇周年を記念するシンポジウムで「アーレントだったら攻撃に賛成しない。9・11は前代未聞でも何でもない」と批判し、会場から追い出されたというエピソードがありました。まるで『エルサレムのアイヒマン』発表当時のアーレントのようです。

そうしたなかでポストモダンとされる論者たち、つまり近代的な理念にはくみせず、現実の政治状況から距離を置いているとして批判されがちであった研究者たちのほうが、アフガニスタン戦争に強く反対していました。フェミニスト哲学者のドゥルシラ・コーネルはカントの理想主義に立ち返り、かれの永遠平和論を論じ、ジュディス・バトラーも9・11について、なぜアメリカ合衆国はこれほど敵意を向けられているのかを考えるべきだ、という議論を展開した。ですが、そうした議論は、加害者を免責するものであると反撃されていました。

同じくフェミニスト哲学者のマーサ・ヌスバウム、ナンシー・フレイザーは、アフガニスタン戦争には反対していません。アフガニスタンでのタリバーンの女性支配を批判していたスーザン・オゥキンは、明確には発言していないけれど、賛成だったのではないでしょうか。また、フレイザーも、イラク戦争が終わった後に書いた『九・一一とアメリカの知識人』(御茶の水書房、二〇〇二年)のなかで、相変わらず「分配か承認か」の議論を展開し、中東と合衆国のあいだには世界的な格差がある、9・11は再配分の問題なのだと述べています。

ですが、バトラーはそうではない。9・11のあと、誰の死を悼むべきかを大国たる合衆国が一方的・恣意的に決めていることをいち早く批判しました。バトラーは『戦争の枠組――生はいつ嘆きうるものであるのか』(原書：二〇〇九年、翻訳：筑摩書房、二〇一二年)で、戦争の問題は、誰が生きるに値するのか、誰が悲嘆、悲しみに値するのかを線引きすること、つまり人間と非人間の分断にこそある、としています。戦争においては、まさに国家がその線引きをわたしたちに迫ってきます。

三牧　その後アフガニスタンで何が起こったかを見るにつけ、そうした恣意的な線引きを実感します。二〇二一年夏、アメリカ軍がアフガニスタンから全面撤退する過程で、タリバーン政権が復活しました。「フェミニスト・マジョリティ財団」など、二〇年前にアフガニスタン戦争を「女性の解放のための戦争」と擁護したフェミニスト団体は、この戦争がいったいアフガニスタンに何をもたらしたのかを反省することなく、さっそくタリバーン政権下で、アフガニスタンの女性がいかに抑圧されるかに警鐘を鳴らし始めました。もちろん、この警鐘自体は重要です。しかし、アメリカの「テロとの戦い」で秩序が崩壊したアフガニスタンでは、過去二〇年間に市民五万人近くが「テロとの戦い」や武力闘争に巻き込まれて亡くなっています。アメリカは、タリバーン政権打倒後に、アメリカの庇護のもとで樹立された新政権下で女性解放が進んだのだ、あれは「女性の解放のための戦争」だったのだと誇っていますが、女性の権利が向上したのはあくまで都市部のこと。七割ともいわれる地方の女性は、本当に苦難の二〇年を歩んできました。アフガニスタンのような家父長制が根強い社会では、女性はたとえ生き残ったとしても、夫を失えば、日々の稼ぎにも苦労する。アメリカのフェミニストたちは、タリバーン政権による女性抑圧の批判には熱心ですが、アメリカの軍事行動によってどれだけ多くの市民、女性たちが犠牲になり、苦しめられたかをまったく語らない。「女性を抑圧するのは、「後れた」タリバーンのような人々だ」と決めつけ、自分たちの国が行う暴力や抑圧には気づきもしない。ナショナリズムやイスラム蔑視を隠し持った「フェミニズム」だと思います。

岡野　わたしが当時もいまも注目しているリベラルなフェミニスト理論は多岐にわたりますが、あえて共通点をみるとすれば、リベラルの理念を共有できない者を非人格化、もっといえば非人間化する傾向性です。もちろんその根底にあるのは、「個人」をどう理念化するかといった哲学的なスタンスです。かつてオゥキンらリベラルなフェミニストは、バーミヤンの仏像が破壊されると国際社会は目を向けるが、女性の抑圧については無視し続けていると批判していました。その背景には、多文化主義の議論のなかでやはりオゥキンが示したような、非西洋文明・文化に対する、一面的な理解があるようにも思います。人間を区別し、自分たちの正義の枠組みはここまでで、その外でいかに不正が起こっても、そこには関心を向けなくていいと考える――そうした世界観がリベラルにはあるということを、バトラーは見ていたのだと思います。バトラーはガザについても発言し、ヨーロッパでは講演がキャンセルされるといったことも起こっていますが、9・11後も同様のことがありました。

『生のあやうさ――哀悼と暴力の政治学』(原書：二〇〇四年、翻訳：以文社、二〇〇七年)はバトラーがそれに応えた本で、第一章の「解釈と免責――私たちが聞くことのできるものとは？」は、わたしの知る限りでは、9・11のあと、フェミニストがはっきりと合衆国の戦争を批判した最初の論文のひとつです。本論文は雑誌 *Theory & Event* の9・11特集にまず掲載されたものです。

三牧　二〇二三年一〇月七日、パレスチナ自治区ガザを拠点とするイスラム組織ハマスがイスラエルを攻撃し、一二〇〇人の犠牲が生まれ、二〇〇人を超える人質をとられました。その後、イスラエルは、ガザで大々的な「テロとの戦い」を開始し、現時点で少なくとも三万とも四万ともいわれるパレスチナ人の犠牲が生みだされています。ハマスによる攻撃は、アメリカでは「イスラエルにとっての9・11」と呼ばれ、イスラエルの「テロとの戦い」は絶対的に正しいという雰囲気が生まれました。イスラエルの軍事行動が市民を無差別に巻き込むものであると批判する人たちは、「テロの擁護者」と批判される。アメリカが体験した9・11、そしてその後の「テロとの戦い」が二〇年超経って、イスラエルに連鎖しています。もっとも、イスラエルの「テロとの戦い」は10・

7の衝撃によって急に生まれたものではありません。それに先駆けて、イスラエルは数十年間パレスチナに対して抑圧的なアパルトヘイト(人種隔離)政策を遂行し、軍事行動で多くの罪のないパレスチナ市民を殺害してきました。こうしたパレスチナ人に対する「緩慢なジェノサイド」とすら呼ばれる政策も、「イスラエル市民の命を狙うテロリストとの戦い」として正当化されてきた。日本もこうした詭弁と無関係ではありません。世界でイスラエルの軍事行動や占領政策への批判が高まり、武器弾薬輸送の停止に踏み切る国が出てきているなかでも、日本政府はイスラエルのセキュリティ技術やドローンを導入しようとしています。「テロ対策」といえば何でも正当化されるという魂胆でしょうが、あまりに世界の潮流が見えていない行動だと思います。

岡野　『生のあやうさ』の第四章は反ユダヤ主義がテーマです。ハーバード大学の当時の学長、ローレンス・サマーズは二〇〇二年に、イスラエルを批判し大学はイスラエルと縁を切るべきだと訴えることは、反ユダヤ主義的であるとの声明を出しました。

三牧　サマーズは10・7以降のイスラエルによる「テロとの戦い」の強力な擁護者でもあります。学内で高まってきたパレスチナ連帯デモについても、「テロの擁護」「反ユダヤ主義」の運動と見なして、強烈に批判してきました。サマーズら権力ある大学関係者の姿勢も影響して、パレスチナ連帯を訴えた学生には、大学の内外から大変な中傷や脅迫が寄せられることになりました。その後もアメリカの大学ではパレスチナ連帯を示し、イスラエルを批判することに大きなリスクが伴う状況が続いています。

岡野　サマーズの反ユダヤ主義発言は、二〇二三年の10・7以降も繰り返されているのですね。イスラエルを批判すれば反ユダヤ主義の嫌疑に自らを晒すことになる、と脅す。ユダヤ人はホロコーストの唯一の犠牲者であり、批判してはならない存在だというわけです。

戦争を支える論理

三牧　自由な議論の場であるはずの大学でも、10・7以降は、大学当局や寄付者の力でイスラエル批判が圧殺されてきました。9・11の後、マイケル・ウォルツァーら知識人は「正戦論」を掲げて対テロ戦争を正当化し、それに賛同するフェミニストもいましたが、まさに同じようなことが起こっています。

岡野　当時、アフガニスタン戦争、イラク戦争に賛成するという正戦論が展開されました。フェミニストでは、ジーン・エルシュテインがその主導的役割を果たしました。エルシュテインは、女性も「チアリーダー」として戦争に加担していることを批判した『女性と戦争』(原書：一九八七年、翻訳：法政大学出版局、一九九四年)の著者であり、そこでは「女性＝平和」という図式には批判的で、そうした短絡をいさめるような議論をしていたのですが、9・11後は戦争賛成の立場に転じました。エルシュテインは9・11以降、ブッシュの戦争は正しいとする論文を書き、戦争法規を一切無視してでも悪を取り締まる警察行為として戦争を論じている。

わたしが本書で書こうと思ったのは、「個人」を歴史や環境、人びととの関係性のなかでより深く論じることでした。バトラーは、人間を殺してはいけないという議論は、広く支持を集められないことを百も承知です。リベラリズムの個人主義は、誰もが人間として尊重に値するのだから人格を認め、尊重しようというものです。ところが、いまガザの人たちは人間として認められていない。戦争になると、個としての人間を守るという議論は通用しない。

三牧　ベンヤミン・ネタニヤフ首相はハマスとの戦いを「西洋文明を守るための戦い」と位置づけ、イスラエルの元国防大臣ヨアブ・ガラントはハマスを「人間の顔をした獣」と呼びました。ハマス、さらにはハマスのみならずパレスチナ人一般を「人間以下」「二級市民」とみなす発言がイスラエルの政治家から相次いでいます。

岡野　ヨーロッパの白人たちは、植民地支配と奴隷制度の長い歴史のなかで、まさにその理屈で多くの人びとを従属させてきました。バトラーやコーネルによる近代的な個人主義批判は、その歴史に根差していると思います。バトラーは、個人ではなくすべての人の生存可能性と、生存に必然的に伴う依存——ここにケアが含まれます——という条件を守ることを論じます。人が生きていくために必要な条件は基本的に同じであり、わたしたちはそれを平等に守らなくてはいけない。その条件は地球かもしれないし動物も含むかもしれない。そこには徹底した平等主義がある。『戦争の枠組』でバトラーはこうした議論、つまり新しい社会的存在論を展開します。

国家による暴力

岡野　バトラーの『戦争の枠組』を読み直すと、個人主義の問題点が浮き彫りになります。バトラーは社会的存在論に加えて、国家批判も展開します。憲法研究者の樋口陽一先生がおっしゃるように、国家と個人が中間的存在を介さず直接対峙する構造において、国家が暴力を行使すれば、個人は助けを求める先がない。だからわたしたちは権利の保障を国家にしか頼ることができなくなる。バトラーはこうした構図を問題視しますが、リベラルはそれを当然だと考えてきたわけです。そうすると、たとえばパレスチナのような主権国家をもたない人びとは――しかもパレスチナ＝ハマスですから――無視することができる。

三牧　個人主義は、西洋の基準で「個が自立しておらず、人権が確立されてない」とみなされた非西洋世界の人びとへの攻撃を正当化するレトリックになります。人権を振りかざして批判するくらいならまだいいのですが、そこで暴力が正当化されることの問題を、バトラーは論じたのですね。

岡野　暴力的な主権国家と、暴力的な主権的な個人とを連関させると、つまり、主権国家を暴力装置によって守ってこそ個が確立されると考えると、そうしたレトリックが生まれるのだと思います。バトラーは『戦争の枠組』でこんなことまで言っています――「国民国家によって暴力から保護されるということは、国民国家によってふるわれる暴力にさらされるということであり、したがって、暴力からの保護を国民国家にたよるということは、まさしく、ひとつの潜在的暴力を別のそれとひきかえることなのである。もちろん、暴力のすべてが国民国家に由来するわけではないが、国民国家という政治形態と一切関係のない暴力の事例は、現代においては稀にしか見つかるまい」。

リベラルなフェミニストと、バトラーやコーネルとの違いは、この国民国家に内包される暴力批判が根底にあるかどうかです。リベラリズムは国民国家を擁護しているという考えが、バトラーとコーネルには共通しています。国民国家は、階級、人種、そしてジェンダーを利用し、その抑圧装置を生きながらえさせてきた。この三つを使って人びとを服従させ、内側に服従させる人を、外側に敵をつくる。国民国家というものはこのようにできているという痛烈な批判が二人の思想の根底にはあります。

三牧さんたちとの共著『日本は本当に戦争に備えるのですか？――虚構の「有事」と真のリスク』（大月書店、二〇二三年）で、わたしは、歴史社会学者のチャールズ・ティリーを引きながら、国民国家の歴史においては「メイキング・ウォー（戦争を遂行すること）」は「メイキング・ステイト（国家を建設すること）」なのであり、国民国家が暴力を独占している状態を許していいのか、と論じました。国家による防衛は、国家から暴力を振るわれるのと表裏一体である、ということです。

三牧　わたしも、博士論文をまとめた著書『戦争違法化運動の時代――「危機の二〇年」のアメリカ国際関係思想』（名古屋大学出版会、二〇一四年）で、サーモン・O・レヴィンソンの戦争違法化運動の考察を通じ、「どうすれば戦争を止められるのか」を探求しました。国家の暴力に対し、第一次・第二次世界大戦を経て、国際社会が見つけてきた解は、ナチス・ドイツなり日本なり、暴力を振るう国家が現れたときに、より巨大な暴力――国際法学者の最上敏樹先生の言葉でいえば「超暴力」――で対抗しようというものでした。そうした哲学のもとにつくられたのが、国際連合でした。第一次世界大戦後に構築された国際連盟は分権的でした。たとえば他国への侵略を続ける日本に制裁を加えようというときに、各国がそれに加わるかどうかの拒否権を持ったシステムだった。結局、国際連盟はファシズムに集団的に対処できませんでした。

その反省に基づいて国際連合には安全保障理事会がつくられ、五大国が一致すれば、軍事制裁も含めて強力な制裁を発動できるようになりました。国際連盟から国際連合へと発展していく過程は、通常、平和への「進歩」として描かれるのですが、「暴力にはより大きな暴力で対抗する」という発想は乗り越えられるどころか、むしろ強化されています。国際連盟では、ある国が侵略国だということになっても、「とはいえ、その国は隣国で関係の決定的な悪化は避けたい」「本当に軍事行動で平和は取り戻せるのか」など異論がある国は、制裁に加わらないことができたのですが、国際連合では、五大国が一致すれば国際社会の総意と見なされ、有無を言わさず制裁に加わらなくてはならない。これは必ずしも「進歩」とはいえない面もあるのではないでしょうか。

もっとも、冷戦下で顕著だったように、安保理五大国はいがみ合ってきたので、一致することはほとんどなく、さらにいまは五大国のひとつであるロシアが侵略の当事国になっています。また、イスラエルのガザ侵攻については、アメリカは、大多数の国が問題視し、停止を求めている軍事行動を続けるイスラエルを支援しています。安保理の常任理事国が一番平和を乱しているという現在の状況に対しては、国連は十分に応えられません。

わたしたちは究極的には、暴力的な国家が現れたときに、より巨大な暴力で制圧するという発想を乗り越えなければならないのではないでしょうか。なぜこの国が暴力を行使するのかと、背景や歴史を読み込んでいく行為が必要になっている。それは宥和とは違います。ロシアやイスラエルという、かくも暴力的な国家とも、わたしたちは世界的な依存の網の目のなかで共存しなくてはいけない。イスラエルがパレスチナに対して行っているジェノサイドは絶対に止めなくてはなりませんが、しかし、イスラエルを殲滅させることもできない。イスラエルをここまで暴力的な存在にしている背景や歴史を理解し、どうしたら最低限、殺し合わないことができるのかを諦めず、粘り強く考え、実践していくしかないのだと思います。

フェミニズムと戦争

岡野　少なくとも、この二五年を振り返ると、暴力の連鎖により、暴力危害——したがって、被害も——は量的に拡大しただけでなく、ドローンなどの技術開発により質的にもその危害の在り方は変化(深刻化)しています。暴力をさらなる暴力によって根絶しようとすることの論理破綻は明らかです。このことを出発点に、さらに反暴力・非暴力の思想を紡いでいかなければならないとわたしも考えています。三牧さんは内藤正典さんと共著で『自壊する欧米——ガザ危機が問うダブルスタンダード』(集英社新書、二〇二四年)を出されました。この本のなかで三牧さんが書かれていた「命を奪わないフェミニズム」について伺わせてください。三牧さんが依拠するフェミニズムとは、どのようなものでしょうか。

三牧　現在も続くガザでのイスラエルの軍事行動、それをあくまで正当化し、軍事的に支え続ける欧米諸国を見ていると、あらためて「フェミニズムとは暴力を促進する思想なのか、暴力を止める思想のはずではなかったのか」という落胆を禁じ得ません。

10・7以降、アメリカでは女性たち、とりわけ著名で、地位や権力のある女性たちが、ハマスの壊滅を掲げるイスラエルの軍事行動を支持してきました。たとえば、フェイスブック(現メタ)の元最高執行責任者であり、女性も職場でリーダーをめざすべきと説いた『LEAN IN(リーン・イン)――女性、仕事、リーダーへの意欲』(原書：二〇一三年、翻訳：日本経済新聞出版、二〇一三年)のヒットで、ビジネス界のフェミニストの顔になってきたシェリル・サンドバーグ。あるいは、ヒラリー・クリントン元国務長官。こうした女性たちは、10・7にイスラエルの女性たちに対して組織的に行われたとされるレイプを強く糾弾し、ハマスに対する「テロとの戦い」を強力に後押ししてきました。なお、イスラエル側は、一〇月七日にハマスによるイスラエルの女性や少女への組織的な性暴力、さらには組織的な性器切除があったと主張してきましたが、ハマス側はこれを否定しています。今後も事実確認を進めていくことが大切ですが、いずれにせよ、アメリカの女性たちによる性暴力への強い抗議そのものについては、私も深く共感し、立場を同じくするところです。

しかし問題は、ハマスが行ったとされる組織的な性暴力への彼女たちの怒りが、どのような政策を正当化することになっているかです。イスラエルの女性たちに行われた蛮行に憤るサンドバーグやクリントンの視界には、イスラエルの軍事行動によって生活を壊され、大切な人を奪われ、さらには命を奪われてきた無数のパレスチナの女性たちは、まったく存在していないかのようです。彼女たちは、10・7については何度となく語るのですが、その後、パレスチナに対していかに残酷なことが行われてきたのか、けっして語らない。そういう姿勢を取ることで彼女たちは、「残酷なテロリストでレイプ魔」でもあるハマスを壊滅させるための軍事行動は徹底的にやるべきだ、それがいかにパレスチナ市民の犠牲を生もうとも続けるべきだ、といった形で、イスラエルの軍事行動を肯定し、後押しする働きを果たしてきました。フェミニズムとは、いかに弱い人間でも、あらゆる人びと、とりわけ守られなければ暴力に晒されてしまう弱い立場にある人びとの生命と尊厳を守ろうとする思想であるはずです。ある女性たちの尊厳や命が踏みにじられたことを理由に、別の一群の、それもより弱い人びとの尊厳や命を踏みにじる行為を肯定する。はたしてサンドバーグやクリントンは、「フェミニスト」といえるでしょうか。私はいえないと思います。

フェミニズムというと思い浮かべるのは、その言葉から連想する方は少ないと思うのですが、長年、アフガニスタンで医療や灌漑で人命を救い続けた中村哲さんです。中村さんは「女性の人権」の声高な唱道者ではなく、むしろ「女性の人権」を錦の御旗に、アメリカがアフガニスタンで軍事行動を行ってきたことへの強烈な批判者でした。彼の言葉には、フェミニスト的な発言どころか、欧米の軍事行動の道具にされた「女性の人権」への批判的な言説があふれている。しかし、高尚な理念を掲げて人命を奪うアメリカへの徹底的な批判、そして自らの生涯を、徹底して命を守ることに捧げた中村さんに、私はフェミニズムの最も大切な思想、誰の命も奪わない、誰の命も粗末にされてはならない、そうしたものを見る思いがするのです。

アメリカの外交史、とりわけ二一世紀に入り、「超大国」とすらいわれたアメリカが遂行した数々の戦争を見ていくと、女性たちは必ずしも戦争に反対することなく、むしろ戦争を正当化したり、補完したりしてきた。フェミニズムを掲げる女性たちですら、戦争に必ずしも抗していない。そうした歴史を見てきた私にとって、岡野さんの『戦争に抗する』は衝撃的でした。戦争の問題を、フェミニズムの中心課題として、まっすぐに扱っている。その著者の岡野さんにぜひお聞きしたいことがあります。アメリカのフェミニストが戦争に抗しきれなかったのは、フェミニズム思想に内在する問題なのか、あるいはナショナリズムや他の思想が、フェミニズムに勝ってしまったということなのか。また、もうひとつ、フェミニズムと戦争との関係についての難問に女性兵士の問題がありますが、岡野さんはどのようにお考えでしょうか。

岡野　女性は歴史的に国家によって最も搾取され、最もその被害に遭うとともに、家父長的な国家の権力者たちの考えに従属し、それを内面化もしてきました。わたしの理解するフェミニズムはそのことを問い直す反国家の思想です。わたしの尊敬するフェミニストたちは、悪、暴力、殺戮を行う近代の国民国家を一つひとつ批判し、階級と人種とジェンダーが惹起する問題——いまインターセクショナリティ(交差性)がよく議論されていますが——を追究してきました。一九七〇年代の合衆国のウーマン・リブについては、ベティ・フリーダンのホワイト・フェミニズムが批判されていますが、リブのラディカル・フェミニストたちのなかには黒人、レズビアン、トランスジェンダーもいたし、ベトナム戦争に反対し、合衆国の国家的暴力に反対したひともいました。

国家暴力を見据えてきたフェミニストのひとりが、サラ・ラディックです。たしかに、彼女は白人フェミニストとして批判されてもきました。ただ、彼女の主張の根幹にある、女性たちが担ってきた子どものケアを文脈のなかにおいて考える思考の重要性はまだまだ評価されていないと考えています。つまり命を育んだり、癒したりする具体的なケア実践の果てに、育てた子どもが兵士になって国家のために人殺しをすることになるようなケアは良いケアとはいえないという、ケア実践とその理念から社会を批判する思考です。サラ・ラディックのマターナル・シンキング(母的思考)は、だからこそ国家暴力、そして好戦的な国家には反対しないといけない、という議論です。

彼女の議論は、合衆国で戦争や軍事的思考を家父長制とパラレルに批判してきたベティ・リアドンらの平和思想に大きな影響を与えてきました。たしかに、合衆国における主流のフェミニストたちは、リベラルフェミニストたち、つまり現在の体制を批判するのではなく、いかにその体制のなかで社会の中枢へと上り詰めていくかを考えるフェミニストたちです。ですが、軍事超大国のなかで、家父長制、その延長線上にある暴力国家を忍耐強く批判してきたシンシア・エンローといったフェミニスト研究者の存在も、わたしたちは忘れてはなりません。

日本でも、上野千鶴子さんが『女は世界を救えるか』(勁草書房、一九八六年)で、「女は世界を救えるか」というけれど、女性は抑圧され、力を奪われてきた、と書いています。その通りだと思います。左翼の男性たちがこぶしをあげて「対抗暴力」を主張したのに対し、多くの女性たちは、声を上げたけれど、弱いからこそ暴力には訴えなかった。そこに女の原理があります。その原理をもって男女にかかわらず多くのひとが行動すれば、世界は変わる。

フェミニズムとナショナリズムとの関係でいえば、ネイション(=国民)を中心にすえる主義主張が、生殖能力を通じて女性たちを搾取することになるのは必然です。そもそも権力とフェミニズムは相いれないとわたしは考えていますが、ナショナリズムの下で生きているかぎり、その権力への誘惑はフェミニストであっても時に抗いがたいものがあります。そのことは、日本軍「慰安婦」問題に対して、どのように日本のフェミニストたちが応答したかにも表れているようにも思います。

それから、わたしが学んできたフェミニストの議論は、国家暴力への根本的な批判を出発点にしているので、女性兵士については、理念としては批判的でしかあり得ません。

本書ではほとんど触れることができませんでしたが、ドゥルシラ・コーネルが9・11以降、カントの永遠平和論に目を向けたように、軍隊をもつことでその国はすでに戦争状態に入っているのであり、人を殺す国家になっているのです。

三牧　「戦争をして人を殺す国家であってはいけない」という考えは、アメリカの若い人たちのあいだに広がっています。アメリカのZ世代(一九九〇年代半ばから二〇一〇年代序盤に生まれた世代)は、親イスラエル的なアメリカ社会にあって、唯一、イスラエルよりパレスチナに強い連帯を示す世代です。

岡野　わたしが研究してきた「ケアの倫理」は「お花畑」との批判を受けてきました。暴力から目を背けているというのです。ですが、ケアの倫理を先導してきたフェミニスト哲学者のひとり、ヴァージニア・ヘルドは、義務論や功利主義と比較しながら、ケアの倫理から(国家)暴力に対する抵抗原理を導き出そうとしてきました。9・11の後も、『いかにして、テロリズムは誤っているか――道徳性と政治暴力』を二〇〇八年にオックスフォード大学出版局から出版し、パレスチナ問題も含め、粘り強い議論を展開しています。ヘルドによれば、暴力の被害に遭った人たちをケアする、あるいは傷つけられやすい人たちをケアすることで、ケアは暴力と密に接してきました。だからこそ、暴力に傷ついた人たちのトラウマからの回復、修復がどれほど困難であるかを知っています。暴力の理念を語る人たちは現実を見ていないし、リアリストといわれる人たちも一人ひとりの生の現実を見ていない。かれらが見ていない人びととの現実を、いかに政治に反映させていくかをフェミニズムに基づいて考えたいと思います。

「慰安婦」問題の現在

岡野　戦争と女性の関係を考えるうえで無視しえないのは、「慰安婦」問題です。「慰安婦」問題においては、責任を問うことと、罪を問うこととはまったく別です。責任を取るということは、アイリス・マリオン・ヤングの『正義への責任』(原書：二〇一一年、翻訳：岩波書店、二〇一四年、岩波現代文庫、二〇二二年)にあるように、未来を変えることを意味します。日本は「慰安婦」問題の責任を取らず、なかったことにしようとしていますが、これは当時の日韓関係が修復されずに残り続けることを意味しています。9・11後の合衆国でも同じことが繰り返されています。

つまり、弱く、社会のなかで発言力がないひとは見殺しにしていいという構図はずっと変わらない。声を上げられなかったひとであっても、同じ社会の一員なのであり、バトラーがいうような、生き得る可能性のある人たちだと認めることで社会を変えていく。それが責任を取るということだと思います。ですが、社会を変えて、未来を前向きに考えようとすることが、「いつまでも過去にとらわれている」と批判されてしまう。

もちろん罪は罪として問わないといけないし、立場や権力によって責任の重さも軽さも違う。ただ、この地球のなかで見捨てられているひとがいるということは、逃れられない事実です。そのことをどう変えていくのか。方法のひとつとして考え得るのは、国家をなくすということです。これはたいへん困難なことですが、少なくとも国家の暴力性は軽減していかなくてはいけない。

三牧　イスラエルとハマスの戦闘が始まってから、ドイツのイメージが大きく変わりました。戦後ドイツがユダヤ人に対して行ってきたホロコーストの謝罪と補償は、過去との真摯な向き合い方として、日本でも称賛の対象になってきました。しかしいま世界は、ホロコーストの贖罪意識からユダヤ人国家イスラエルによるパレスチナ人に対する残酷な軍事行動を擁護し続ける、歪なドイツの姿を見ています。

日本の過去との向き合い方には多くの問題があると思いますが、「慰安婦」問題に関しては、一九九〇年代、さまざまに批判や問題があったアジア女性基金に、それでも民間からもお金が集まったというのは、日本社会に「韓国の女性たちに申し訳ないことをした」という気持ちがそれなりにあったということではないでしょうか。もっともその後、とりわけ第一次安倍政権以降、歴史修正主義が顕著になり、人びとが「慰安婦」問題を見る目も変わりました。岡野さんは「慰安婦」問題をめぐる一九九〇年代の動きをどう見ていますか。

岡野　一九九〇年代はそうでした。かつては産経新聞や櫻井よしこでさえ「何とかしないといけない」と言っていたんです。第一次安倍政権以降、戦時性暴力をめぐる議論は急激に変わりました。一九九五年の戦後五〇年の頃は、高橋哲哉さんをはじめ多くの研究者が戦時性暴力および戦後責任をめぐって、責任を取ることと罪を償うことの違い、また責任の主体について論じ、議論が積み重ねられていきました。

その積み重ねが、ユーゴスラヴィアやルワンダ内戦で戦時性暴力が明らかになったときに影響力を持ちました。旧ユーゴの国際戦犯法廷に参加した人たちのあいだでも、「慰安婦」問題について、二〇〇〇年に民間の力で女性国際戦犯法廷が東京で開かれたことが話題になり、戦争が起こると必ず性暴力が振るわれることが認知されるきっかけになりました。

ドイツと比べても、日本の「慰安婦」問題、つまり戦時性暴力への取り組みは早かったんです。別に誇らなくてもいいのですが、そういう努力があったという事実がなぜ恥とされてしまうのか。それは、まさに男性的な「完璧な」主体像を求めているからではないでしょうか。戦争で国のために死んでいった人たちがそんなことをするはずがない、兵士というのはもっと秩序正しい存在だ、と理想化してしまう。ですが、被害者からすると、戦争は無法地帯です。戦争法規に則って、軍人と民間人を分けて戦争を遂行し、その法規のもとで秩序正しく行動することが軍人のアイデンティティとされています。それに同一化したい人たちにとっては、戦争犯罪について特に女性から問いただされることは理想の男性像の否定につながる。だから、「慰安婦」問題を論じるのは恥だ、反日だ、ということになるのでしょう。

少し前までは、国際基準に照らしておかしな点については、外圧というかたちで変更を迫ることができました。とくにジェンダー関係はそうです。もちろん草の根の運動も重要な役割を果たしますが、国際的な視線は自国を反省的に捉え返すという特別な意味を持っています。ですが近年は、選択的夫婦別姓や同性婚について「日本独自」であることを誇る言説が広がっています。先進国の中で実施していないのは日本だけだといくら指摘しても、それらを認めない理由は日本古来の家族のあり方だからという。

三牧　近代家族は明治期につくられたものなので、歴史としては短いはずですよね。

岡野　そうなのですが、そこにしかアイデンティティを持てない権力者たちがこだわっています。唯一無二の誇るべき伝統であると、むしろ堂々という。

三牧　同性婚も選択的夫婦別姓も、当事者に選択肢が増えるだけで、マジョリティの自由を制約することですらない。それでも認めないのは単なる人権侵害です。

岡野　選択的夫婦別姓や同性婚に賛成する世論が大きいにもかかわらず認めないのは、決めるのは権力を握っている自分たちだ、という意識があるからでしょう。

人間置き去りの「安全保障」

岡野　安倍政権は歴史修正主義だけでなく、憲法改正運動を主導しました。これは合衆国にいわれてのことです。その後の政権も、憲法九条があると合衆国の要求を飲めなくなるので、その歯止めをなくすために憲法を改正しようとしています。

三牧　憲法九条を改正することなく、すでに着実に「平和国家」日本は切り崩され、有名無実のものとなってきています。長らく防衛費はGDP比一%に抑えられていましたが、それが岸田・バイデン政権のもとで二%に上げられ、さらに第二次トランプ政権になれば、最低三%への増額を求められるのではないかといわれています。「アメリカにいわれたからではない。日本は主体的に、厳しい安全保障環境に鑑みて防衛費を増額するのだ」と政府は説明していますが、国民には、主体的に決定できるほどの情報や議論の機会は与えられていませんし、国内にも相当厳しい財政・社会状況、経済の停滞があります。

国家、そしてより本質的に国民の安全は、軍事的な手段だけで守れるものではありません。日本の債務残高の対GDP比は、主要先進国でも突出して悪い。個人の豊かさを示す一人当たりGDPでも、日本は台湾や韓国に続々と抜かれています。経済的停滞が続くなかで、財政の健全性も考えない防衛費増額を行えば、国防の名のもとに、国民生活を犠牲にすることになりかねない。また日本の防衛費増額が第一に念頭に置いているのは、中国の脅威です。中国と日本との軍事費の差がどんどん開いていることは確かで、防衛費の実額で中国は日本のほぼ六倍となっている。しかし、なぜここまで日中の軍事費の差が開いたのかといえば、決定的な要因は経済成長の差です。日本経済は二〇年超ずっと停滞しています。両国の経済力の差が軍事費の差として表れている。この差は、日本が防衛費を増やせば本当に埋まるのでしょうか。二〇二四年一月に地震に見舞われた能登を筆頭に、国内で多くの命や生活がネグレクトされています。新型コロナウイルス感染症のような病気は、軍事力では対応できません。軍事力で他国を圧倒するアメリカは、その社会保障の脆弱さが大きな背景となって、世界最多の感染死者数を出してしまいました。国内外のさまざまな脅威から人間の命と生活を守るという視点で「安全保障」を考えなければならないのに、昨今の日本では、「安全保障」をめぐる議論がますます国家中心になり、さらには日米で「台湾有事シミュレーション」が行われるなど、守るべき対象であるはずの肝心の人間が置き去りになっていると感じることが多い。「台湾有事」となれば、沖縄の米軍基地周辺の住民がどれほど巻き込まれ、犠牲となるかという問題もほとんど検証されません。

岡野　沖縄の人たちは戦争を記憶していますし、いまも従属の問題が続いています。沖縄に対する民族差別の解消、そして沖縄独立については、この間沖縄に生きる人たちを中心にずっと議論されてきたにもかかわらず、日本全体でみれば進展がない。それは、

「慰安婦」問題が継承されないこと、また、9・11後のアフガニスタン戦争、イラク戦争における戦争協力について検証しようとしないこととパラレルです。その意味で、歴史を常に検証していくことの重要性を感じます。戦争に前のめりの議論は、こうした被害の記憶も、さらには被害の可能性も消し去ろうとします。

アメリカ民主党の変貌

三牧　二〇二四年一一月五日に投開票が行われたアメリカ大統領選は、共和党候補ドナルド・トランプが民主党候補カマラ・ハリスに勝利しました。「四年前に民主主義を否定した前大統領が、より多くの有権者に支持された」――トランプ再選は、民主党支持者に衝撃をもって受け止められました。二〇二〇年大統領選でジョー・バイデンに敗北したトランプは、一方的に勝利を宣言し、「死者による投票が大量にあった」「投票機が不正に操作された」等と主張し、選挙結果をめぐって数十件の訴訟を起こしました。連邦議会で選挙結果が最終的に確定される二〇二一年一月六日の朝、「マイク・ペンス〔上院議長〕のやるべきことは〔各州の選挙結果を認定せず〕それを各州に送り返すことだ」というトランプのツイートに促され、武装したトランプ支持者がバリケードを突破して議事堂に押し入り、五人の死者、一四〇人以上の負傷者が生まれました。

四年前のこの出来事を思い返せば、今回の大統領選の衝撃は、民主主義の結果を一度否定した元大統領が、選挙を通じて、民主主義的に権力の座を奪還したことにあるといえます。ハリスは、二〇二〇年大統領選後にトランプがもたらした混乱と暴力を絶えず喚起し、選挙の最終盤では、トランプがヒトラーを称賛していたという元側近の証言に言及しながら「民主主義を守るための投票」を訴えましたが、敗北した。トランプは、「暮らしは四年前に比べて良くなったか？」を有権者に問い、「バイデン政権のもとで悪化したインフレを、バイデン政権の副大統領だったハリスでは抑えることはできない」と訴えました。多くの有権者が、ハリスよりトランプの訴えに説得性を見出しました。CBSニュースの出口調査によれば、物価高で家計が苦しいと感じる人の割合は四分の三にのぼり、変化を期待する有権者の七三％がトランプに投票しました。

岡野　二〇二四年六月、フェミニスト政治学者のジョアン・トロントが来日したとき、こんなことを言っていました――合衆国では市民は苦しんでいる。看護師でも教師でも職場で文句を言えばクビになるから、我慢して働く。誰もが職と食を守るのに精一杯なのに、そうした人たちの声はまったく政治に届かない。お金のあるひとだけを大切にする政治が、生活に苦しむ市民と乖離してしまっている。合衆国の民主主義は、制度的にも市民の声を重視するものとなっていない、だから投票率も他の西洋諸国に比べて低いままで、大統領選挙でも五〇％ほどなのではないか、と来日時には予想していました。「ケアリング・デモクラシー」を牽引してきたトロントでさえ、合衆国では「富へのケア」が中心となっていると、かなり悲観的だったのが印象的でした。

三牧　ハリス陣営には大企業からの献金が殺到し、トランプ陣営を圧倒した。これが民主党の選挙キャンペーンに小さくない影響を与えたのではないかとも見られています。民主党の大統領候補に正式指名された当初、ハリスは不公正な値上げで巨額の利益を上げる大企業を厳しく取り締まる考えを打ち出すなど、物価高に苦しむ国民に向けた訴えを重視していましたが、その後、大手企業やウォール街、シリコンバレーとの関係を強化するにつれ、反大企業の主張をトーンダウンさせていきました。中間層の生活立て直しに関する明確なメッセージを打ち出せないなか、トランプ二期目がいかに民主主義にとって脅威かを訴えるハリスの主張はどこか抽象的で、多くの有権者の心をつかむことにはならなかった。民主党を中から変えようとしてきた左派の重鎮、バーニー・サンダース上院議員は、トランプの勝利を受けて、「労働者階級を見捨ててきた民主党が、労働者階級から見捨てられたのは驚きに値しない」と、党に根本的な批判を突きつけました。

岡野　合衆国の国政というのは、有権者にとっては、かなり遠いものではないでしょうか。政治家たちはハイソな存在で、直接苦情を訴えるのは難しい。ですが、トランプは共和党の外れ者でした。だから、トランプに鬱屈した一般庶民の支持が集中した。二大政党制には嫌気がさしているけれど、たまたまトランプが共和党にいたから共和党を支持する、というひとも多かったのではないでしょうか。トランプはポピュリストといわれますが、そうした庶民の声を吸い上げた。

三牧　二〇一六年大統領選でトランプの主要な支持層は白人労働者でしたが、今回トランプは白人票を固めた上で、ヒスパニック系やアジア系、黒人などマイノリティの労働者に支持を広げました。とりわけ黒人は、公民権法成立(一九六四年)以来、圧倒的に民主党を支持してきたのですが、少なくない有権者がトランプ支持に回りました。あれほど人種差別的な人間にもかかわらず、です。そこが重要です。民主党は、「あんな差別的な人物を支持するなんて物事が分かっていない」「ハリスという黒人女性に対するミソジニーではないか」と上から目線で説教する態度を示してきましたが、自分たちがいま、黒人たちにどう見られているかも省みなければならない。

黒人たちは民主党に対し、自分たちの支持を自明視し、「再配分」「差別反対」などと美辞麗句を言いながら、具体的には何もしてくれなかったと、深い幻滅を抱き始めています。こうした幻滅が広がるなかで、口は悪いし、性格もどうしようもないけれど、トランプのほうがまだ何かしてくれるかもしれないと、小さな「変化」を期待してトランプ支持に回る黒人が出てくる。黒人の信頼を取り戻そうとするならば、民主党は、トランプを批判し、その危険性を訴えるだけでなく、自分たちに何ができるかをポジティヴに語り、具体的なヴィジョンを示す必要がある。理念を語る自分たちは道徳的な高みにあるのだと陶酔し、理念を共有しない人への批判にばかり熱心で、庶民の具体的な生活を見ていない「リベラル」と、人びととの断絶が深まっています。

知の役割とは？――国家と学問

岡野　合衆国の状況も深刻ですが、先ほど三牧さんがいわれたように、Z世代から国家暴力を問い直す批判的な声が出ています。これに対し、現在の日本は国家予算において軍事費が七・七％、文教費が四・六％です。日本は文教費よりも軍事費の方が多い国になってしまった。それが国立大学の授業料値上げにもつながっています。このままでは日本は学術研究の積み上げができず、人文・社会科学的知が地に落ちる瀬戸際にあります。

安倍たちが中心になって、小中高の歴史教科書から「慰安婦」問題を削らせました。第一次安倍政権のときに教育基本法が改悪され、その影響がいまや大学にも及び、菅政権時の学術会議任命拒否にもつながった。国立大学では学長権限が強化され大学の自治権が放棄させられています。大学に予算がつかず、人文・社会学的な知も失われ、自分たちで金儲けせよ、と。すると国家と経済の論理に従順な大学だけが生き残る、ということになりますよね。

三牧　それはアメリカでも起こっていることです。二〇二三年一二月、連邦議会下院の教育労働委員会が「大学キャンパスにおける反ユダヤ主義の取り締まり」に関する公聴会を開催し、ハーバード大学、マサチューセッツ工科大学(MIT)、ペンシルヴァニア大学の学長三名が召喚されました。背景には、全米の大学で、ガザでイスラエルが展開してきた大々的な軍事行動を批判し、パレスチナへの連帯を示す学生によるデモが活発になってきたことがあります。議員たちは、これらの学生デモは、イスラエルへのテロを容認し、さらにはユダヤ人の虐殺を正当化していると学長たちに詰め寄ったのです。最も論争を呼んだのが、「ユダヤ人の大量虐殺の呼びかけは、いじめや嫌がらせを禁ずる大学の行動規範に違反するのか否か」という質問をめぐる答弁でした。学長たちはいずれも「文脈による」と回答しました。キャンパスにおける言論の自由の保護を念頭に置いての発言でした。

しかし、学長たちの慎重な姿勢は、「反ユダヤ主義」と明示的に対決しないものとみなされ、大バッシングを呼ぶことになりました。まず、ペンシルヴァニア大学のリズ・マギル学長が辞任に追い込まれ、その後下院は、キャンパスにおける「反ユダヤ主義」の台頭に責任を負っているとして、ハーバード大学とMITの学長の辞任を求める決議案を可決しました。寄付者からの圧力も強まりました。ハーバード大学の財政は五二〇億ドルもの寄付金に支えられてきましたが、昨今はコスト増に苦しんでいます。結局、ハーバード大学のゲイ学長も辞任に追い込まれ、その過程で、突如ゲイ学長に学術論文盗用疑惑も持ち上がりました。ゲイは辞任した後、新聞寄稿で論文盗用疑惑を否定した上で、「これは、大学というアメリカ社会の中核に対する国民の信頼を壊そうとする、より広範な戦争の一局面に過ぎない」と述べました。

学長たちの辞任劇が、大学の独立性に投げかける問いは大きいと思います。政治が大学人事にあからさまに介入しましたし、本来、大学を政治介入や市場原理から守るはずの寄付も、複数の大口寄付者がその気になれば、大学の独立を根本から脅かす可能性を秘めていることも明らかになりました。アメリカはいま、再びマッカーシズムの時代を迎えているのでは、とすらいわれています。

岡野　わたしたちは杉田水脈議員(当時)に、国、すなわち国民の税金からも配分される研究費で反日的な研究をするのはけしからんと批判され、研究費の不正使用というデマを含めさまざまなメディアで拡散された件で裁判を起こし、二〇二三年大阪高裁で名誉毀損が認定されました(いわゆる「フェミ科研費裁判」)。

合衆国の私立大学が寄付者からお金をもらうのと、国から科研費をもらうのとは、その性質は違うでしょう。科研費はたしかに、広く市民のお金です。問題は、公的なそのお金で何をするかということです。税金はみんなから集めているので、使い道には公平性が求められます。しかし公平性や真理を求めるからこそ、科研費を使って国家を批判する研究をすることもできます。一握りの権力者の好みにあわせて研究をするとなれば、人文・社会科学は死んでしまいます。たとえば、国家批判をしない政治学はあり得ないですよね。国家はなぜ存在しないといけないのかという問いが、政治学のそもそもの始まりです。

三牧　国家が間違ったことをしたときには「ノー」ということこそが、国家を愛すること、パトリオティズムではないでしょうか。10・7以降のアメリカでは、イスラエルの軍事行動とそれへの支援を批判する人は、「テロの擁護者」「反イスラエル」、さらには「反米」と厳しく批判されてきました。しかし、勇敢にもパトリオティズムを発揮し、国家を批判してきた人びともいます。最も印象的だったのが、二〇二四年五月一五日、バイデンのイスラエル政策に抗議して、内務省の首席補佐官特別補佐官を辞任したリリー・グリーンバーグ・コールです。ユダヤ系で、まだ二〇代の若い官僚でした。辞任の理由について彼女はこう言っています。ユダヤ人として自分が大切にしてきた価値観に照らして、イスラエルによるパレスチナ人の大量虐殺に加担しているバイデン政権に仕えることはできない、自分はかつて虐殺を経験したユダヤ人の子孫であり、あらゆる虐殺に反対するのが私の価値観だ、と。国家が重大な間違いを犯しているとき、とりわけその過ちが人命や人権に関わっているとき、国家を批判し、その行動を変えようと試みるのは市民の大切な役割です。また、ガザでイスラエルが虐殺を行い、それをホロコーストの受難を持ち出してきて正当化する現状にあって、かつて祖先がジェノサイドの辛苦を経験したからこそ、パレスチナ人に行われつつあるジェノサイドを許容してはならないと声を上げ続けるユダヤ人もいることを忘れてはならないと思います。

岡野　国家は難問です。わたしの最後の研究テーマは国家論に対するフェミニズム批判と考えているのですが、立憲主義の視点からいうと、政権はいくらでも取り替え可能なわけですよね。国家の存立には理念があって、それが憲法に表れている。その理念に沿わないことをする輩が政権を取ったら、市民の力で変えていい。だからこそ選挙という民主主義的な手続きがある、というのが立憲主義の考え方です。しかし、いまやその選挙制度もきちんと機能しているのか疑われ始めています。暴君が登場したらやめさせることができる。そこに市民の責任や義務が生じると思います。日本では民主党政権がもう少し続けば、政権交代の意義を見出せたかもしれないのですが、残念です。

戦争に抗するために

岡野　いまわたしたちの暮らしのあらゆる側面が削られていて、実際問題、たとえば学生たちは本も買えなくなっています。にもかかわらず軍事が優先されるのは、大企業がそれで儲かるからでしょう。国の肝いりで、軍事で産業を興し、経済を回復させようという安直な発想になっている。

こうしたなかで「戦争に抗する」にはどうしたらいいいか。そのときケアが鍵になります。わたしたちの日常が政治にによって干上がっているにもかかわらず、日本ではそれを政治の問題だと考える回路がない。これは大学までの政治教育のひとつの「賜物」で、戦後の教育が「うまくいった」ということなのでしょう。政治権力というものが、人間の身体も精神も、そして欲望までも作り上げているということが知らされていません。苦しいのは自分のせいというネオリベ的自己責任論が根強い。

すべて政治に原因があると、伝えていかなくてはいけないと思います。杉田水脈が『新潮45』に書いた「「LGBT支援」の度が過ぎる」という記事には、リベラルなメディアは「生きづらさ」を社会制度のせいにするけれど、世の中は理不尽なものだ、とあります。ですが、もしそうなら政治家なんていらないのではないでしょうか。杉田のように、ある出来事や事象を政治的・社会構造的に考えるマインドをつぶそうとする人たちが、いま権力者の側にいます。そうした政治家は献金してくれる企業と身内のことしか考えていません。

三牧　アメリカでは、杉田流の自己責任論の虚構はいよいよ若い世代によって暴かれ、多くの若者たちが、国民の命をおろそかにする政治に憤っています。9・11後のアメリカは、二〇年以上にわたる対テロ戦争に乗り出します。この戦争に八兆ドルも費やした結果、アメリカ国内の社会保障や医療体制はぼろぼろになり、新型コロナ危機では、世界最高の医療がある国で、世界最多の死者を出すことになった。格差が拡大し、教育やまともな住居ですら、庶民には手の届かない贅沢品になりつつある。こうしたアメリカを生きてきた若者たちは、自国が他国民の命はおろか、自国民の命すら大切にしない国であることを骨身に染みて分かっています。彼らは、アメリカが「命を粗末にする国」ではなく、「命を大切にし、命を守る国」になることを強く求めている。ガザに関しても、弱きものの命を守れと最も声高に訴え、ジェノサイドに抗しているのは、この新しい世代です。アメリカの古参の政治家たちの間ではいまだに自己責任論が支配的ですが、新しい世代に応える政治家がもっともっと生まれてほしい。アメリカ政治の変化への希望を捨ててはならないと思っています。

岡野　日本もいよいよ、軍事費がわたしたちの教育や福祉、そして暮らしを圧迫する国になりました。介護保険の現状を見れば、長生きすることを喜べない未来が待っているようです。9・11を振り返って思うのは、日本は曲がりなりにも自国の軍隊を他国に送ってその国の人を殺した経験はないということでした。日本には、他国に攻撃を仕掛けることに対するアレルギーがかなりある。どうにか「平和教育」をやってきた成果でしょうか。平和教育においては、広島、長崎など自国の被害が強調されているという問題がありますが、戦争で生じる被害というものを、日本は分かっています。ただし、戦後八〇年の経験の重みがあるといっても、いったん崩れ始めると早いのではないでしょうか。

三牧　確かにいまのメディアには、国民全体が戦争のできる国になりたいと望んでいるかのような言説があふれていますね。中国の軍事的脅威という話ばかり耳にしていると、そのように考えてしまうのも理解できなくはない。しかし、根本的なのは「国家安全保障」ではなく、「人間の安全保障」。国防のために人間を犠牲にしてはいけない。これも戦争の重要な教訓のはずです。財政・経済状況、社会保障、中国や他国との経済的な依存関係なども踏まえたうえで、自分たちで国のかたちを決めていかなくてはならない。

さらに二〇二四年一〇月、日本原水爆被害者団体協議会(日本被団協)がノーベル平和賞を受賞したことも、日本がとるべき道を示唆していると思います。「法の支配」や人権を声高に叫んできた欧米諸国が、イスラエルが絡むと、ここまで見事に理念をかなぐり捨てる。環境やジェンダーについては人権を声高に謳ってきた欧米が、核保持を正当化し、ジェノサイドが強く疑われるイスラエルに武器を送り続ける。もはや欧米が平和や人権のお手本とはいえない現状にあって、被爆体験を核廃絶の歩みに昇華し、模範的な平和運動をつくり上げてきた被団協の活動が国際的にも認められた。このことは、昨今の日本が忘れかけてきた「平和国家」の価値を再発見する契機になるはずです。

日本政府は日米の「価値観の共有」を謳ってきましたが、こうした言葉を並べて、国際規範から逸脱するアメリカを直視することを避け続けてきたのではないでしょうか。

日本政府の世界認識においては、アメリカ＝世界になっていますが、当然世界はアメリカよりはるかに広い。ガザをめぐり、グローバルサウスと呼ばれる南半球の新興国は、いよいよ欧米の偽善を強く批判するようになっている。これからアメリカは単に軍事や政治、経済といった次元だけでなく、道義的な意味でもゆっくりと衰退に向かい、世界は多極化していくのではないでしょうか。日米関係は依然、重要であり続けるでしょうが、同時に「ポスト・アメリカ」の世界に向き合う準備をすべきときです。

岡野　被団協がこれからの平和運動のひとつの模範を示しているということに、わたしも同意します。暴力を被ったあと、いかに人間としての責任を未来に対して果たしていくのかを、かれら・彼女たちの平和への訴え、暴力縮減への訴えが示してくれています。しかし今後合衆国が衰退すると、日本の権力者はパニックを起こすかもしれませんね。

時代の転換点に立って

三牧　ガザでの虐殺とそれへの欧米の加担という現実を前に、私たちは西洋のリベラリズムを根本から問い直す必要があると感じています。リベラリズムは、相いれない価値観を持つ人たちと、それでも殺し合わずに共存する方法を模索する思想ではなかったのか。普遍性を装いながら、実は「キリスト教」や「白人」といった属性を共有する人にしか適用されない、それが西洋の「リベラリズム」の実態だと、グローバルサウス諸国では西洋の政治思想や哲学への根本的な断罪の声すら聞かれ始めています。

岡野　だからこそバトラーの根源的な平等主義が重要です。人間だから守られなくてはいけないという主張は、人間ではない存在を作り上げたうえで排除してしまうので、そうではない根源的な平等を考える。国家の権力者たちに縛られない平等をどう実現していくのかという大きな問いに、世界がいま向き合わされている。大きな転換点が来ています。模範とするべき現実の国家が消滅するかもしれない国際情勢のなかで、日本は誰と対話し、どちらに進むのかを考えるのが、わたしたちの課題です。

三牧　「グローバル」という語の意味も再考すべきときですね。人権やSDGsなどグローバルな規範の推進者を自任してきた欧米諸国が、最悪の虐殺に加担し、平然としている。この現実を前に、普遍的な人権や平等など不可能なのだ、とシニシズムに陥るのではなく、この理念と現実の落差はどこから生まれているのかを考え抜き、理念を鍛え直していく。

岡野　日本はある意味幸運なことに、かつての植民地主義の歴史を背負っているからこそ、いまだに批判してくれる人がいます。それは日本を貶めるということではなく、高橋哲哉さんがかつて論じたように、いつも励まされているということです。そうした他者の声をありがたく受け止めるべきです。つまり自分たちがどう変わればいいかを自分で考えるのは難しいことですが、他者の声によって変わっていくことができる。未来への助言としてそうした声を受け止める寛容さを忘れてはいけないと思います。

そうした寛容さを育てるために、三牧さんたちと一緒に、この同志社大学から「戦争に抗する」歩みを進めていきたいと考えています。［了］

（おかの　やよ・西洋政治思想、フェミニズム理論）

（みまき　せいこ・国際政治学、アメリカ政治外交史）

＊二〇二四年夏、同志社大学で行った対談をもとに加筆・修正しました。

あとがき

戦後七〇年の二〇一五年、日本社会は根本的な転換を大きな政治力によって迫られている。その力に対して、国会前では、学生たちが立ち上げたSEALDsを中心に、抵抗のための市民行動であるデモが毎週金曜日に開催されてきた。こうした動きは全国に広がり、わたしの住む京都でも、これまで九条の会を中心にして行われてきた、憲法を守り、民主主義に活かしていこうとする運動は、裾野を広げながら、今までにない活発な運動を展開している。

二〇一二年一二月の総選挙において、憲法改正を公約に掲げた自由民主党が勝利し、安倍晋三が首相となると、〈たった三分の一の国会議員の反対で、国民投票の機会が奪われている〉と憲法第九六条改正に意欲を示すようになる。わたし自身は、立憲主義を理解しない安倍の発言に対して、憲法学者や政治学者が「九六条の会」を立ち上げたさいに呼びかけ人となったのを契機に、京都でも二〇一三年一一月から「京都九六条の会」を主催し、市民と一緒に憲法を考える会を継続的に開催してきた。

しかし今回、過去一〇年間の論文を一冊の本にまとめるなかで、立憲主義と民主主義というテーマは、自民党結党五〇周年を記念して立ち上げられた改憲プロジェクトチームの議論を検討するさいの、わたし自身の中心的テーマでもあったし、またジェンダーフリー・バッシングにみられた基本的人権や尊厳に対する無理解を考察するさいの鍵概念であったことに、改めて気づかされた。

本書は、二〇〇一年、世界を震撼させた合衆国に対する九・一一同時多発テロ事件(9・11事件)以降の、合衆国の軍事行動に対するフェミニストたちの反応を検討した論文から始まっている。第九六条先行改正が唱えられていた頃には、憲法制定権力の問題などが絡みつつ、真の論点が隠されていた嫌いがあった。しかし、違憲に他ならない安保関連法案が強行採決という形で通されようとしている現在では、安倍が固執する憲法改正問題とは、集団的自衛権を是が非でも行使したいという一部の権力者の思惑や財界のニーズの問題であることが明らかになった。その意味では、本書全体で論じようとしている、市民の命を犠牲にしてまで国益を守るための手段である戦争と立憲民主主義とは原理的に相容れないことが、体感的に理解される状態となったといえるのかもしれない。

第一章では、リベラルな主権的主体に典型的な思考を軍事的思考とパラレルに論じ批判したが、批判のひとつとして、ある事件や出来事を、特定の個人の意志や行為へと還元し、より広い社会的政治的文脈のなかで出来事を読み解いていく努力を殺いでしまう点を挙げた。本書が、当時のブッシュ大統領が訴えた集団的自衛権の行使によって、世界を敵と味方に分断した9・11事件から論じ始めているからといって、日本の集団的自衛権の問題が、この9・11事件に端を発しているといいたいわけではけっしてない。もちろん、集団的自衛権は、安倍自身がその著作で論じているように、合衆国の軍隊と共に日本の若者も「血を流す」ことによって、合衆国のイコール・パートナーになることを目指して行使されるのだろう。合衆国との同盟強化、合衆国からの要請に応えるための集団的自衛権ということに限れば、9・11事件後の――事件とはまったく関係のない――イラクに対する攻撃の遠因でもある、一九九一年の第一次湾岸戦争へと遡ることも可能かもしれない。

あるいは、本書では何度も安倍の政治家としての資質やその権力欲を批判するが、それは政治家安倍晋三個人に、憲法クーデターを起こす力があると認めるものでもない。たしかに、第二章以降で論じられる「慰安婦」問題に関しても安倍は、現在の世論作りにかなりの力を発揮してきた。しかし、河野談話が発表された年に国会議員となった安倍を、二度も首相の座につけたのは、他ならぬ有権者たちであり、もっといえば、自民党をここまで巨大化させたのは、日本国民であり、メディアや経済界や社会であり、そして、いかに非力であるとしても、「慰安婦」問題の解決に向けて多くの市民を動かすことができなかった、わたしの責任でもある。

二〇一三年の秋以降、わたしが集会やデモに参加するようになったのも、言葉でしか闘えない一市民として、政治的責任の果たし方を模索した結果だ。他方で、言葉でしか闘えないわたしにできる最大のことは、わたしが見出せる限りの観点から、いまの政治状況に抗するための言葉を紡ぐことでもある。

「慰安婦」問題を反省できないような国家は、国家の有事となればまた、市民を奴隷のように扱い、その生命を犠牲にする——。わたしはこの、単純に過ぎる命題にいたる思索を重ね、ようやく本書を書き終えた。しかし、この命題が証明されたならば、わたしは言葉を失うかもしれないという不安のなかにいるのも確かだ。

運動に参加するなかで、言葉を紡ぐための時間がなかなか見出せないでいたわたしに、戦争と憲法に関する本を作りませんかと声をかけてくださったのが、岩波書店編集部の藤田紀子さんでした。

また、藤田さんの協力を得て、本書でわたしが厳しく批判する「女性のためのアジア平和国民基金」の理事を務められていた和田春樹先生にも長いインタヴューに応じていただきました。和田先生の応答がすべて本書に反映されているわけではありませんが、本書のなかで持論を展開することで、先生の親切な対応への感謝を表したつもりです。

最後に、おひとり、振り返ってみれば本書を書くそもそものきっかけを与えてくれた豊下楢彦先生には、心からの感謝をお伝えしたいと思います。かつて先生からは、「岡野さんも、批判する保守論客の本を読んで分析してみたら」と幾度か声をかけていただきました。その当時は、「気分が悪くなるだけだからいやです」と頑なに拒んでいましたが、政治状況が日々悪化するなかで、また先生が発表されるタイムリーであるだけでなく、目の覚めるような分析に、強く心を動かされました。本書を支えてくれているのは、先生のこれまでの研究であることは公表させていただきたいと思います。いつも、著書に限らず、先生のお考えに触れる機会を与えていただき、ありがとうございます。

この間の運動のなかで、多くの市民の方と同志となり、また研究仲間も格段に増えた。デモの後のビールの美味しさも格別だ。そして、わたしを毎日のように支えてくれる家族のような友人たちがいなければ、日々変わっていく政治状況をにらみつつ、本書の執筆に向かう気力もわいてこなかったと思う。食事や買い物といった日々の生活のなかに、人のぬくもりを感じられることの大切さをいつも教えてくれる家族のような友には特別の感謝をしたい。

九月末の通常国会閉会とともに始まる新しい運動に備えて、もっと多くの人たちと、民主主義とは何かを考え、行動していくためにまた、言葉を探す旅に出よう。

木漏れ陽と見知らぬ人びととの声に溢れる、秋のリュクサンブール公園にて、
一四年目の九月一一日を迎えながら

岡野八代

岩波現代文庫版あとがき

ケアの倫理を実践する――戦中に抗しつつ生きのびる

一〇年前に刊行された本書の底本は、「戦後を生き続ける」と結ばれている。しかし、二〇二五年現在、わたしは「戦後八〇年」とはどうしても表現できない。この躊躇とともに顧みると、憲法破壊に対し市民が声を上げ、立憲主義という言葉がそれなりに流通するなか、つねに「崖っぷち」といわれながらも、なんとか憲法「改正」発議を阻止しようと行動していた一〇年前のわたしは、まだ楽観的であった。当時も多くのひとが戦禍に苦しむ一方で、日本だけが軍事紛争から自由でイノセントであると、わたしは思い込んでいたのだろうか。この一〇年、とくに合衆国の軍事戦略との関係で、東アジアにおける日本の軍事的立場は大きく変わったのも確かだ。そして、日本はいま、他国に向かって、そして日本社会に生きる人びとに対しても、軍事力の存在によってその生命や生活を脅かしている。

『ケアの倫理と平和の構想』というタイトルをみて本書を手に取っていただいた読者のなかには、〈なぜこれがケアの倫理なのか?〉といった疑念を抱かれた方もいるだろう。しかし本書は、日本軍「慰安婦」問題、そして9・11事件に直面するなかで、つまり、国家暴力を受けた後、わたしは、そして〈わたしたち〉は、いかに応えるのかを探究するなかで、ケアの倫理とわたしが出会った軌跡が綴られている。また、立憲主義を自分なりに考察した第Ⅱ部は、軍事力によって自国民を脅かす国家は、わたしたち市民が紡ぐケア関係に、何ものにも代えがたい価値が内在することを拒絶する国家であることを、批判的に考察している。

ケアの倫理は、暴力を論じるにはふさわしくない、なぜなら正義とケアは相反する倫理だから、と考えられがちだ。しかしながら、人間がその生を編み込む関係性に注視することで、ケアの倫理は、物理的な暴力、とりわけ規模においても、時間的な影響力においても、想像を超える甚大な被害を与える国家暴力に対峙する、新しいアプローチを提示している。

そのアプローチは、本書で幾度も参照したジュディス・シュクラーの議論からすると、「不正義」論と呼び得るとわたしは考えている。「苦しみの原因がなんであれ、傍観したまま何もしないことは受動的に不正を犯している」[Shklar 1990: 81/152]。

「戦中」に生きるわたしたちにとってのケアの倫理の実践版として、本書がより多くの方に届くことを願ってやまない。

二〇二五年を迎えた京都にて

岡野八代

初出一覧

第Ⅰ部

第一章　「「暴力」の主体から「非‐暴力」のエイジェンシーへ――世界の軍事化にフェミニズムは対抗しうるか？」（『女性学』第一三号、二〇〇六年）
第二章　「「慰安婦」問題と日本の民主化」（『立命館言語文化研究』第二三巻第二号、二〇一一年）
第三章　「修復的正義――国民基金が閉ざした未来」（志水紀代子・山下英愛編『シンポジウム記録「慰安婦」問題の解決に向けて――開かれた議論のために』白澤社、二〇一二年）
第四章　「グローバルに正義を考える――日本軍「慰安婦」問題をケースにしながら」（内藤正典・岡野八代編著『グローバル・ジャスティス――新たな正義論への招待』ミネルヴァ書房、二〇一三年）

第Ⅱ部

第五章　「ジェンダーの政治に賭けられているもの」（『法律時報』第七八巻第一号、二〇〇六年）
第六章　「尊厳と二四条の可能性――近代立憲主義からの出発」（『法の理論』第二七号、二〇〇八年）
第七章　「現在の改憲問題のありか――憲法「改正」問題ではない」（『人権と部落問題』第六五巻

第一四号、二〇一三年）
第八章「〈われわれ〉のためにではなく、〈誰か〉のためにでもなく、憲法改悪に反対する」（『インパクション』第一九一号、二〇一三年）

intermission

「災害における安全と安心」（直江清隆・越智貢編『高校倫理からの哲学 別巻 災害に向きあう』岩波書店、二〇一二年）

第Ⅲ部

第九章「集団的自衛権を支える安全保障概念を問い直す」（奥平康弘・山口二郎編『集団的自衛権の何が問題か 解釈改憲批判』岩波書店、二〇一四年）
第一〇章「戦争に抗する――身体性／具体性から発する社会の構想へ」（『現代思想』第四二巻第一五号、二〇一四年）

対談

岩波現代文庫のために新たに収録

＊なお、本書にまとめるにあたり、各章には大幅な加筆、修正を加えた。

本書は二〇一五年、『戦争に抗する――ケアの倫理と平和の構想』として岩波書店より刊行された。岩波現代文庫に収録するにあたり、書名を『ケアの倫理と平和の構想――戦争に抗する 増補版』と改め、各部の末尾に追記を補足し、三牧聖子氏との対談「戦争に抗する思想――フェミニズムから平和を構想する」を新たに付した。

岩波現代文庫［社会］

S350
ジャーニー・オブ・ホープ
―被害者遺族と死刑囚家族の回復への旅―
坂上　香

殺人事件によって愛する家族を失った／失うかもしれない人びとが語り合う二週間の旅。この旅に同行し、取材した渾身のルポルタージュ。四半世紀後の現状も巻末に加筆。

S351
時を刻む湖
―7万枚の地層に挑んだ科学者たち―
中川　毅

国境を越えた友情、挫折と栄光…。水月湖が過去5万年の時を測る世界の「標準時計」となるまでを当事者が熱く語る。
〈解説〉大河内直彦

S5-6
ご冗談でしょう、ファインマンさん（上・下）
R.P.ファインマン
大貫昌子訳

どんなことも本気で愉しむ。稀代のノーベル賞学者がユーモアたっぷりに語る痛快自叙伝。ベスト／ロングセラーの改版。
〈解説〉橋本幸士・江沢　洋

S352
ケアの倫理と平和の構想
―戦争に抗する　増補版―
岡野八代

「正戦」「自衛」の名の下で人間を破壊する戦争の本質を明らかにし、平和の構想を紡ぎだす。岩波現代文庫収録にあたり、三牧聖子氏との対談を新たに付した。

2025. 2

S344-345
ショック・ドクトリン(上・下)
―惨事便乗型資本主義の正体を暴く―
ナオミ・クライン
幾島幸子
村上由見子 訳

戦争、自然災害、政変などの惨事につけこみ多くの国で断行された過激な経済改革の正体を鋭い筆致で暴き出す。〈解説〉中山智香子

S346
増補 教育再生の条件
経済学的考察
神野直彦

日本の教育の危機は、学校の危機だけではなく、社会全体の危機でもある。工業社会から知識社会への転換点にある今、真に必要な教育改革を実現する道を示す。〈解説〉佐藤 学

S347
秘密解除 ロッキード事件
―田中角栄はなぜアメリカに嫌われたのか―
奥山俊宏

田中角栄逮捕の真相は？ 中曽根康弘と米政府との知られざる秘密とは？ 秘密指定解除が進む当時の米国公文書を解読し、戦後最大の疑獄事件の謎に挑む。〈解説〉真山 仁

S348
「方言コスプレ」の時代
―ニセ関西弁から龍馬語まで―
田中ゆかり

「方言」と「共通語」の関係はどう変わって来たのか。意識調査と、テレビドラマやマンガの分析から、その過程を解き明かす。大森洋平氏、吉川邦夫氏との解説鼎談を収録。

S349
サンタクロースを探し求めて
暉峻淑子

なぜサンタクロースは世界中で愛されるのか。絵本『サンタクロースってほんとにいるの？』の著者が、サンタクロース伝説の謎と真実に迫る。〈解説〉平田オリザ

S338-339
あしなが運動と玉井義臣(上・下)
―歴史社会学からの考察―
副田義也
日本有数のボランティア運動の軌跡を描き出し、そのリーダー、玉井義臣の活動の意義を歴史社会学的に考察。〈解説〉苅谷剛彦

S340
大地の動きをさぐる
杉村新
地球の大きな営みに迫ろうとする思考の道筋と、仲間とのつながりがからみあい、研究は深まり広がっていく。プレートテクトニクス成立前夜の金字塔的名著。〈解説〉斎藤靖二

S341
歌うカタツムリ
―進化とらせんの物語―
千葉聡
実はカタツムリは、進化研究の華だった。行きつ戻りつしながら前進する研究の営みと、カタツムリの進化を重ねた壮大な歴史絵巻。〈解説〉河田雅圭

S342
戦慄の記録 インパール
NHKスペシャル取材班
三万人もの死者を出した作戦は、どのように立案・遂行されたのか。牟田口司令官の肉声や兵士の証言から全貌に迫る。〈解説〉大木毅

S343
大災害の時代
―三大震災から考える―
五百旗頭真
阪神・淡路大震災、東日本大震災、熊本地震に被災者として関わり、東日本大震災の復興構想会議議長を務めた政治学者による報告書。〈緒言〉山崎正和

2025.2

S333
孤塁
―双葉郡消防士たちの3・11―
吉田千亜

原発が暴走するなか、住民救助や避難誘導、原発構内での活動にもあたった双葉消防本部の消防士たち。その苦闘を初めてすくいあげた迫力作。新たに『孤塁』その後」を加筆。

S334
ウクライナ 通貨誕生
―独立の命運を賭けた闘い―
西谷公明

自国通貨創造の現場に身を置いた日本人エコノミストによるゼロからの国づくりの記録。二〇一四年、二〇二二年の追記を収録。〈解説〉佐藤 優

S335
「科学にすがるな!」
―宇宙と死をめぐる特別授業―
佐藤文隆
艸場よしみ

「死とは何かの答えを宇宙に求めるな」と科学論に基づいて答える科学者vs.死の意味を問い続ける女性。3・11をはさんだ激闘の記録。〈解説〉サンキュータツオ

S336
増補 空疎な小皇帝
「石原慎太郎」という問題
斎藤貴男

差別的な言動でポピュリズムや排外主義を煽りながら、東京都知事として君臨した石原慎太郎。現代に引き継がれる「負の遺産」を、いま改めて問う。新取材を加え大幅に増補。

S337
鳥肉以上、鳥学未満。
―Human Chicken Interface―
川上和人

ボンジリってお尻じゃないの? 鳥の首はろくろ首!? トリビアもネタも満載。キッチンから始まる、とびっきりのサイエンス。〈解説〉枝元なほみ

S328
人は愛するに足り、真心は信ずるに足る
―アフガンとの約束―
中村哲
澤地久枝（聞き手）

戦乱と劣悪な自然環境に苦しむアフガンで、人々の命を救うべく身命を賭して活動を続けた故・中村哲医師が熱い思いを語った貴重な記録。

S329
負け組のメディア史
―天下無敵　野依秀市伝―
佐藤卓己

明治末期から戦後にかけて「言論界の暴れん坊」の異名をとった男、野依秀市。忘れられた桁外れの鬼才に着目したメディア史を描く。〈解説〉平山昇

S330
ヨーロッパ・コーリング・リターンズ
―社会・政治時評クロニクル2014-2021―
ブレイディみかこ

人か資本か。優先順位を間違えた政治は希望を奪い貧困と分断を拡大させる。地べたから英国を読み解き日本を照らす、最新時評集。

S331
増補版 悪役レスラーは笑う
―「卑劣なジャップ」グレート東郷―
森達也

第二次大戦後の米国プロレス界で「卑劣な日本人」を演じ、巨万の富を築いた伝説の悪役レスラーがいた。謎に満ちた男の素顔に迫る。

S332
戦争と罪責
野田正彰

旧兵士たちの内面を精神病理学者が丹念に聞き取る。罪の意識を抑圧する文化において豊かな感情を取り戻す道を探る。

2025. 2

岩波現代文庫[社会]

S322
菌世界紀行
―誰も知らないきのこを追って―
星野保

大の男が這いつくばって、世界中の寒冷地にきのこを探す。雪の下でしたたかに生きる菌たちの生態とともに綴る、とっておきの〈菌道中〉。〈解説〉渡邊十絲子

S323-324
キッシンジャー回想録 中国(上・下)
ヘンリー・A・キッシンジャー
塚越敏彦ほか訳

世界中に衝撃を与えた米中和解の立役者であるキッシンジャー。国際政治の現実と中国の論理を誰よりも知り尽くした彼が綴った、決定的「中国論」。〈解説〉松尾文夫

S325
井上ひさしの憲法指南
井上ひさし

「日本国憲法は最高の傑作」と語る井上ひさし。憲法の基本を分かりやすく説いたエッセイ、講演録を収めました。〈解説〉小森陽一

S326
増補版 日本レスリングの物語
柳澤健

草創期から現在まで、無数のドラマを描きさる日本レスリングの「正史」にしてエンターテインメント。〈解説〉夢枕獏

S327
抵抗の新聞人 桐生悠々
井出孫六

日米開戦前夜まで、反戦と不正追及の姿勢を貫きジャーナリズム史上に屹立する桐生悠々。その烈々たる生涯。巻末には五男による〈親子関係〉の回想文を収録。〈解説〉青木理

2025.2

岩波現代文庫創刊二〇年に際して

二一世紀が始まってからすでに二〇年が経とうとしています。この間のグローバル化の急激な進行は世界のあり方を大きく変えました。世界規模で経済や情報の結びつきが強まるとともに、国境を越えた人の移動は日常の光景となり、今やどこに住んでいても、私たちの暮らしは世界中の様々な出来事と無関係ではいられません。しかし、グローバル化の中で否応なくもたらされる「他者」との出会いや交流は、新たな文化や価値観だけではなく、摩擦や衝突、そしてしばしば憎悪までをも生み出しています。グローバル化にともなう副作用は、その恩恵を遥かにこえていると言わざるを得ません。

今私たちに求められているのは、国内、国外にかかわらず、異なる歴史や経験、文化を持つ「他者」と向き合い、よりよい関係を結び直してゆくための想像力、構想力ではないでしょうか。

新世紀の到来を目前にした二〇〇〇年一月に創刊された岩波現代文庫は、この二〇年を通して、哲学や歴史、経済、自然科学から、小説やエッセイ、ルポルタージュにいたるまで幅広いジャンルの書目を刊行してきました。一〇〇〇点を超える書目には、人類が直面してきた様々な課題と、試行錯誤の営みが刻まれています。読書を通した過去の「他者」との出会いから得られる知識や経験は、私たちがよりよい社会を作り上げてゆくために大きな示唆を与えてくれるはずです。

一冊の本が世界を変える大きな力を持つことを信じ、岩波現代文庫はこれからもさらなるラインナップの充実をめざしてゆきます。

（二〇二〇年一月）

ケアの倫理と平和の構想 ― 戦争に抗する 増補版

2025 年 2 月 14 日　第 1 刷発行

著　者　岡野八代《おかのやよ》

発行者　坂本政謙

発行所　株式会社 岩波書店
〒101-8002 東京都千代田区一ツ橋 2-5-5
案内 03-5210-4000　営業部 03-5210-4111
https://www.iwanami.co.jp/

印刷・精興社　製本・中永製本

ISBN 978-4-00-603352-1　　Printed in Japan

文献一覧

【欧文文献】

Arendt, Hannah 1966 *The Origins of Totalitarianism* (New York and London: Harcourt Brace Jovanovich). 大島通義・大島かおり(訳)『全体主義の起原2　帝国主義』(みすず書房，1972年，新版，2017年)；大久保和郎・大島かおり(訳)『全体主義の起原3　全体主義』(みすず書房，1974年，新版，2017年).

——1994a "Organized Guilt and Universal Responsibility," in Jerome Kohn ed., *Essays in Understanding, 1930-1954* (New York: Harcourt Brace & Company). 齋藤純一(訳)「組織的な罪と普遍的な責任」齋藤純一・山田正行・矢野久美子(訳)『アーレント政治思想集成1』(みすず書房，2002年).

——1994b "Understanding and Politics (The Difficulties of Understanding)," in Je-rome Kohn ed., *Essays in Understanding, 1930-1954* (New York: Harcourt Brace & Company). 齋藤純一(訳)「理解と政治(理解することの難しさ)」齋藤・山田・矢野(訳)『アーレント政治思想集成2』(みすず書房，2002年).

——1998 (＝1958) *The Human Condition*, 2nd ed. with a introduction by Margaret Canovan (Chicago: University of Chicago Press). 志水速雄(訳)『人間の条件』(ちくま学芸文庫，1994年).

Arendt, Hannah and Karl Jaspers 1992 *Hannah Arendt/Karl Jaspers Correspondence, 1926-1969*, ed. by L. Köhler and H. Saner, trans. by Robert and Rita Kimber (New York and London: Harcourt Brace Jovanovich). 大島かおり(訳)『アーレント＝ヤスパース往復書簡2 1926-1969』(みすず書房，2004年).

Benhabib, Seyla 1987 "The Generalized and the Concrete Other,"

in Seyla Benhabib and Drucilla Cornell eds., *Feminism as Critique* (Minneapolis: University of Minnesota Press).

——1992 *Situating the Self: Gender, Community, and Postmodernism in Contemporary Ethics* (New York, London: Routledge).

——1995a "Feminism and Postmodernism: An Uneasy Alliance," in S. Benhabib, J. Butler, D. Cornell and N. Fraser eds., *Feminist Contentions: A Philosophical Exchange* (New York: Routledge).

——1995b "Subjectivity, Historiography, and Politics," in S. Benhabib, J. Butler, D. Cornell and N. Fraser eds., *Feminist Contentions: A Philosophical Exchange* (New York: Routledge).

Benjamin, Jessica 1988 *The Bonds of Love: Psychoanalysis, Feminism, and the Problem of Domination* (New York: Pantheon Books). 寺沢みずほ(訳)『愛の拘束』(青土社, 1996年).

Bodin, Jean 1992 *On Sovereignty*, ed. and trans. by J. H. Franklin (Cambridge: Cambridge University Press).

Brown, Wendy 2006a *Regulating Aversion: Tolerance in the Age of Identity and Empire* (Princeton: Princeton University Press). 向山恭一(訳)『寛容の帝国——現代リベラリズム批判』(法政大学出版局, 2010年).

——2006b "American Nightmare: Neoliberalism, Neoconservatism, and De-democratization," *Political Theory*, 34/6 (December).

Butler, Judith 1995 "Contingent Foundations: Feminism and the Question of 'Postmodernism'," in Seyla Benhabib, Drucilla Cornell, and Nancy Fraser eds., *Feminist Contentions: A Philosophical Exchange* (New York: Routledge). 中馬祥子(訳)「偶発的な基礎付け——フェミニズムと「ポストモダニズム」による問い」『アソシエ』第3号(2000年7月).

――2004a *Precarious Life: The Powers of Mourning and Violence* (New York, London: Verso). 本橋哲也(訳)『生のあやうさ――哀悼と暴力の政治学』(以文社, 2007年).

――2004b *Undoing Gender* (New York, London: Routledge).

――2009 *Frames of War: When is Life Grievable?* (New York, London: Verso). 清水晶子(訳)『戦争の枠組――生はいつ嘆きうるものであるのか』(筑摩書房, 2012年).

Butler, Judith, Ernesto Laclau, and Slavoj Žižek 2000 *Contingency, Hegemony, Universality: Contemporary Dialogues on the Left* (New York, London: Verso). 竹村和子・村山敏勝(訳)『偶発性・ヘゲモニー・普遍性――新しい対抗政治への対話』(青土社, 2002年).

Cohen, Joshua, Matthew Howard, and Martha Nussbaum eds. 1999 *Is Multiculturalism Bad For Women?* (Princeton: Princeton University Press).

Cornell, Drucilla 2002 *Between Women and Generations* (New York: Palgrave). 岡野八代・牟田和恵(訳)『女たちの絆』(みすず書房, 2005年).

――2004 *Defending Ideals: War, Democracy, and Political Stuggles* (New York, London: Routledge). 仲正昌樹(監訳)『"理想"を擁護する――戦争・民主主義・政治闘争』(作品社, 2008年).

Dunlap, Charles J. 1998 "A Virtuous Warrior in a Savage World," *USAFA Journal of Legal Studies*, vol. 8.

Elshtain, Jean Bethke 2003 *Just War Against Terror: The Burden of American Power in a Violent World* (New York: Basic Books).

――2008 *Sovereignty: God, State, and Self* (New York: Basic Books).

Farrell, Amy and Patrice McDermott 2005 "Claiming Afghan Women: The Challenge of Human Rights Discourse for Trans-

national Feminism," in W. S. Hesford and W. Kozol eds., *Just Advocacy?: Women's Human Rights, Transnational Feminisms, and the Politics of Representation* (New Brunswick: Rutgers University Press).

Flynn, Bernard 2005 *The Philosophy of Claude Lefort: Interpreting the Political* (Evanston: Northwestern University Press).

Franklin, Julian H. 1992 "Introduction," in Jean Bodin, *On Sovereignty*, ed. and trans. by J. H. Franklin (Cambridge: Cambridge University Press).

Gilligan, Carol 1982 *In a Different Voice: Psychological Theory and Women's Development* (Cambridge: Harvard University Press). 川本隆史・山辺恵理子・米典子(訳)『もうひとつの声で――心理学の理論とケアの論理』(風行社, 2022年).

Goodin, Robert 1985 *Protecting the Vulnerable: A Reanalysis of Our Social Responsibility* (Chicago: University of Chicago Press).

Greenawalt, Kent 1992 *Law and Objectivity* (New York and Oxford: Oxford University Press).

Hawthorne, Susan and Bronwyn Winter eds. 2003 *After Shock: September 11, 2001: Global Feminist Perspectives* (Vancouver: Raincoat Books).

Herman, Judith 2002 "Peace on Earth Begins at Home: Reflections from the Women's Liberation Movement," in Martha Minow ed., *Breaking the Cycle of Hatred: Memory, Law, and Repair* (Princeton: Princeton University Press).

Hobbes, Thomas 2007 *The English Works of Thomas Hobbes V2 (1841)*, ed. by William Molesworth (Montana: Kessinger Publishing).

Kittay, Eva Feder 1999 *Love's Labor: Essays on Women, Equality, and Dependency* (New York: Routledge). 岡野八代・牟田

和恵(監訳)『愛の労働あるいは依存とケアの正義論』(白澤社, 2010年, 新装版, 2023年).

Klein, Naomi 2008 *The Shock Doctrine: The Rise of Disaster Capitalism* (New York: Picador). 幾島幸子・村上由見子(訳)『ショック・ドクトリン ── 惨事便乗型資本主義の正体を暴く』上・下(岩波書店, 2011年, 岩波現代文庫, 2024年).

Law Commission of Canada 1999 "From Restorative Justice to Transformative Justice: Discussion Paper" (Catalogue No. JL2-6/1999).

Lefort, Claude 1986 "The Logic of Totalitarianism," in John B. Thompson ed. and intro., *The Political Forms of Modern Society* (Cambridge: MIT Press).

── 1988 *Democracy and Political Theory*, trans. by David Macey (Oxford: Polity Press).

Lewis, Hope 1995 "Between *Irua* and 'Female Genital Mutilation': Feminist Human Rights Discourse and the Cultural Divide", *Harvard Human Rights Journal*, vol. 8.

MacKinnon, Catharine 1993 "Crime of War, Crime of Peace," in Stephen Shute and Susan Hurley eds., *On Human Rights: The Oxford Amnesty Lectures 1993* (New York: Basic Books). 中島吉弘・松田まゆみ(訳)「戦時の犯罪, 平時の犯罪」『人権について ── オックスフォード・アムネスティ・レクチャーズ』(みすず書房, 1998年).

Mensch, James 2009 *Embodiments: From the Body to the Body Politic* (Evanstone: Northwestern University Press).

Mill, J. S. 1980 *The Subjection of Women*, ed. by S. Mansfield (Arlington Heights: Harlan- Davidson Inc.). 大内兵衛・大内節子(訳)『女性の解放』(岩波文庫, 1957年).

── 1989 *On Liberty and Other Writings*, ed. by Stefan Collini (Cambridge: Cambridge University Press). 関口正司(訳)『自

由論』(岩波文庫, 2020年).
Okin, Susan Moller 1979 *Women in Western Political Thought* (Princeton: Princeton University Press). 田林葉・重森臣広(訳)『政治思想のなかの女 —— その西洋的伝統』(晃洋書房, 2010年).
——1989 *Justice, Gender, and the Family* (New York: Basic Books). 山根純佳・内藤準・久保田裕之(訳)『正義・ジェンダー・家族』(岩波書店, 2013年).
——1999 "Is Multiculturalism Bad for Women?," in J. Cohen, M. Howard, and M. Nussbaum eds., *Is Multiculturalism Bad For Women?*
——2000 "Feminism, Women's Human Rights, and Cultural Difference," in Uma Narayan and Sandra Harding eds., *Decentering the Center: Philosophy for a Multicultural, Postcolonial, and Feminist World* (Bloomington: Indiana University Press).
Pogge, Thomas W. 2002 *World Poverty and Human Rights: Cosmopolitan Responsibilities and Reforms* (Cambridge: Polity Press). 立岩真也(監訳)『なぜ遠くの貧しい人への義務があるのか —— 世界的貧困と人権』(生活書院, 2010年).
——2003 "Priorities of Global Justice," in ed. by Pogge, *Global Justice* (Oxford: Blackwell Publishing).
Powell, Catherine 1999 "Introduction: Locating Culture, Identity, and Human Rights," *Columbia Human Rights Law Review*, vol. 30, no. 2.
RAWA 2003 "Afghani Women's Resistance Organization: Bin Laden is not Afghanistan," in Susan Hawthorne and Bronwyn Winter eds., *After Shock: September 11, 2001: Global Feminist Perspectives* (Vancouver: Raincoat Books).
Rawls, John 1985 "Justice as Fairness: Political not Metaphysical," *Philosophy and Public Affairs*, vol. 14.

——1999 *A Theory of Justice: Revised Edition* (Oxford: Oxford University Press). 川本隆史・福間聡・神島裕子(訳)『正義論 改訂版』(紀伊國屋書店, 2010年).

Robinson, Fiona 1999 *Globalizing Care: Ethics, Feminist Theory, and International Relations* (Oxford: Westview Press).

——2011 *The Ethics of Care: A Feminist Approach to Human Security* (Philadelphia: Temple University Press).

Ruddick, Sara 1989 *Maternal Thinking: Toward a Politics of Peace* (Boston: Beacon Press).

Scarry, Elaine 1985 *The Body in Pain: The Making and Unmaking of the World* (New York and Oxford: Oxford University Press).

——2003 "Who Defended the Country?," in Joshua Cohen and Joel Rogers eds., *Who Defended the Country?* (Boston: Beacon Press).

——2010 *Rule of Law, Misrule of Men* (Cambridge, Mass. London: A Boston Review Book).

Scott, Joan W. 1988 *Gender and the Politics of History* (New York: Columbia University Press). 荻野美穂(訳)『ジェンダーと歴史学』(平凡社, 1992年, 30周年版, 平凡社ライブラリー, 2022年).

Sen, Amartya 2009 *The Idea of Justice* (Cambridge: The Belknap Press of Harvard University Press). 池本幸生(訳)『正義のアイデア』(明石書店, 2011年).

Shapiro, Ian 1999 *Democratic Justice* (New Haven: Yale University Press).

Shklar, Judith 1990 *The Faces of Injustice* (New Haven: Yale University Press). 川上洋平・沼尾恵・松元雅和(訳)『不正義とは何か』(岩波書店, 2023年).

Signs: Journal of Women in Culture and Society 2002 "Roundta-

ble: Gender and September 11," in the Special Issue of Gender and Cultural Memory (Autumn).

Singer, Peter 2002 *One World: The Ethics of Globalization* (New Haven: Yale University Press). 山内友三郎・樫則章(監訳)『グローバリゼーションの倫理学』(昭和堂, 2005年).

Social Text 2002 Special Issue: 9.11: A Public Emergency? 20/3.

Spelman, Elizabeth 2002 *Repair: The Impulse to Restore in a Fragile World* (Boston: Beacon Press).

Strauss, Leo 1953 *Natural Right and History* (Chicago: University of Chicago Press). 塚崎智・石崎嘉彦(訳)『自然権と歴史』(昭和堂, 1988年).

Taylor, Charles 1991 *The Malaise of Modernity* (Toronto: Anansi). 田中智彦(訳)『〈ほんもの〉という倫理 ―― 近代とその不安』(産業図書, 2004年).

UN 2006 "Basic Principles and Guidelines on the Right to a Remedy and Reparation for Victims of Gross Violations of International Human Rights Law and Serious Violations of International Humanitarian Law" [A/RES/60/147, 21 March 2006].

Walker, Margaret U. 2010 *What is Reparative Justice?* (Milwaukee: Marquette University Press).

Walzer, Michael 1983 *Spheres of Justice: A Defense of Pluralism and Equality* (New York: Basic Books). 山口晃(訳)『正義の領分 ―― 多元性と平等の擁護』(而立書房, 1999年).

——1984 "Liberalism and the Art of Separation," *Political Theory*, 12/3 (August).

——2002 "The Triumph of Just War Theory (and the Dangers of Success)," *Social Research*, 69/4 (Winter).

Wollstonecraft, Mary 1995 *A Vindication of the Rights of Women*, ed. by Sylvana Tomaselli (Cambridge: Cambridge University Press). 白井尭子(訳)『女性の権利の擁護 ―― 政治および

道徳問題の批判をこめて』(未來社，1980 年).
Young, Iris M. 2011 *Responsibility for Justice* (Princeton: Princeton University Press). 岡野八代・池田直子(訳)『正義への責任』(岩波書店，2014 年，岩波現代文庫，2022 年).

【和文文献】

愛敬浩二 2003『近代立憲主義思想の原像 ── ジョン・ロック政治思想と現代憲法学』(法律文化社).
阿部浩己 2010『国際法の暴力を超えて』(岩波書店).
安倍晋三 2013『新しい国へ　美しい国へ 完全版』(文春新書).
アムネスティ・インターナショナル日本(編)2007『グアンタナモ収容所で何が起きているのか ── 暴かれるアメリカの「反テロ」戦争』(合同出版).
石崎嘉彦 2008「自然の法と倫理の理法」石崎ほか『グローバル世界と倫理』(ナカニシヤ出版).
石村修 2005「憲法改正論の主旨と人権」全国憲法研究会(編)『法律時報増刊 憲法改正問題』.
猪口孝ほか(編)2000『政治学事典』(弘文堂).
VAWW-NET ジャパン(編)2001『裁かれた戦時性暴力』(白澤社).
植野妙実子 2005a『憲法二四条　今，家族のあり方を考える』(明石書店).
──2005b「家族のあり方」全国憲法研究会(編)『法律時報増刊 憲法改正問題』.
ウォーリン，シェルドン・S 1994 尾形典男・福田歓一ほか(訳)『西欧政治思想史』(福村出版).
江原由美子 1988「差別問題の構造 ── 言説の空洞化をめぐって」江原『フェミニズムと権力作用』(勁草書房).
──(編)1998『フェミニズムの主張 4　性・暴力・ネーション』(勁草書房).
エルシュテイン，ジーン・ベスキー 1994 小林史子・廣川紀子

（訳）『女性と戦争』（法政大学出版局）．

——1997 河合秀和（訳）『裁かれる民主主義』（岩波書店）．

大治朋子 2012『勝てないアメリカ——「対テロ戦争」の日常』（岩波新書）．

大沼保昭 2007『「慰安婦」問題とは何だったのか——メディア・NGO・政府の功罪』（中公新書）．

岡真理 1998「「同じ女」であるとは何を意味するのか——フェミニズムの脱構築に向けて」江原由美子（編）『フェミニズムの主張 4』．

岡野八代 2000「人間の条件と物語論の接点」『立命館法学』第 274 号．

——2002『法の政治学——法と正義とフェミニズム』（青土社）．

——2003a「正義論の限界とグローバル・フェミニズムの可能性」竹村和子（編）『“ポスト” フェミニズム』（作品社）．

——2003b「境界のフェミニズム」『現代思想』第 31 巻第 1 号．

——2007「フェミニズムの新しい波——他者の視線／他者からの視線」『女性・戦争・人権』第 8 号．

——2009a『シティズンシップの政治学——国民・国家主義批判 増補版』（白澤社）．

——2009b「〈和解〉の政治哲学——大沼保昭『「慰安婦」問題とは何だったのか』を読む」『インパクション』第 171 号．

——2012『フェミニズムの政治学——ケアの倫理をグローバル社会へ』（みすず書房）．

——2014「日本軍「慰安所」制度はなぜ，軍事的「性奴隷制」であるのか——問われる現在の民主主義」『世界』11 月号．

オークショット，マイケル 2007 中金聡（訳）『リヴァイアサン序説』（法政大学出版局）．

上坂冬子 2007「60 歳の憲法と私」『朝日新聞』（5 月 2 日付朝刊（大阪版）社会面）．

川田文子 1987『赤瓦の家——朝鮮から来た従軍慰安婦』（筑摩書

房).
カント，イマヌエル 2000 北尾宏之(訳)「理論と実践」『カント全集 14　歴史哲学論集』(岩波書店).
——2006 中山元(訳)『永遠平和のために／啓蒙とは何か 他 3 編』(光文社古典新訳文庫).
金富子 2006「「慰安婦」問題へのバックラッシュ」『インパクション』第 155 号.
——2008「「慰安婦」問題と脱植民地主義 —— 歴史修正主義的な「和解」への抵抗」金富子・中野敏男(編)『歴史と責任 ——「慰安婦」問題と 1990 年代』(青弓社).
木村涼子(編)2005『ジェンダー・フリー・トラブル —— バッシング現象を検証する』(白澤社).
ケーガン，ロバート 2003 山岡洋一(訳)『ネオコンの論理 —— アメリカ新保守主義の世界戦略』(光文社).
小泉義之 1997『弔いの哲学』(河出書房新社).
笹沼弘志 2008『ホームレスと自立／排除 —— 路上に〈幸福を夢見る権利〉はあるか』(大月書店).
サンデル，マイケル 2010 鬼澤忍(訳)『これからの「正義」の話をしよう —— いまを生き延びるための哲学』(早川書房).
ジェンダー法学会(編)2008『ジェンダーと法 —— ジェンダー法学の可能性』第 5 号.
「女性国際戦犯法廷」憲章全文 2001　VAWW-NET ジャパン(編)『裁かれた戦時性暴力』.
シンガー，ピーター 2004 中野勝郎(訳)『「正義」の倫理 —— ジョージ・W・ブッシュの善と悪』(昭和堂).
『政府調査「従軍慰安婦」関係資料集成』https://www.awf.or.jp/pdf/0051_1.pdf (2024 年 12 月 11 日最終閲覧).
セルデン，マーク 2001 野崎与志子(訳)「アジアにおける戦争と賠償と和解について」VAWW-NET ジャパン(編)『裁かれた戦時性暴力』.

全国憲法研究会(編)2005『法律時報増刊 憲法改正問題』(日本評論社).
千田有紀 2002「フェミニズムと植民地主義 ── 岡真理による女性性器切除批判を手がかりとして」『大航海』第 43 号.
宋連玉 2009『脱帝国のフェミニズムを求めて ── 朝鮮女性と植民地主義』(有志舎).
── 2014「「慰安婦」問題から植民地世界の日常へ」歴史学研究会・日本史研究会(編)『慰安婦問題を／から考える』.
高木喜孝・南典男・松本克美・水島朝穂 2004「戦後補償裁判の現在と未来を考える」『法律時報』第 76 巻第 1 号.
高作正博 2005「個別的および集団的自衛権 ── 日米両政府の思惑と現実」全国憲法研究会(編)『法律時報増刊 憲法改正問題』.
高澤紀恵 1997『世界史リブレット 29 主権国家体制の成立』(山川出版社).
高橋哲哉 1995『記憶のエチカ ── 戦争・哲学・アウシュヴィッツ』(岩波書店).
── 1998『デリダ 脱構築』(講談社, 講談社学術文庫, 2015 年).
── 2005(＝1999)『戦後責任論』(講談社学術文庫).
千葉眞 2009『「未完の革命」としての平和憲法 ── 立憲主義思想史から考える』(岩波書店).
チャビス, メロディ・アーマチルド 2005 RAWA と連帯する会(訳)『ミーナ ── 立ちあがるアフガニスタン女性』(耕文社).
チョムスキー, ノーム 2003 鈴木主税(訳)『メディア・コントロール ── 正義なき民主主義と国際社会』(集英社新書).
豊下楢彦 2007『集団的自衛権とは何か』(岩波新書).
── 2008『昭和天皇・マッカーサー会見』(岩波現代文庫).
内藤正典 2015『イスラム戦争 ── 中東崩壊と欧米の敗北』(集英社新書).
内藤葉子 2007「戦争」古賀敬太(編)『政治概念の歴史的展開』第 2 巻(晃洋書房).

永井道雄 1979「恐怖・不信・平和への道 —— 政治科学の先駆者」永井(責任編集)『世界の名著 28　ホッブズ』(中央公論社).
長尾龍一 1966「「ポリティア」のトラシュマコス —— 古代ギリシヤにおける政治的シニシズムの一考察」『東京大学教養学部社会科学紀要』第 15 輯.
中里見博 2005a『憲法 24 条+9 条 —— なぜ男女平等がねらわれるのか』(かもがわブックレット).
——2005b「「男らしさ」と「女らしさ」—— 現代改憲論におけるジェンダー」全国憲法研究会(編)『法律時報増刊 憲法改正問題』.
中山竜一 2009『ヒューマニティーズ 法学』(岩波書店).
西修 2013『憲法改正の論点』(文春新書).
西崎文子 1992『アメリカ冷戦政策と国連 1945-1950』(東京大学出版会).
——2014「米国外交からみた集団的自衛権」奥平康弘・山口二郎(編)『集団的自衛権の何が問題か —— 解釈改憲批判』(岩波書店).
西谷修 1998『戦争論』(講談社学術文庫).
西野瑠美子 2008「「慰安婦」被害者の「尊厳の回復」とは何か？ —— 女性国際戦犯法廷が求めた正義と「国民基金」」金富子・中野敏男(編)『歴史と責任 ——「慰安婦」問題と 1990 年代』(青弓社).
西原博史 2005「改憲論の目指す国家と個人の関係」全国憲法研究会(編)『法律時報増刊 憲法改正問題』.
日本会議(編) 2005『首相の靖国神社参拝は当然です！ —— そこが知りたい 19 のポイント』(明成社).
朴裕河 2006 佐藤久(訳)『和解のために —— 教科書・慰安婦・靖国・独島』(平凡社, 平凡社ライブラリー, 2011 年).
——2012「問題はどこにあったのか —— 日本の支援運動をめぐって」志水紀代子・山下英愛(編)『シンポジウム記録 「慰安婦」

問題の解決に向けて ── 開かれた議論のために』(白澤社).
──2014『帝国の慰安婦 ── 植民地支配と記憶の闘い』(朝日新聞出版，朝日文庫，2024年).
長谷部恭男・土井真一・井上達夫・杉田敦・西原博史・阪口正二郎(編) 2007『岩波講座 憲法』全6巻(岩波書店).
樋口陽一 2013『いま，「憲法改正」をどう考えるか ── 「戦後日本」を「保守」することの意味』(岩波書店).
プラトン 1979 藤沢令夫(訳)『国家』上・下(岩波文庫).
ヘーゲル，G. W. F. 2000 長谷川宏(訳)『法哲学講義』(作品社).
細谷実 2005『男の未来に希望はあるか』(はるか書房).
ホッブズ 1992a　水田洋(訳)『リヴァイアサン 1』改訳版(岩波文庫).
──1992b 水田洋(訳)『リヴァイアサン 2』改訳版(岩波文庫).
前田朗 2000『戦争犯罪論』(青木書店).
マクドゥーガル，VAWW-NET JAPAN(編訳) 2000『戦時・性暴力をどう裁くか ── 国連マクドゥーガル報告全訳』(凱風社).
舛添要一 2014『憲法改正のオモテとウラ』(講談社現代新書).
松本克美 2003「「国家無答責の法理」と民法典」『立命館法学』第6号(第292号).
三島憲一 2008「公共圏」今村仁司・三島憲一・川崎修(編)『岩波 社会思想事典』(岩波書店).
水木しげる 1995『総員玉砕せよ！』(講談社文庫).
水島朝穂 2013『戦争とたたかう ── 憲法学者・久田栄正のルソン戦体験』(岩波現代文庫).
水林彪 2002「日本的「公私」観念の原型と展開」佐々木毅・金泰昌(編)『公共哲学 3　日本における公と私』(東京大学出版会).
牟田和恵 1996『戦略としての家族 ── 近代日本の国民国家形成と女性』(新曜社).
毛利崇 2014「集団的自衛権は日本を平和にするか？」京都憲法

会議(監修)『憲法「改正」の論点 —— 憲法原理から問い直す』(法律文化社).
守中高明 1999『思考のフロンティア 脱構築』(岩波書店).
尹貞玉ほか 1992『朝鮮人女性がみた「慰安婦問題」—— 明日をともに創るために』(三一書房).
吉田裕 2014「戦争犯罪研究の課題」歴史学研究会・日本史研究会(編)『「慰安婦」問題を/から考える』.
米山リサ 2003『暴力・戦争・リドレス —— 多文化主義のポリティクス』(岩波書店).
リアドン, ベティ, アリシア・カベスード 2005 藤田秀雄・淺川和也(監訳)『戦争をなくすための平和教育 —— 「暴力の文化」から「平和の文化」へ』(明石書店).
ルソー, ジャン゠ジャック 1954 桑原武夫・前川貞次郎(訳)『社会契約論』(岩波文庫).
—— 2008 中山元(訳)『人間不平等起源論』(光文社古典新訳文庫).
歴史学研究会・日本史研究会(編) 2014『「慰安婦」問題を/から考える —— 軍事性暴力と日常世界』(岩波書店).
ロック/ヒューム 1980 大槻春彦(編)『世界の名著 32 ロック・ヒューム』(中央公論社).
ロールズ, ジョン 2004 エリン・ケリー(編), 田中成明・亀本洋・平井亮輔(訳)『公正としての正義 再説』(岩波書店, 岩波現代文庫, 2020年).
—— 2005 バーバラ・ハーマン(編), 坂部恵(監訳)『ロールズ哲学史講義』下(みすず書房).
若尾典子 2004「身体・性を生きる」浅倉むつ子・戒能民江・若尾典子『フェミニズム法学 —— 生活と法の新しい関係』(明石書店).
和田春樹 2015『慰安婦問題の解決のために —— アジア女性基金の経験から』(平凡社新書).